立人天地

FAILURS IS NOT AN OPTION

FNO 框架:
从学校到名校(第三版)

6 PRINCIPLES THAT ADVANCE STUDENT

[美]艾伦·M.布兰克斯坦(Alan M. Blankstein) 著

于瑶 译

ACHIEVEMENT IN HIGHLY EFFECTIVE SCHOOL (THIRD EDITION)

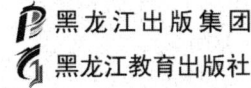

版权登记号：08-2016-029

图书在版编目（CIP）数据

FNO框架：从学校到名校：第三版 /（美）艾伦·
M.布兰克斯坦（(Alan M. Blankstein）著；于瑶译
. -- 哈尔滨：黑龙江教育出版社，2016.8
ISBN 978-7-5316-8971-3

Ⅰ.①F… Ⅱ.①艾… ②于… Ⅲ.①学校管理 - 研究
Ⅳ.①G47

中国版本图书馆CIP数据核字(2016)第218117号

FAILURS IS NOT AN OPTION
Copripht © 2013 by Alan M.Blankstein
Chinese simplified translation © 2016 by Heilongjiang Educational Press Co.Ltd
All RIGHTS RESERVED

FNO框架：从学校到名校
FNO KUANGJIA: CONG XUEXIAO DAO MINGXIAO

作　　者	艾伦·M.布兰克斯坦（Alan M. Blankstein）著
译　　者	于　瑶 译
选题策划	王春晨
责任编辑	彭剑飞
装帧设计	Amber Design 琥珀视觉
责任校对	周维继

出版发行	黑龙江教育出版社（哈尔滨市南岗区花园街158号）
印　　刷	北京鹏润伟业印刷有限公司
新浪微博	http://weibo.com/longjiaoshe
公众微信	heilongjiangjiaoyu
天 猫 店	https://hljjycbsts.tmall.com
E－mail	heilongjiangjiaoyu@126.com
电　　话	010—64187564

开　　本	700×1000　1/16
印　　张	19.5
字　　数	235千
版　　次	2016年11月第1版　2016年11月第1次印刷
书　　号	ISBN 978-7-5316-8971-3
定　　价	39.00元

目录 / contents

序 ·· 1
前言 ·· 1

第一章　为什么失败不是一个选项 ·· 1
　　1. 失败不是一个选项 ··· 3
　　2. 本书标题的意义：激情要持之以恒 ······································· 6
　　3. 从行业领袖身上学到的课程 ··· 7
　　4. 成功的进程 ·· 19
　　5. 基于研究的系统和行动纲领 ·· 20
　　6. 下一步 ··· 24

第二章　引领学校成功的勇敢的领导力 ······································ 25
　　1. 开拓勇气 ·· 26
　　2. 当失败不是一个选项 ·· 28
　　3. 勇气的检验 ·· 30
　　4. 构建勇敢的领导团队 ·· 31
　　5. 勇敢领导力规则 ·· 32
　　6. 成功的基础 ·· 33
　　7. 下一步 ··· 44

第三章　10 条常见的失败之路以及如何避免 ································· 45
　　1. 教育运动变化无常，但阻碍一如既往 ···································· 46

2. 下一步 ……………………………………………………………… 62

第四章　学习社区的基础——信任关系 …………………………… 64
  1. 信任关系 ………………………………………………………… 64
  2. 定义信任关系 …………………………………………………… 66
  3. 建立信任的策略 ………………………………………………… 68
  4. 建立信任的流程工具 …………………………………………… 72
  5. 有凝聚力的社区 ………………………………………………… 75
  6. "学习社区"的起源和定义 …………………………………… 76
  7. 下一步 …………………………………………………………… 79

第五章　原则1：共同的使命、愿景、价值观和目标 …………… 80
  1. 明确文化 ………………………………………………………… 82
  2. 在不同的文化中如何作出决定 ………………………………… 82
  3. 发展领导小组 …………………………………………………… 85
  4. 21世纪的使命 …………………………………………………… 86
  5. 愿景 ……………………………………………………………… 93
  6. 价值观 …………………………………………………………… 100
  7. 目标 ……………………………………………………………… 103
  8. 挑战和解决方案 ………………………………………………… 108
  9. 下一步 …………………………………………………………… 109

第六章　原则2：确保所有学生的成就——预防和干预系统 …… 110
  1. 学校社区相信什么？ …………………………………………… 112
  2. 学校共同体的统一哲学是什么？ ……………………………… 120
  3. 更好的方法 ……………………………………………………… 122
  4. 保证成功的复杂系统是什么？ ………………………………… 126
  5. "好"是什么样的 ……………………………………………… 133

6. 下一步 ··· 138

第七章　原则3：关注学习教学的协作团队 ························· 140
　　1. 合作的目的 ··· 140
　　2. 协作领域 ·· 145
　　3. "好"是什么样的 ·· 147
　　4. 实施指南 ·· 153
　　5. 挑战和解决方案 ·· 155
　　6. 下一步 ··· 158

第八章　原则4：以数据为基础的持续改进决策 ················· 159
　　1. 创建对有效数据使用信任的氛围和文化 ························ 160
　　2. 数据分析能力的建设 ·· 162
　　3. 兑现承诺 ·· 163
　　4. 数据的可能用途 ·· 166
　　5. 应该收集什么样的数据？ ·· 166
　　6. 数据质量指南 ·· 169
　　7. 数据使用指南 ·· 171
　　8. "好"是什么样的 ·· 174
　　9. 关注学生评估 ·· 176
　　10. 挑战和解决方案 ·· 179
　　11. 下一步 ··· 181

第九章　原则5：从家庭和社区获得积极的参与 ················· 182
　　1. 构建积极的家庭和社区关系 ······································· 186
　　2. 作为社区中心的学生 ·· 192
　　3. "好"是什么样的 ·· 194
　　4. 实施指南 ·· 195

  5. 挑战和解决方案 ································· 196
  6. 下一步 ··· 198

第十章　原则6：建设可持续的领导能力 ············· 199
  1. 为什么要培养领导能力？ ························· 200
  2. 挑战和解决方案 ································· 202
  3. 定义领导力 ····································· 204
  4. 能力建设 ······································· 205
  5. 可持续发展的领导力 ····························· 208
  6. 关于你的可持续的 10 件事 ······················· 224

附录资源 ··· 226
后　记 ··· 257
致　谢 ··· 259
参考文献 ··· 265

序

　　学校的压力越来越大,因为它们要完成那些对当代民主社会正常运转而言非常重要的目标。然而,学校通常无法拥有完成使命所必需的资源和支持,所以也经常受到尖锐的批评。

　　首先,我们希望学校能为学生提供他们所需要的技能,这样才能为提升21世纪的经济竞争力做出贡献。我们对学校的评价往往以标准化考试的成绩为基础,要知道这类考试往往并不鼓励批判性思维和创造力,而这些又是对经济成功而言至关重要的因素。其次,我们希望,不论学生背景如何,学校都能对所有学生一视同仁,尽力缩小他们的成绩差距。但我们却惯于忽视孩子们未被满足的社会需求——健康、家庭、营养等,而这些需求对孩子的学习和发展有很大影响。最后,我们将孩子托付给学校,希望学校能提供一个安全的环境,保护孩子,但在保护孩子免受媒体和泛滥的暴力的影响上,我们却又做得很少。

　　许多政策制定者谴责公立学校及其中的教育工作者,但他们自己却无所作为。艾伦·M.布兰克斯坦(Alan M. Blankstein)的《FNO框架:从学校到名校》一书开辟了一条不同的道路。在这本书中,读者将找到明确且全面的建议,告诉他们需要做什么来达成设立的远大目标。这本书思虑周全,富有创意,强调了教育工作者们在建立符合21世纪社会需求的学校时需要考虑的所有元素。布兰克斯坦大胆地宣称"失败不是一个选项",一所普通的学校完全可以成为令人称颂的名校,并且他也清晰地描述了教育工作者们为实现这个远大目标可以采用的策略和步骤。

　　在前四章里,布兰克斯坦清晰有力地为勇敢的行为奠定了理论基础。

他不仅解释了为什么失败不是一个选项，更展示了有勇气的领导者是如何激励其他人完成这个挑战的。他用这些鲜活的例子展示了什么是真正的成功，也向教育者提出了处理复杂挑战的宝贵建议。布兰克斯坦指出了教育工作者常见的十条通往失败的道路，用那些曾经转型学校的具体事例进行说明，并给出了相应的建议。他还解释了为什么专业学习社区对改革的成功和可持续性来说意义非凡，以及具体的意义究竟是什么。

随后六个章节阐述了那些对学校改革十分关键的话题：使命、所有人的成就、协作教学、使用数据做决定、积极社区参与以及对不断进步的持续引领。

每一个话题都有清晰且深入的想法、有趣的情景重现和案例分析，也包括应对困难问题的实际技巧。教育工作者们将发现资源部分中提供的技巧十分宝贵，值得多次参考使用。布兰克斯坦在书中提出问题，然后规划了应对每一个挑战的解决方案。

当下，越来越多的学校被期望能"花小钱办大事"，在极少的指导和支持下克服巨大的挑战。《FNO框架：从学校到名校》之所以受到教育工作者们的欢迎，是因为书中提供了大量的资源。布兰克斯坦了解当今教育所面临的挑战的实质，并且从研究结果和课堂实践中提炼出想法，为有效行动提供了多种策略。

——彼得罗·A.诺古拉（Pedro A. Noguera），纽约大学

前 言

我是在中国龙年里写完这本书的，中国的龙年有着非比寻常的幸运，但又富有挑战性。神秘、神圣的龙以及它的特点与今天教育工作者面临的挣扎有异曲同工之妙，甚至与我个人也有关联。

当我的女儿萨拉（Sarah）五岁的时候，每年学校放假时，我会向她提供一份课程表，她可以基于此对每个晚上的活动安排作出选择。她多次看到我每日例行的武术锻炼，或许只是为了让我开心，有天晚上她终于希望能探索中国和功夫。我们参加了当地的端午节，观看了舞狮，然后拜见了他们的功夫老师。萨拉想知道关于中国龙的事情。

中国最早的龙的标志出现在殷商时期的骨头和龟壳雕刻上，描绘了一种有角、牙、鳞片，或有爪子的爬行动物。龙经常被画成是长着鳞片的大型爬行动物，可以变亮或变暗，变大或变小，并且可以在春天飞到天上，秋天住进水底。

因为它们魔法般的力量，中国龙被认为无所不能。然而，正是它无比集中的注意力、勇气和牢固的基础才使它有如此强的适应力以及应对挑战的灵活方法。当两条龙面对面时，它们组成了阴阳太极图，涵盖了存在的一切事物。因此，第一位明朝皇帝宣布五爪龙为他的标志也就不足为奇了。如果除了皇帝自己，其他人使用了五爪金龙标志，那么他就犯了大罪，可诛九族。

正如中国龙一样，所有层面的教育领袖们——从学校到州或省——也都被要求在追求他们核心目标的同时能够创造性地解决无数挑战。这个期望说起来容易，做起来可没那么容易。不过，好消息是答案就在其中。本书意在帮助你找到那些资源，将它们与对你和你的社区最有意义和激情的方面有序地同步起来。如此一来，自然而然就能取得成功，然后将成功保持下去。

由于21世纪的快速变化和对人才的新需求，旧的知识略显过时，《FNO框架：从学校到名校》也以第三版的面世来帮助读者。我们希望读者能植根于对整个学习社区最有意义的地方；能利用有限的资源聚焦并成功；能使用新的可持续的方式在学校和学区中选拔领袖；能从不和谐中创造和谐，这将带来有效的教学秩序和良好的学习氛围。

本书不只是提供了一个任务列表，相反，它展示了一种新的、十分有效的方式，来将你们学校中已经发生的事重新组织利用。整个学习社区可以使用本书来针对21世纪的学习进行指导，获得更有效率的对话、评论以及结论。

许多书都将重点放在"做什么"和"怎么做"上，《FNO框架：从学校到名校》的第三版不仅如此，还应对了两个经常被忽视但其实对成功至关重要的问题：我为什么这么做？我要成为哪种人才能成功？

或许教育工作者比其他任何职业的从业者追寻的动机都更神圣。的确，又有什么职业能比真正将孩子们的未来放在手上的职业更让人肃然起敬的呢？

教育工作者没有声望和财富来使他们分心，干扰他们对自己"为什么"在这里的思考！那么一定有另一个原因——一个含义更加深远的"为什么"——来解释那所有兢兢业业的辛苦，那对年轻人成功的深深关心，那不断带孩子们参加演出和观看球赛的数不尽的夜晚和周末。

鉴于公立教育和所有与其有关的人都经常受到猛烈攻击，重新与这个"为什么"联系起来对保持一个人的热情和专注非常重要，同样重要的是，这对我们的未来——我们的孩子们也至关重要。因此，失败的确不是一个选项。

有哪些新内容？

《FNO框架：从学校到名校》（第三版）在保持第二版核心内容的基

础上，让某些应用更适应21世纪的机会和挑战。这包括：让学生和职员积极参与的文化和策略；面对新教师评估和绩效工资时如何保持协作文化的案例分析；有关RTI实施和指导的章节；新案例分析；学校和学区范围内针对21世纪教育和基于项目的学习的改善；有关如何在处理复杂问题的同时建立信任关系的章节；为培养高水平领导团队而设的新工具和流程的分数；来自彼得罗·诺古拉（Pedro Noguera）的关于家庭和社区参与度的新信息（第九章）；列举了全国范围内的实例，说明了在培养实施共同核心和其他新提议的能力方面有哪些最佳方式；资源部分提供了可重制的、实地验证的表格，有助于将书中的例子应用到读者自己的情况中；全书结尾的小组问题，鼓励对关键问题的深入研究，可在与同事协作促进变革的过程中有所帮助。

实施勇敢的领导力

21世纪的需求是巨大的，在诸如美国和英国这样的国家里，他们使教育工作者损失惨重。新的命令需要专业人士来改变他们的标准、他们的评估系统以及他们成功的程度，但资源却被转移到监狱和其他盈利组织中（M·P.威廉姆斯，2002）。所有这些都发生在对一线工作者缺乏支持力度的情况下，尽管分析师描述了美国对教师的一次讨伐，以及英国的"教师战争"，但那些有职业精神的国家却一直在庆祝教师、教学和教育［达林·汉莫德（Darling-Hammond）和列伯曼（Lieberman），2010］。

能够改变这些教育工作者的工作环境是最理想不过的了，然而，许多人（包括作者本人）并不认为这会在短期内发生。在国家教育和经济中心最近举办的会议上，来自国家教育思考中心（NCTT）的罗伯特·施瓦茨（Robert Swartz）被问到什么时候美国可以像世界上其他国际评估领先的国家一样，加大投入并重视教育。他很直接地说："我不认为这将发生在美国。"现在比任何时候都需要勇敢的领袖，引领我们在这崎岖的山路上行走，并始终关注最重要的事情。新的策略（例如，将职业同外界的干扰

"隔离")被介绍给所有人，经证明，它们在理论和实践上都对学生的成就有积极的影响［雷斯伍得（Leithwood），帕特恩（Pattern）和简特茨（Jantzi），2010；西肖尔·路易斯（Seashore Louis），雷斯伍得，沃斯淖（Wahlstron）和安德森（Anderson），2010］。第二章中讨论了这些策略。

同样，一个在战略上具有激励作用并能引领团队前进的目标十分重要，正如涅特茨（Nietzsch）所说："我可以承受任何的'怎么样'，只要让我知道'为什么'。"找到值得为之奋斗的"为什么"是忍受和克服挑战关键的第一步。第一章和第五章分享了如何采取措施，围绕同一个目标来同步和改善每个人的努力。

释放内部的教师领导力

我们过去20年的工作是从将质量大师W.艾德华·戴明(W. Edwards Deming)引入教育领域后开始的，他帮助探索并将当时被称为全面质量管理（TQM）的模式引入教育领域。通过一系列的国家论坛（基本上当时所有主要教育领袖、CEO和政府领导都参加了进来），我们帮助发起了现在普遍被称为"专业学习社区"（PLC）的行动。这是通过解决树公司（Solution Tree）实现的，这家公司由我创立并且指导了十多年。

这项工作在北美和南非的学校和学区落地，我们从实践过程中得到了许多经验和教训，20年的PLC、领导力和学校网络的学习经历也教会了我们许多。现在这是HOPE基金会的重点，也是本书的核心。一个最重要的经验就是，即使在全国最穷地区的最有挑战性的学校，好的指导也正在被实施。换句话说，答案就在这个房间里，至少在很大程度上是这样的。领导的挑战就在于激励、组织和放大已经存在的卓越。

在20世纪的绝大部分时间里，西方世界的教育系统使用了企业中的层级结构，例如，校长变成了学校的"最高领导人"。即使是今天，我们的专业协会也全部根据专业职称进行分类，并且向不同的协会或团体分别提供培训，就连联邦经费的流向也加强了这种基于专业的分离方式。例如，

"力挽狂澜校长奖金"就抱着这样的期望：既然校长对学校的成功至关重要，那么我们将校长投入"不可能完成的任务"中就可以拯救世界了。

实际上，有一部分研究规模很小却一直在增长，这些研究证实了一个观点：我们用了十多年时间来理解有效领导力这一概念，而它实际上是由一位领导者开始的，因为他建立了有效的团队。教育学院或其他任何职业发展经历都不教这个技巧，如果它是被"教"的，那么它就超出了定义的范围，这与站在游泳池边教游泳是同一个道理。

过去十年中，真正的教训是关于创造、建立、利用和保持一个比本书中描述的更好的高水平团队。具体来说，本书提供了许多实例来说明如何建立这样的团队，在附件里还提供了有实际用途的可复制的表格。

建立信任关系和裙带责任的文化

对于学生来说，想要在学术方面得到重大的提升，成人对学校的信任是非常重要的（布莱克和施涅德，2002;布莱克，赛伯灵，阿伦斯沃德，鲁派斯库，伊森，2010）。另外，尽管下达行政命令很简单（"上午9点每个人都要参加他们的PLC团队会议！"），但那些在会议上发生的事情其实全都与关系和文化有关。改变文化很困难，但这是每个领袖都想留下的业绩，也是对他们的工作积极性影响最大的一个因素（巴斯，2006;弗兰，2011）。我们正在与我们的同事本·瓦克斯曼合作，他领导着覆盖纽约市250所学校的网络，他从自己的实践经验出发，以另一种方法对文化进行了表述：

> 你可以有最好的文学、数学或任何其他课程的项目，但如果学校文化不佳，那么这些项目都会失败。反过来也成立:如果你有一个很棒的文化，那么你做的任何事情最终都将成功。

本书，也就是第三版的《FNO框架：从学校到名校》展示了如何建立这种高水平文化。另外，它还提供了必要的工具，用于跨学校网络建设，这样就可以达到裙带支持和责任共担了。正如书中所阐释的那样，学校"网络"可以缩小这些学校之间的差距，使普通学校同样有机会获得比肩名校的教学成绩，并在整个学区、地区、州和省内保持成功。

本书的结构

本书为学校领导、员工发展师、指导教练、教育工作者和管理人员都提供了清楚的指导，来帮助他们建立成功的、可持续的、高水平的学校。这里展示的资料意在帮助整个学习社区，从董事会到教师再到外围的家长都可以有所借鉴。

本书第一章从学校的总体目标开始：保证所有学生的成功，因为失败不是我们的一个选项（弗兰，2001）。这为我们的工作提供了清晰的指引，并回答了"为什么我们要待在这个行业里"的问题。

为解决"谁"的问题，后续章节总结了我们发现的上千名非常成功的领袖的思维框架，我们称之为"勇敢领导力规则"。第二章描述了这个规则的组成，并提供了具体的培养这种勇敢领导力的例子和过程。每一种类型的领导都可以造成学生成就的短期小幅度提升，但多数都不持久，只有勇敢领导力规则才是保持大幅度持续提升的必要条件，这在压力很大的情况下更加突出。组成此规则有五个原理，真正领会其内涵的领导者，在应对教育中的经费问题、优先级问题、个人和政策的变化问题时，比其他人适应性更强。最终，是领导和学校社区的内在力量成为了风暴中的船只的压舱石、转向舵和发动机。

第三章描述了让许多努力付诸东流的常见因素，更重要的是，对于如何保持学校始终走在正轨上，它提供了具体的流程和策略。

第四章提供了回答"做什么"这个问题所需的广泛的研究基础。以信任关系为基础，它提供了六种创建和保持学习型社区的原则，这些原则是从实际使用经验中得到的。

第四章中提到的研究十分清楚：建立这种学习型社区是我们保持学校成功的最大希望。从这一章开始，我们讲了如何定义、创建和保持这种社区——包括如何建立信任基础。

最后，我们在第五章到第十章里，解决了"怎么做"的问题。在这些章节里，我们提供了被实践验证过的创造专业学习社区的流程，在这些社区，失败不在选项中。具体来说，这些章节对组成本书中心的六个指导原则进行了仔细审视：共同的使命、愿景、价值和目标（第五章）；通过预防和干预系统让所有学生有所成就（第六章）；专注于学习教学的协作团队（第七章）；基于数据支撑的持续改进决策（第八章）；家庭和社区的积极参与（第九章）；建立可持续的领导能力（第十章）。

正如你在第九章和第十章中看到的那样，幸运的是一些在我们领域最前沿的研究者和作者跟我们共享了他们的专业知识，以让一些事更加明确。这些章节包括迪恩·芬克（Dean Fink）和安迪·哈格里弗斯（Andy Hargreaves）团队的巨大贡献。第八章参考了很多杰·迈克泰（Jay McTighe）和肯·奥康纳（Ken O'Connor）的工作。

最后，这本书是建立在20多年与教育领袖深入合作基础上的。我们重塑学校文化，希望可以建立保证学校一直成功的文化。如之前所说，我们的工作从1988年WED开始，由皮特·森格（Peter Senge）、迈克尔·弗兰（Michael Fullan）、安迪·哈格里弗斯（Andy Hargreaves）、玛瑞斯·艾利斯（Maurice Elias）、肖雷·霍德（Shirley Hord）、丹尼斯·斯巴克斯（Dennis Sparks）、皮德罗·洛基纳（Pedro Noguera）、詹姆斯·科默（James Comer）、汤姆·萨乔万尼（Tom Sergiovanni）以及其他数以千计的学校领导的工作继续推动。他们一直在最前线创造真正的学习社区。

图1 本书结构

为什么？	保持学生成功，因为失败不是一个选项（第一章）
谁来做？	勇敢的领袖（第二章和第三章）
做什么和怎么做？	专业学习社区（第四章至第十章）

本书的局限

为了完成本书的任务，我们引用了各种告诫和令人信服的论点。第一个主要的告诫是：成功没有公式。

在许多情况下，几代人流传下来的教育准则必须被新的能通向更大成功的流程所取代。通过使用数据、过去经验、愿意重新考虑所有假设以及鼓励挑战彼此假设的氛围，可以达到广泛理解、共同期望的结果。通过这个流程，勇敢的领导力对保持希望、积极、镇定和紧迫感必不可少。

成功的公式都很可疑。正如彼得·德鲁克（Peter Drucker，1992）所说，我们有这么多"大师"的原因是我们不会拼写"骗子"。尽管这么说，我们的确分享了一些"最佳实践"的论点和经验，这些实践是为了对学校和社区进行文化转变以维持学生成就和成功的指导原则，还有那些有关领导力的经过时间检验的真理，在这同时还考虑了变革的复杂性。窍门就是理清这一切，精确而不过分简化，并提供具体行动步骤以面对复杂挑战，这就是本书想要达到的目的。

下一步

纵观全书，我们从所有领域的理论和实践中汲取了许多知识，包括组织发展技术、教育改革、PLC、实践和研究、企业方式启发的领导力培养、青少年心理学以及接受不成功的过去的智慧。讽刺的是，对任何行为而言，成功的唯一重要元素往往在诸如本书的书籍中被省略了。其他人需要做什么、如何构建一个组织、或者需要把什么样的政策传达给职员，关注这些是很简单。但成功的真正决定因素毫无疑问就是"你"！这本书的读者。这本书解决了许多内部问题以确保外部结果。不要怀疑：失败不是一个选项，从你开始！

第一章　为什么失败不是一个选项

> 在急剧变化的时代，只有好学者才能继承未来。博学的人通常会发现自己被精美地镶嵌在一个不再存在的世界里。
>
> ——艾瑞克·霍夫（Eric Hoffer），1972年

> 知道什么样的工作有利于学校的改进，这一点非常重要，但仅知道这一点是远远不够的。还有一些其他问题，诸如培养能力来执行什么样的工作才能衡量、检查和适应变化。
>
> ——约翰·Q. 伊斯顿（John Q. Easton）

2010年8月5日，智利科皮亚波（Copiapó）的一座矿场塌陷，33人被困在2300英尺（700米）的地表之下。他们的领导和领班路易斯·厄巴纳（Luis Urzana）立即评估了当前的处境：他们的生存机会渺茫。事实上，对智利的矿工来说，死亡常如影随形，过去十年里，平均每年有34人死亡。然而，这次境况有所不同。

地面上，新的矿业部部长劳伦斯·戈尔本（Laurence Golborne）刚刚上任。虽然缺乏采矿知识，戈尔本却是一个自信的领导人。8月5日，他的生活和33名被困井下的矿工紧密地联系了起来，他的领导能力将要经受前所未有的考验。虽然无法互相通信，戈尔本和厄巴纳却面临同样的危机。他们有着相似的领导风格，被同一种命运所牵连，也有着同一种信念。一位名叫弗洛伦西奥·阿瓦洛斯（Florencio Avalos）的矿工后来说道："作为一个群体，我们必须保持信心，我们必须保持希望，我们必须

相信我们会活下去。"

最初的时候，地面下爆发了恐慌。一些年轻的矿工绝望地扑到了地上，另一些人则急于探索逃生路线。后来，为了维持所在区域的现状，大家决定分工：有人保证食品供应（他们的口粮是每两天2茶匙金枪鱼，少量桃子和一片饼干），有人通过挖掘地下水源进行供水，有人负责搜索逃生路线。他们以民主方式做出决定，每个人都有投票权。没有人落单，因为每一天都会有人需要集体的支持来渡过难关。

第二天一早，地面上的戈尔本将这一情况告知了智利总统皮涅拉（Pinera），随后便飞到了矿区。这是一个冒险的举动，因为政府还没有成为这场危机的一部分，而到那里去将有可能改变这一形势。事实上，他一返回，一个顾问就告诉他，从来没有哪个部长曾经去过采矿事故现场。

的确，地面上的首个重要决策之一就是政府将充当什么样的角色，政府是否参与其中意义重大。当戈尔本首次访问矿井回来后，他被一群顾问包围。"总统亲自参与救援会有很大的政治风险，"一位顾问回忆说，"如果一切顺利，那就万事大吉，但是如果不顺利——事情变糟——后果很严重。"

另一些人指出，总统在该地区甚至都不太受欢迎，如果到那里主持工作，可能会带来政治动荡。难道戈尔本甚至连嗅到这场危机的能力都不具备？总之，被卷入得太深将非常危险，更谈不上承担救援责任了！

这场危机几乎将所有主要的政府部门都牵入了战斗。戈尔本不得不管理数百名志愿者，在几十个政府机构之间进行协调，还要与矿工的亲属会面，他曾承诺他们全程透明，并将每隔两小时报告状况。他要关心矿工的身体健康，要应对日益增多的媒体关注，同时还要在他一无所知的战场上领导救援工作。他的方法是让专家们见面，带着问题进行对话，最终做出最好的决定。

8月7日下午3时，两名主力救援人员带着彻底的绝望返回地面：发生了一个新的塌方，通风井被挡住了。"他们死定了，"其中的一个解释说，"就算他们还没有死，也快要死了。"

戈尔本信守承诺，手里拿着扩音器去见矿工的亲属。他开始传达这一消息，但随后看到了前足球运动员弗兰克·罗伯斯（Frank Lobos）的两个女儿，弗兰克·罗伯斯是被困矿工之一。她们开始无声地哭泣，泪流满面。"我崩溃了，我无法再讲下去，"他说。随后，一名亲属大声喊道："部长，你不能崩溃，你要给我们力量！"

"这对我来说是一个转折点。"戈尔本说。同样，皮涅拉总统承诺彻底救援，尽管这会给他的总统职位带来政治风险，也尽管他身边无数的工作人员都反对。他们说，"不要接近这个矿井，它会以悲剧告终！"后来，皮涅拉总统对他的工作人员们说："即使有百万分之一的机会活着找到他们，我也会动用一切必要的资源来救援他们，因为这是我作为智利总统的职责，我相信在上帝和很多人的帮助下，借助技术，借助不可动摇的信心，我们会创造一个奇迹。"后来，他会见了亲属并告诉他们："我们一定会把他们当自己的孩子一样努力寻找。"

在矿井塌方69天以来，来自世界各地的组织都贡献过自己的专业知识（包括曾将13名阿波罗号队员安全带回家乡的美国航空航天局团队），全世界大约十亿电视观众目睹了33名矿工从矿井中被救出的场面。对所有曾致力于帮这些人安全返回他们家庭的人来说，失败不是一个选项。同样，智利这个国家也被这种信念、这种承诺和这个"奇迹"所激励［约旦（Jordán），尤西姆（Useem），2011］。

1. 失败不是一个选项

许多教育工作者潜意识里承认：对于今天的学生来说，失败不是一个选项，或者，至少不是一个能令人信服的选项。虽说学生"也许"会失败，而且很多也的确如此，但这种后果将十分严重，我们通常不会

"允许"任何人做出这样的选择。如果学生高中肄业，他们的收入将大幅减少，而且受到监禁和滥用毒品的概率将比同龄人更高。相比之下，幼年接受稳定教育的孩子比随机对照组中幼年教育差的孩子在成年后被四年制大学录取的概率要高四倍［庞罗（Pungello）和雷米（Ramey），2012］。

罗莎·史密斯(Rosa Smith)是美国俄亥俄州哥伦布市学校的前主管，现在是全国公认的教育领导者。一天早上，当她看到一些美国监狱人口统计数字的时候突然顿悟。她发现，监狱人群中有75%是拉美裔或非裔美国人，80%是半文盲。她突然有了一种新的使命感：她的工作不再仅仅是教授数学或科学，而是拯救生命！

能够向所有（在教学楼之内和之外的）教育相关者表达这样一种清晰而有力的信息，这是界定迈克尔·弗兰所说的"道德目的"的开端。许多领导者还没有发现他们的道德目的，或者没有发展自己勇敢领导的能力，一些领导者正探求这种目的的明确意义，这是一种开始。正如我们在本书中所提到的，勇敢的领导势在必行。

一位主管向"以高标准教育所有孩子"的重要性提出了挑战，一位颇受欢迎的主题发言人里克·杜福尔讲述了他对此的反应。这位主管对杜福尔说，"这不是脑外科手术。没有人会死在这里！有的孩子没什么进步，有的进步飞快。难道不是这样的吗？"杜福尔反驳说，这种傲慢的态度让他想起曾在一个小镇上看到的一座小办公楼。办公室的门上贴了两个标志："动物标本制作"和"兽医"。下方印有这样一句话："无论哪种方式，你都能找回你的狗！"

同理，失败也不是公共教育的一种选择。

西方社会领导人长期以来都在强调，一个强有力的公共教育体系和民主制度本身之间具有密切的联系（杜威，1927；格利克曼，2003；S.J.古德莱德，2001；帕特南，2000；拉维奇，2011）。显然，学校的存在是为了共同的利益，他们是成千上万缺乏资源的儿童在经济和生活中走向成功的途径，也是潜在的社会均衡器。

正如迈克尔·弗兰（Michael Fullan）指出的，"高质量的公共教育系统，不论对孩子的父母，还是对整体的公共利益来说，都是至关重要的。"黛安·拉维奇（Diane Ravitch，2011）解释说："开发人力资本，教育是关键。我们的教育系统的性质——无论是平庸还是优秀——都会对社会产生深远的影响。这不仅会影响我们的经济，也会影响公民和文化生活"。因此，不论是对公共教育机构还是对在这个体制内的孩子们来说，失败都不应该是我们的选项。

然而，最近几年，我们已经看到无数对公立学校的威胁。这些危险包括代金券的崛起，就算私人和宗教学校也不能幸免。但有证据表明，总体来说，这些学校的表现并不比普通的公立学校更好，甚至往往表现更差。另一个威胁是，以营利为目的的大企业集中涌入公共教育领域，其中"流入K-12［译者注：K12或K-12，是kindergarten through twelfth grade的简写，是指从幼儿园（Kindergarten，通常5-6岁）到十二年级（grade 12，通常17-18岁），这两个年级是美国、澳大利亚及English Canada的免费教育头尾的两个年级，此外也可用作对基础教育阶段的通称。］教育市场的风险资本在过去的一年发展迅速，达到美国十年以来的最高成交水平（100亿美元）"。这种向营利性领域的迈进在加拿大教育中也很明显［戴维斯（Davis），2012］。

这种吸取公共基金到私营企业的做法是营利性监狱行业在崛起过程中最令人头痛的事情，主管们对牢房数量的衡量基于从二年级开始的识字率（威廉姆斯，2002）。大卫·劳伦斯（David Lawrence）指出，一个能读到三年级的孩子是不大可能牵扯到刑事司法系统的，因为统计资料显示，全美国每五个在押的少年犯中，就有四个是二年级或二年级以下的水平——事实上，他们多数都是半文盲。

教育和监狱人口之间的这种直接的衡量非常鲜明，也非常令人沮丧。由于美国30年来最大的经济衰退，K-12和高等教育的资金在2009年有所下降，也是在同一年，33个国家在监狱上花费的可自由支配的美元比前一年的比例还要大（NAACP报告，2009）。

全球经济衰退迫使教育工作者与医疗、军事和其他经济部门争夺稀缺资源。经常出现的一种状况是，公共政策本身却伤害了公共教育。面对这种严峻的挑战，现在比以往任何时候都需要更大勇气和决心。

通过金融危机让它的人口变得更明智、更具创新性的国家不仅能获得生存，更会在其道路上蓬勃发展。我们或许能通过激发回到稳定，但却只能创造我们回到繁荣的方式。对此而言，我们没有剧本，只有一颗勇敢的心。

事实上，这就是本书所讲的内容：培养学生的集体意志和比之前能预测到的更高水平的成功能力。我们现在都处于未知的海洋中，即使在缺乏信息的情况下也应发展孩子们的集体意志，增强我们自身对于行动的信心，这是应对风暴必不可少的。

2. 本书标题的意义：激情要持之以恒

所有优秀教育工作者都知道，失败将会而且必然会成为一个人学习经验的一部分。事实上，宾夕法尼亚大学的研究人员开始将年轻人的小失败与生活中更大的成功联系起来（塔夫，2011），愿冒失败的风险可能会与创意（Robelen，2012）相关。因而，本书的意义也在于：持之以恒，绝不放弃对我们最重要的东西。作为研究员，安吉拉·达克沃斯（Angela Duckworth）写道："完成伟大事情的人……经常在一项任务上将热情与不懈的奉献精神结合起来，无论遇到什么样的困难，也不论要耗费多久的时间。"正如开篇提到的关于智利矿难的小插曲，你所相信的往往就是你所得到的，我们也会在下面的文章中进一步探讨。因此，一个领导者在心态上拒绝接受失败，实际上对他所要达成的结果也是有帮助的。

矿业部长、智利总统以及33名被困的矿工，他们在这种可怕的情况和极小的成功概率下是如何坚持下去的？这种勇敢思考和行动的元素是什么，一个人又是如何发展这些元素的呢？领导者如何驾驭局势的紧迫性，同时又在生命处于危险之时和整个世界的关注中保持冷静？什么样的组织文化，既允许"唱反调"的公开评论，又允许迅速超越那些最初反应达成一致的团队合作能力？这本书涉及这些问题，以统一的架构采取行动，帮助学校提高自己的领导和合作能力，针对当前的数据激发自己的教学，并最终保证所有的学生都获得成功。

3. 从行业领袖身上学到的课程

早在本书的第一版于2004年出版之前，许多优秀的从业者就已经在这个领域中遥遥领先了。而且，我们非常幸运地曾与他们中的一部分人长期共事。我们诚惶诚恐又激动万分地看到，《FNO框架：从学校到名校》第一版和第二版的共35万读者中，有很多人都做了相当多工作，以他们创造性和高效的方法赋予了这些文字额外的生命和能量。有些人撷取本书中的一部分用于他们工作的调整。其他人以一种可持续的方式，推动他们整个学校、学区、省和地区前行，这些行动往往有HOPE基金会的支持。

后者无疑推动了体现在这本书中的六项原则的执行。许多领导人都采取了一种"二阶变"，来应对那些没有已知脚本或简单答案的挑战。本书后面的章节探索了六个基本原则，为成千上万成功的领导者利用本书奠定了坚实的基础。本章的其余部分集中介绍了五个新的教训，这些教训来自过去几年中持续利用这些原则的同事。

第1课：连接你的核心

在本章的开头，当看到其中一位被困矿工的孩子们开始哭泣时，矿业部长劳伦斯·戈尔本迎来了一个转折点。在那之后，便没有回头路可走。许多人都有过这种反应，且这种反应的催化剂往往与个人关系或核心价值观有关。我们这个时代的伟大的领导人之一有这样一个例子：

在种族隔离时代，种族隔离政府意图将南非变为一个白人的避风港。但是，这个想法受到一个尴尬事实的阻碍：黑人人数是白人的五倍以上。

政府狡猾地决定按照种族来分割南非。白人虽然只占20％的人口，却被分配了87％的耕地面积，而黑人，虽然占80％的人口，却只得到了13％的土地。虽然南非的人口已经混合在一起几十年，他们占据同一块土地，试图将它们分开就像试图分解一个煎蛋卷。我曾经参观过一个安置营地，看到一个小女孩和她寡居的母亲和妹妹住在窝棚里，我便问："你有什么食物吗？"她说："我们借食物"，后来又补充说："我们喝水充饥。"

这些孩子挨饿的原因并不是因为没有食物，因为南非是纯粹的粮食出口国。是的，他们之所以挨饿是因为政府精心制定的政策……那件事让我决定呼吁制裁。我会讲述她的故事，直到种族隔离被完全抛弃［与大主教德斯蒙德·图图（Desmond Tutu）的个人谈话，布兰克斯坦，2011］。

打抱不平的情怀、帮助那些最需要的人的渴望、人类生存条件的进步，任一条件与个人相结合都可以作为向前迈步的催化剂。

什么是你的？你整个的学习社区是什么？在下面的章节中，您将看到如何增强这种学校内与学习社区的外部成员连接形成的可能性。

其次，考虑战略性选择的一个具有压倒性的想法是如何与领导者的"核心"和成千上万的员工连接起来，并产生切实可行的计划来扭转美国的世界500强企业之一。

相关事例

保罗·奥尼尔（Paul O'Neill）担任领导职位时，美国铝业公司正处在混乱中。该公司此前曾过度扩张，利润下降，员工不满。以前的CEO曾试图强制要求改进，15000名员工曾举行罢工，将假人打扮成经理放到停车场并烧毁他们。一个人开玩笑说，他们"像一个大家庭——曼森家族，只不过有热熔融"。

奥尼尔在公司内展开了调查，会见了无数的员工，然后召开会议，向焦急的投资者和员工代表宣布了改革计划。"我想和你们谈谈工人的安全，"他说，"每年，美国铝业公司（Aluminum Company of America）的无数工人都会受到严重伤害……我希望美国铝业公司今后成为美国最安全的公司，做到零伤害"。

投资者、董事、律师、银行家和房间里的其他人本来都已经做好准备，在诸如获得利润、航空库存等类似话题上继续进行下去。他们没有看到奥尼尔所关注的点是多么明智。

工作人员的安全不仅对奥尼尔来说十分重要，对先前不满的工人来说也是头等大事。一旦这些员工认为奥尼尔已经接受了他们最深切关注的问题，他们全心全意地致力于这已经被他阐述得无比清晰的安全愿景，而这反过来又引起了整个工作流程的系统调整——奥尼尔的前一任正是因没能通过强制措施来实现这一系统调整而辞职的（杜希格，2012）。

这一连接核心的关键步骤很容易被忽略。在教育问题上，很多问题都被外界人士决定了，甚至连学校的使命也是由别人决定而不是由学校的管理者。然而，即使在这种环境下，也有可操作的空间。

得克萨斯州的伊斯莱塔(Ysletta)是一位成功的管理者，他发掘了一个统一的需求，这个需求几乎代表了所有的西班牙裔学生，其中的80%是属于午餐减免计划的。他们集思广益，为学校想出了这样一个使命：每个学生在毕业时，都至少精通两种语言，且能进入较高等的学府继续学习。这个声明引起了当地社区的共鸣，之前的不足被转化为一种力量。

马库斯·纽瑟姆（Marcus Newsome），当时纽波特纽斯公立学校的管理者，花了相当长的时间了解正在进行的工作和致力于这项工作的人。他帮助他们指出重点："好学者社区"。有了这个杠杆，他们开始实行一项新制度，通过"配对的学习典范"缩小学校之间的成绩差距。

总是在学校里抱怨"好无聊"的学生也需要与他们的核心激情和兴趣相连接。克里斯汀·佩尔策（Kristen Peltzer），是密苏里州阿诺德市里奇伍德中学（Ridgewood Middle School）的校长，她做了一些调整，用她的话说，"现在，是学生在管理这栋楼"。一个小事例就可以看出来，比如所谓的"余震"选修课，25名八年级的女生在上这节课。去年，女孩们决定在全校范围内发动一个反欺凌教育日。一整天的发言者、日程、同龄者课程以及讲话都是由她们组织的。学生们在提高学术写作、演讲和数学技能的同时，还锻炼了展示、协作、组织、批判性思维和领导能力等这些21世纪的必备技能。最重要的是，学生的参与也为这所学校创下了新的纪录，对数学和语言艺术掌握的熟练程度从30%上升到70%以上。

更多关于里奇伍德学校的内容在第二章、第六章和第八章中。连接到核心也是第二章的一个特点，我们在这里也加以强调，因为它对取得持续的成功是非常重要的，特别是在这个充满挑战的时代更是如此，但在教育上它却又常常被忽略。

第2课：表达和实践信仰

有几件事情比群体的意向更为强大［弗兰（Fullan），2011］。一旦连接了"核心"，做出一个清晰而有力的承诺就变得更加容易。对于奥尼尔来说，这个承诺就是零伤害。对于图图大主教，这个承诺就是种族隔离的结束。而对Pineras总裁来说，这个承诺就是"实行一切必要的措施来拯救他们"。他们都抱有一种"失败不是一个选项（FNO）"的心态。

这种FNO心态在成千上万的学校和学区都曾扭转过局面。斯特林菲尔德（Stringfield）、雷诺（Reynolds）和沙弗（Schaffer）概述了高可靠性的组织，在这些组织里失败几乎意味着灾难，因此所有的失败都需要加以避免。同样，FNO的概念将引导学校领导和他们的团队创造一种方法，正如孩子们所说的那样："成功是唯一的选择！"

当然，只有想法和阐述显然不能使学校系统做出什么改变。然而，正如前面提到的，它们已经是许多领导人的基本出发点。马里昂·威尔逊（Marion Wilson）是PS 3753杰克·鲁宾逊学校的校长，在纽约布鲁克林区的一个较差的学区，她与工作人员决定："失败不是一个选项，卓越是唯一的选择。"由此，在她三年的任期内开始了他们从一座"D"等学校向"A"等学校发展的旅程。在2011年秋天，她的学校成为纽约的五强之一，虽然这个排名中间曾一度下滑，但学校已经完成了由普通校到名校的飞跃。这正是本书副标题所意图表达的希望：从普通学校到名校，并不像你所想象的那么难，只要你具有FNO心态。

澄清和阐明意图的力量也不容小觑。正如丹尼斯·斯帕克斯（2007年）写的，"知道我们想要什么并引以为傲，会增加我们实现所寻求结果的可能性"。

观念的力量：一个新的开始

当肖恩·斯迈利（Shawn Smiley）首次成为印第安纳州韦恩堡的绍姆堡镇（Shaumburg）小学的负责人时，他告诉他的新员工，失败不是一个选项。黛安·帕丁顿（Diane Pelkington）是一名老师，也是当时的领导班子成员，她回忆道：

我们必须找到一种方式来获得成功。肖恩说得很清楚，在这栋建筑里他不会再接受我们的失败了。听了这

> 些，加上有领导相信，而且真的相信这一点，让大家都参与了这些。这给了我们同样的渴望，使我们也希望再次建立一个强大的愿景。我印象非常深刻。我之前从没有听说"失败不是一个选项"——一种选择方式来获得成功。
>
> 校长和学校工作人员的这一决心，对确保全线的成功有显著效果，从下面的阅读课成绩可见一斑。
>
> | 级别 | 第一节 | 第四节 |
> | --- | --- | --- |
> | 幼儿园 | 51% | 97% |
> | 一年级 | 80% | 84% |
> | 二年级 | 46% | 67% |
> | 三年级 | 61% | 75% |
> | 四年级 | 48% | 63% |
> | 五年级 | 48% | 70% |
>
> 注意：这些都是不同年级学习水平的百分比。K-3是从早期基本识字能力的动态指标来评估的，4年级和5年级是从学术阅读清单（根据蓝思分级理念）评估的。

来源：肖恩·斯迈利（Shawn Smiley），南希·诺埃尔（Nancy Noel），苏珊·卢瑟马（Susan Lothamer），克里斯雷瑟（Chris Rasor），黛安·帕丁顿，科琳·科比伯杰（Colleen Kobi-Berger），莉迪·亚比尔（Lydia Beer），马西·巴斯特德（Marcy Bestard）和德布·哈亚特（Deb Hyatt），个人通信，2009年。

没有孩子会失败，这一想法还是比较新颖的。从前学校的使命是为所有人提供基本教育，而相对的，是要让精英去接受大学教育。现在，学校的新使命是要实现90%—95%的学生获得成功［弗兰，希尔，科里沃拉（Crévola），2006，第1—2页］。

事实上，21世纪的学校使命可能远远超出95%的水平，要求学生充分参与到真正的、以项目为基础的学习中，一些地区也将"成功"重新定义为毕业后发生的事情（更多关于这个方面的问题在第五章中）。

一旦这个"不接受失败"的原则成为核心领导们眼前清晰的画面，它就开始传播和发展，其方式反映了新主人的性格。例如，在印第安纳州绍姆堡镇小学参与"勇敢领导学院"的教师，基于类似的信息发展了自己的协会，并命名为"失败不是选项，一次一个学生"。

基于价值的承诺往往是坚定不移的，最终他们会被更大的群体连接起来，相信可以取得成就会推动这一点。（"希望"可能不是一种策略，但是没有希望的策略不能把我们快速带向任何一个地方！）信仰的力量对教学能力的重要性在教师集体效能（CTE）或集体信心中得到了很好的证明："最近的证据表明，CTE和学生成绩之间有显著的正相关关系……CTE上取得的成就的影响超出了社会经济地位的影响"[雷斯伍德（Leithwood），帕顿（Patten）与捷安特（Jantzi），2010]。员工创造这种CTE成为学校和区领导的最重要的任务之一，如下面第3课描述的那样。

当一个学习型社区同意"成功是学生唯一的选择"，他们必须就如何建成一个没有失败的学校这一目标形成一整套新的行动方案。的确，信念和承诺需要行动力才能落实，这些字字清晰的承诺是任何实质性变化必不可少的先导。

第3课：内部释放领导层

至少10年来，校长这一角色对学校的成功至关重要。校长是确定学校风气的最有力因素，而富有远见的领导和学校的风气文化的直接关系对支持教师的努力达成教学计划的成功也是必不可少的。此外，大量对教育领域领导和政策的调查，发现校长的领导是公立学校中最紧迫的事项。简单来说，"与学校有关的因素中，领导力在影响学生的学习方面仅次于课堂教学"（华莱士基金会，2011年）。

在过去十年，我们工作中最重要的洞察，就是将成功归结于校长权利的研究——校长能够真正引导学校的成功。这不在于哪位领导人，而是一种领导力决定了学校能不断取得成功（弗兰，2012；哈格里夫斯和弗兰，2012；华莱士基金会，2011）。而只有能够培养伟大的领导力的领导者才会持续不断地成功。但是也要记住一点，这是相对较新的领域。

专业的组织专注于细分领域，通过职位名称瞄准其成员的需求，资金上支持新出现的流派以加强这种相同的趋势（例如，发展新的领导人，或者"改造校长"）。然而，十年来，我们在教育领域的经验说明了强大的领导团队实际上是在共同工作的，使用特定的工具开展不同类型的对话，来实现承诺、行动、侧面支撑和问责。

因此，有效的领导者直观上将自己和他们的学习社区植根于核心信念或共同目标中，然后建立能够塑造文化的团队，支持教师集体效能（CTE），而这才能够保证学生的成功。

就像图1.1所画的那样，底部的三个C往往是很偶然的，或者匆忙一下跳过，最后带来教师的效能和学生的成功。最好的情况是，这将导致短期或阶段性的成功，因为可持续发展还缺乏坚固的基础。最坏的情况是，它可能会导致员工的部分反抗或拖延，正如上面提到的美国铝业的例子。

可以考虑一下卡伦·西舍尔·路易斯（2008）报告的情况："繁忙且备受尊敬的校长，急于为她的学校寻找新的资源。他参加了一个研讨会，会上讨论了在杜福尔和埃克的工作。回到学校后，她宣布，他们将实施PLCs（专业学习社区, Professional Learning Communities），并指派教师到跨年级水平的工作小组，分析学校读写能力数据资料。"不出所料，工作人员并没有做好迎接这一切的准备。"西舍尔·路易斯提醒我们："文化难以在短短一个学年的时间内永久改变。"

释放学校和社区内部的领导力需要一种不同的方法，有别于许多领导者在训练中接受的方法。努力保持控制的同时修改战术，很多领导者退回到一种"照单全收"的状态，这是让别人接受我们意见的另一个术语。第五章、第七章和第十章提供了一些特定的工具，以促进高绩效团队的发展，通过由内而外的过程，使团队成员不是仅仅"照单全收"；而是自己真正"拥有结果"。或者说，正如一位老师分享的："我曾在这里工作；现在我帮忙管理学校！"

图1.1 保持学生成功的五C原则

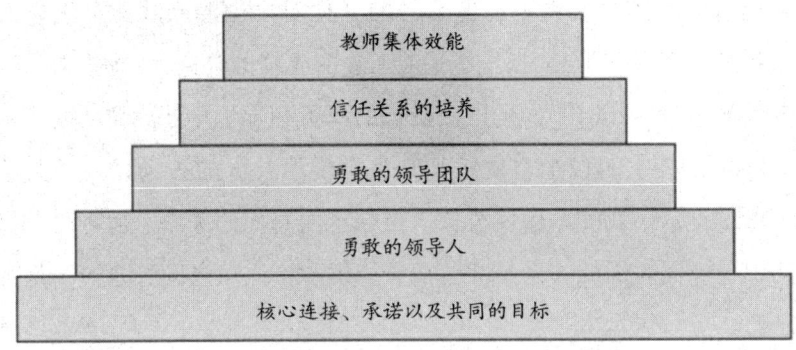

第4课：创建相互信任的文化

一开始的几次，教师走进来观察其他教师的教学情况，此时他们两手空空，什么工具都不带，这样做只是为了建立信任。惯例是以电子邮件的方式跟进，但在其中只是说一下在访问期间注意到的积极方面。我们不称其为"教学散步"，我们把它称为"点对点"，这一切都是为了在具体实施教学之前建立信任［杜安·瑟斯顿（Duane Thurston），玛丽·奥尔中学校长，得克萨斯州，曼斯菲尔德］。

也许学校改革者最重要和最困难的工作是改变主流文化……最终，学校的文化对生活和学习中的影响将远远大于州教育部、管理者、学校董事会，甚至也大过校长［罗兰·S.巴特（Roland S. Barth），2001］。

虽然有许多快速的解决方案，专注于收集和分析数据或改变教学策略的技术，但持久的收获来自于转变学校文化并将其作为关系信任的基础（布兰克斯坦，2007年，2010；布莱克和施耐德，2002；布莱克，塞布林，阿伦斯沃斯，卢派斯库和伊斯顿，2010）。

"你可以有最好的教学体系，无论是关于文学、数学还是其他学科，但如果你有一种糟糕的文化，最终还是会失败。反之亦然：如果你有一种伟大的文化，几乎所有的事情都会最终取得成功。"与本·韦克斯曼（Ben Waxman）在前言中的这段话相呼应，在实地考察中每个人都赞同这项调查：学校成年人中高度信任的文化对学生的成功能产生最大的益处。相反，如果没有信任，便不会有学生成绩的提高。马扎诺、沃特斯和麦克纳尔蒂（2005年）指出，校长的职责和学生学业成绩之间，有21个相关因素，其中的12个与校长和其整个学习社区的关系直接相关。理查德·埃尔莫尔（2000）建议校长"更注重面对面的关系，而不是官僚化的程序中……面对面的关系是驻留在……组织中人员之间关系……最强大的激励"。

然而，虽然有很多证据，许多人仍然对建立信任不屑一顾，将其看作"共唱圣歌"，或是随便到森林走走培养信任。虽然的确是有适合这些活动的场所，但这样做既不会触及从业者取得成功的核心，也不是我们所提倡的。英厄姆中级学区威廉斯顿中学校长克里斯汀·瑟马克（Christine Sermak）说，"从小的方面让人感觉良好的事或是分享个人的故事，我们都可以做，但这并不会让我们达到构筑下一级的核心"。

彼此了解对推进工作当然是至关重要的。伊利诺伊州马顿市马顿社区学校的汤姆·舍曼（Tom Sherman）回忆说：

> 我们初次见面时，房间里共有20个人，有代表了5个单位的领导人，有一些教师领导，还有几个学区领导。在前30分钟就能看出，即使是我们这区区20个人，也互相不知道对方，更何况我们的学区项目中的600名工作人员。可见，关系的作用是巨大的！

彼此之间发展一种密切关系也有帮助。如果能创建一个"亲密的公司"，雇主"热爱自己的员工"，这样更好（弗兰，2008年）。当然，信任也是建立在公平、真实的基础上，然后科学地采取一些艰难的行动，让每个人都经历变革的困难时期，体会共同抱团取暖的感觉，这会使成功的可能性大大增加。

> **信任建立在真相的基础上**
>
> 信任是建立在真相的基础上的，认识到这一点也很重要。肖恩·斯迈利回忆道：
>
> 我一直在看二季度末的年级水平数据。我分管幼儿园的三个部分，一个班的成绩没有什么变化，虽然我知道他们是应该有所变化的。我拿到了三个年级的数据表，并标示出教师的名字，与调研年级水平的团队开了一个会。
>
> 后来，我和那个表现不佳的教师在我的办公室聊天，讨论年级水平的数据表。她注意到一个班级与其他班级的表现不一样，于是试着找出有哪里不一样，于是她发现，那个班级在本应增长的地方并没有相应的增长。她看着我，微笑着问道："这位老师是在干什么呢？"
>
> 我回答说："你说呢？"然后，她突然意识到，这就是她自己的班级。她感觉自己对不起她的学生，她对自己所做的事情觉得很遗憾……她从未想让她的学生成绩下滑。
>
> 从那天起，她不再拒绝外界的帮助，她变得乐于合作。我们看到了一把火，是我在这里很短的时间内还不曾看到过的。她解剖旧的自己，释放一位新的自我。从那天起，我有了一位面貌焕然一新的幼儿园老师。

这位校长将压力和支持非常有效地结合了起来。在高需求和压力下，尤其是在危机之中，表现出关怀、富有同情心和耐心并不是没有用的。这种做法很勇敢，也很不容易。想想以下这段关系，这是一位严厉的企业CEO对常青藤商学院的学生说的话：

你们之中有多少人曾经上过课程，教你们怎么与你要解雇的员工谈话？如果一个人深夜来到你的办公室告诉你，她的女儿生病了，她第二天不会来了，你会怎么说？……作为管理者和领导者，大约有80%的概率遇到各种各样的问题（布莱恩特，2009）。

这是沃尔玛副董事长爱德华多·卡斯特罗·赖特（Eduardo Castro-Wright）说的话，他就很不喜欢这种将建立信任关系比喻为共唱圣歌的论调。这种不论是软还是硬、无论是关系还是结果的二分思维，是我们在创造领导力的共同语言和成功的共同语言时所面临的挑战之一。即使我们能通过，我们仍然需要面对能力建设的挑战。究竟要到哪里去学习这些能够产生实际效果的软技能？

佛罗里达州希尔斯堡公立学校的校长玛丽·艾伦·埃利亚（Mary Ellen Elia）指出：" 教育者需要有些脾气，而作为领导人又需要冷静，也就是以一种敏感的方式沟通。人际关系的作用是巨大的，有的人只是表面拥有它，但却不能驾驭它。"

做到这一点需要一个系统化的方法，本书提供了一些现场测试工具，尤其是在第四章、第五章中，读者可以利用这些工具提高他们的能力。

第5课：探寻房间里的答案

50位教育领域的专家，在调查了横跨两大洲的情况后，他们一致认为，优秀的教学实际上存在于世界上几乎所有的学校和学区（布兰克斯坦，2011）。"无论在什么地方，我们都能看到很多群体达到了一定程度上的成功"（哈格里夫斯和弗兰，2012）。问题是，这些便是托尼·瓦格纳（Tony Wagner）通常所说的"卓越的随机行为。"

4. 成功的进程

将这种智慧灌输到教师中是需要一个过程的。每一步的努力都有三个组成部分，如图1.2所示。

图1.2　每个项目所需要的三个部分

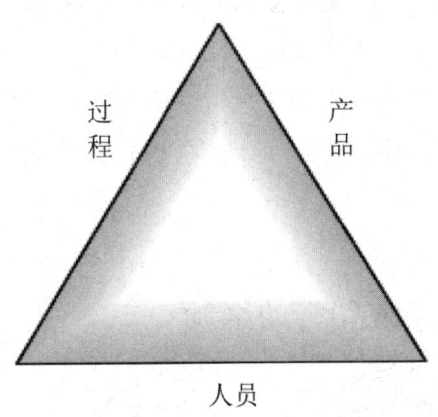

在学校，"产品"指的是通过使用达成一致的一套措施来进行学习。能达成该产品的过程包括教育学、学校积极氛围的创造等等，"人员"则是指所有参与该过程的人员。挖掘学校内潜在的答案，让卓越成为常态，我们必须创造一个坚定的过程，把大家团结起来实现共同确定的目标或结果。

例如，一旦一个领导团队明确了其目的，列出了方案和价值，确定了愿景和具体的SMART目标，很快就会涉及"指导"这个话题。但是他们如何才能一致确认好的指导是什么样子的？什么是过程？当不同的老师批阅同一份论文，他们给出的分数通常大不一样。此外，学生们的功课分数和在标准化考试中得到的结果并没有什么太大的关系［汤姆古斯基（Tom Guskey），HOPE会议上的讲话，2011］。要对"好"的指导获得一致而清晰的定义，需要领导团队成员基于以往的经验来给出定义。他们最后一次看到好的指导是什么时候？它是什么样子的？与良好的指导相关的教师行为都有哪些？学生在这其中发挥了什么作用？（参考资源1：创建一个共同的"定义优秀指导"的专栏，问题列表和整个过程都推动评价"优秀指导"的专栏创建。）

一旦一个团队花了几个小时费心费力定义优秀的指导，然后将它归结为所创造的专栏中的五个因素，你猜他们想要用专栏做什么呢？是的，让它发挥作用！定义和衡量优秀指导的过程还有一些额外的步骤，但重点是这样做是有一个过程的（见后文的案例故事1）。植根于核心目的的领导者——以及那些借助工具和过程发展领导团队来实现专注于开发教学效能的信任文化的人——才能在整个学校、学区或学校区域维持学生的成功。

5. 基于研究的系统和行动纲领

对于很多人来说，FNO的六大原则是本书的核心，这些原则已经为"与学生成绩高度密切相关的收益"（布朗，蔡和赫尔曼，2011）的联合行动提供了框架、体系和共同语言。这些学校和学区不是将这些原则作为待办事项清单，而是作为他们已经在做的最好的东西的一种手段。如图1.3所示，每个原则与其他原则共同作用，作为系统的一部分，这样，如果一所学校要确保没有学生被忽视（原则2），那么他们便要作为一个协作团队（原则3），基于数据做出决定（原则4），根植于自己的使命和目标（原则1）。具有采取行动的共同语言和框架，对挖掘教师中的智慧以及建立可持续的领导能力来应对不断变化的挑战是非常重要的，可参见案例故事1。

图 1.3 作为系统的FNO原则

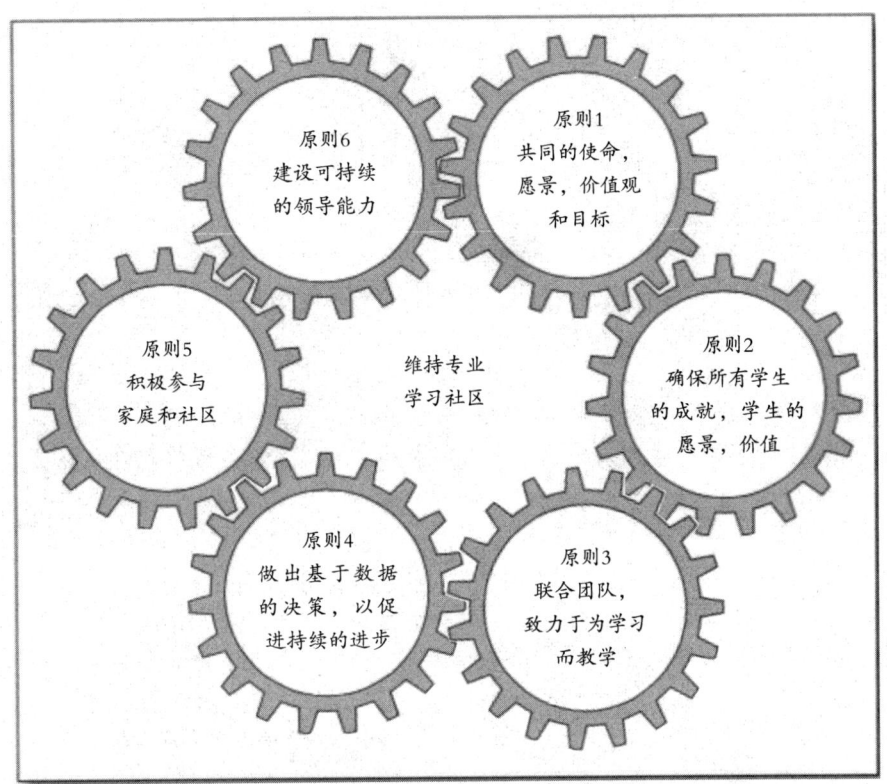

案例故事1　维持合作型学习团体，同时引入教师评价和绩效工资

2012年，印第安纳州的韦恩堡社区学校（FWCS）决定接受挑战，试点国家即将推出的教师评价体系，即所谓的"崛起"（RISE）。这个体系的风险高但收益也高。由于几个关键因素，该区已成功地涉过了一些高风险区域，并保留了他们在过去十年里建立的合作文化。

(1) 为协作奠定基础

大约六年前，在追求道德目标时该区着手建立了一个合作型社区，以支持"3P"，即"精确"（Precision）、"个性化"（Personalization）和"专业社区（Professional Community）"。该地区随后接触了"高绩效学校指导学生成功的六原则"，六所学校在自愿的基础上进行了一项测试，开始了一项被称为"勇敢的领导学院"的工作。

他们使用的过程包括将参与的六所学校相互连接在一起，为了促进校内和跨学校对话，采用了全新的概念。例如，教师领导队伍讨论"好的指导"以及当其出现时如何识别它。在每次会议结束后，领导团队创造了"再入计划"，使他们能够将这一过程带回自己的学校，这加深了协作的主动性。

基于这六所学校的成果，FWCS的领导决定使用这个过程。整个小区现在使用同样的语言来详细描述成功，快速评估它，且根据该评价做出调整。此外，他们现在拥有了一种体系，能保证整个地区第一时间分享最佳实践，并使这些实践成为常态。这体现在各个方面，从一位老师通过使用简单的战术使学生保持全天的参与度，到为教师建立合作性的工作环境这种更复杂的过程。FWCS很久之前就认识到日常协作的价值，他们在教师工作日内集中为这一点设立时间。

在FWCS所做的环境变化根植于其强烈的道德宗旨，即"教育所有学生达到高标准"。负责人温迪·罗宾逊（Wendy Robinson）博士于2003年制定了明确的着力点，这样一来工作人员便知道他们前进的方向。随着学校董事会制定明确的任务，以及整合从会议室到教室的所有努力的三个关键目标，信任也建立起来。随着平衡计分卡的发展，过去和现在的区域活动都有了透明度，学区所取得的成就也变得显而易见。

在这个区域，信任、协作和沟通一直都受到重视，随着第三次获得年度进步（AYP），也会变得越来越重要，虽然这是个多样化的地区，还需要在37个不同领域获得成功。其中一个最大的挑战，现在也被列为这个学区头项议程，便是引进新的教师评价体系和相对应的绩效工资。

(2) 挑战

印第安纳州的教师评价体系与美国大多数州相差无几，需要可观察到的表现方式和学生数据评级。下一年，绩效工资也将与评估挂钩。项目经理劳拉·凯恩（Laura Cain）指出："过去的几年里，我们已经建立了共同的语言、团结协作和凝聚力。我们需要确保这种合作的文化能继续下去，让教师们互相帮助，共同提高。我们的教师团队非常优秀，每天都在谈论学生的进步，这种团结协作的文化是我们学生不断取得成功的重要原因之一。"

随着新的教师和管理者进入这个体系，这一点成了更大的挑战。以下是这个学区所用到的一些策略：

- **向危险迈进**。福特·韦恩可以选择进行可行性评估或者放弃。与学区领导的想法一致，他们决定做出榜样而不是等待新系统被强加进来。就这样，他们一年以前就开始着手，确定了挑战的程度和性质，塑造第二年可以在整个州实行的最终评估程序。

- **通过充分沟通和透明度来保持信任**。正如上文所介绍的,区领导和全体员工一直通过实时共享来维持多年建立的信任,从教育部(DOE)获得的信息会被所有人共享。"这就是我们世界的现实,外部有选择性的竞争,我们就必须在内部充分合作。"罗宾逊博士这样告诉她的工作人员(个人通信,2012)。教师领导小组通过一个像教师评价这样的机制来传递和处理复杂的问题。

- **专注于工作**。福特·韦恩要推出新评估项目,总是在其影响到任何人的薪酬之前先斟酌细节。教师合同已签订,至少开始试点之前一年多的时间内不会受到任何影响。这样一来,每个人心里都有底,他们能够专注于工作——而不会受到一些冲突的牵连,例如,在这种可能影响薪资的新系统下他们该如何"存活"。因此,需要关注的是每一个人的成功,以及如何才能做到这一点。

- **重命名、重构、拥有主动权**。许多州的评价系统都被认为是复杂低效的,甚至也是分裂的。而在这个区域,大家都将这种说法作为其精神理念:"我们用的是福特·韦恩法。"与此相一致,他们将挑战和其含义重新命名,使之对他们来说变得更有意义。"我们不能选择是否会有教师评价,"劳拉·凯恩对一组教师领导者和他们的校长说,"但我们可以决定我们是否会让它把我们分裂。"此外,像"学生学习目标"(SLO, Student Learning Objective)这样的说法被视为带有负面意义,更名为"学生成就目标"。

- **借助支持满足新的要求**。 FWCS集体决定,校长70%的时间将会花费在指导上。要做到这一点,以上提到的系统和结构将成为有效的支撑,使得校长能集中精力重新规划时间和提高效率。同时,这个学区也引进了指导教员来支持教师的专业成长。

- **创建具有一致性的教学过程**。 如前所述,FWCS使用一个支持系统,这个系统以校长作为教学领导。从学校的第一天开始,这个过程包括由负责人频繁和快速地进入教室听课,为教师提供即时反馈,长期的听课为教师提高指导水平提供了有力的支持。在这一年中,负责人会给教师提供书面及口头的反馈来促进他们成为更好的教育者。到今年年底,该系统被认为是一个支持系统,而非最终评价。这项工作在区内的十一所学校开始进行试点,后来作为FWCS参与教师评价试点的一部分在其他学校进行使用。这给了FWCS两年的时间,建立了一套有利于支持和协作的系统,而非惩罚性的评估过程系统。

- **让工作人员以正规的方式不断地参与进来**。与教师领导人的对话

> 集中在这个新的优先事项，调查则用于为期一年的试点之前、期间以及之后。教师们对此的反应既有积极的方面也有需要改进的方面。为使这项计划对他们所有工作人员来说都能获得成功，该学区仍在努力。

6. 下一步

正如本章所强调的，当我们努力去指导学生通过21世纪的挑战，失败根本就不能成为一个选项。此外，即使在最艰难的时候，也会有办法取得成功。如智利的灾难所指出的，它根植于你的核心，是"由内而外"开始的。从那时起，领导团队在这个过程中同心协力，支持教师集体效能，维持学生的成功。在第二章中，勇敢的领导力将会有进一步的定义，作为工作其余部分的基础来力证"失败不是一个选项"。

第二章　引领学校成功的勇敢的领导力

衡量一个人的最终标准,不是看他在舒适的时候怎么做,而是在面对挑战和争议的时候怎么应对。勇气能克服恐惧,使你能掌控一切,而懦弱则代表了恐惧,因而你才会被它掌控。我们需常筑勇气的堤坝,来抵挡恐惧的洪流。

——马丁·路德·金

内心的勇气帮助我度过艰难的时期。勇气是生存的关键。

——贾斯汀·雷耶斯（Justin Reyes），五年级学生

长久以来,各个行业的领导人都将勇气看作是人的基本美德。比如下面这个小例子:勇气是所有美德的母亲,因为没有它,你便不能始终如一地展现其他的美德。

——亚里士多德

如果没有勇气,所有其他的美德便失去了意义。勇气应当受到尊崇,它在人的所有素质中首当其冲,因为它是保证所有其他素质的核心。

——温斯顿·丘吉尔

勇气可能是所有美德中最重要的,因为如果没有它,人们难以在实践其他美德的时候保持一致性。

——玛雅·安杰洛（Maya Angelou）

> 勇气是所有美德的地基，只有在勇气之上，其他美德才得以拔地而起。
> ——罗伯特·路易斯·史蒂文森（Robert Louis Stevenson）

几个世纪以来，领导力一直与勇气密切相关。1189年至1199年的英国国王理查一世便因他的勇气而闻名，民谣歌手称其为"狮心王理查德"。同样，近年来，西方对勇气的解释都与战争、战斗、倒下或幸存的英雄相关。而这个词本身来自法国的词根"coeur"，也就是"心脏"，勇气的传统概念与心理活动相关。

理查德国王因几乎凭借一己之力消灭对方的军队而闻名于世。然而，在今天，21世纪的学校领导有一个更加艰巨的任务。这个任务太过艰巨，以至于根本不可能靠一个人的力量完成！正如前言中提到的中国龙，本章将植根于勇气这个永恒的概念，并使其适应于建立一个21世纪勇敢的领导团队的需要——这个主题在第一章介绍过，也将在整本书中继续发扬光大。

1. 开拓勇气

在早期的美国本土社会，勇气是最大的美德之一，在年轻人身上也有系统的体现（这些人被称为"勇士"）。"最伟大的勇士，能够舍离他所珍视的财产，同时吟唱欢乐与颂扬之歌"［斯坦丁·比尔(Standing Bear)，1933年］。伊士曼（Eastman）回忆说，他的祖母鼓励他放弃了自己最珍惜的东西——他的小狗，使他有一天成为"勇敢和坚强的人"。这些年轻的勇士被教导要面对自己内心的恐惧。许多人后来将这种勇气延伸到一种终极的失去——为自己部落的成员牺牲自己的生命，尤其是那些无法保护自己的儿童和长者。为了孩子而牺牲是很自然的，这与美国的本土文化相一致，但放弃一个人的生命已经是勇敢的极端写照。

埃迪·贝尔维尤（Eddie Belleroe）是加拿大阿尔伯塔省的一位克里族老人，他曾回忆与他祖父的对话。他问："爷爷，生活的目的是什么？"思考了许久，老人抬起头，说："孩子，孩子就是生活的目的。我们曾经是孩子，有人关心我们，现在轮到我们去关心关心他们了。"［布兰多（Brendtro），布鲁肯莱格（Brokenleg），卜克恩（Bockern），1990］

许多教育工作者都在为儿童做出牺牲，为了他们而直面恐惧。在HOPE基金会，我们与这些来自全球的教育者们共同工作过。例如，我们知道，有一位校长支持为流浪儿和无家可归的儿童创建不断变化的、灵活的公交线路，他为此与公交车司机工会不断进行斗争。与我们一同工作的数千名教师，他们每天都在坚定不移地帮助那些成绩远远落后的孩子。

每天，这些教师和他们的学生都要面对失败这一非常现实的可能性。鲁迪（Rudy）是另一位勇敢的同事，最近管理着一个大城市的学区。有一天，他会见了一位校长，问他，为什么孩子们在他的学校一直表现不佳。该校长将鲁迪拉到他办公室的窗户旁边，指着进入学校的孩子们，说："你看到那些可怜的孩子们了？他们大多数都来自单亲家庭，他们不会阅读，甚至可能都不怎么会说话。是的，他们就是做不到！"那天，鲁迪当场解雇了这位校长，虽然这么做的政治后果比较严重。在与我们合作的另一家大型学区，领导分析了34所小学的优势和需求，最终认识到，现有的学校领导者无法解决目前的问题。于是便决定"在合适的位置上放合适的人"，这直接导致一年内有八名校长人选发生了变化，七个助手重新分配。这之后，有一位辞职，一位退休，但收益是，每项建设的需要与现在校长的长处相匹配。随后的过渡会议澄清了期望，使变化过程更加顺利平稳，而整个学区这才意识到该区是有多么重视提高。

在2010年1月，一场大地震袭击了海地。这一天，在纽约杰斐逊港的肯尼迪中学，梅利莎·麦克马伦（Melissa McMullan）的学生们已经无法专注于自己的社会研究工作了。麦克马伦对海地受害者的受难感到难过，而晚间新闻中报道的灾民自救也让她无比感动。她修改了课程，着重于他们的"核心"需要、兴趣和激情。她创造了跨学科单元，与人们结伴前往海地。麦克马伦自己花了18小时，到达海地并用Skyped与她的学生们对话，呼吁学生们行动起来。最终，她这个勇敢的决定——做学生所需要的事情——获得了全校范围内的捐赠。鞋子、衣服和洗漱用品共有1.5吨，而包装、称重、发票和解决问题都是由学生们进行的，他们甚至还在海地开了一所新的学校。学生的全员参加、学区的全体参与使学生们掌握了更高层次的21世纪学习技能，而这些都是这位老师勇敢领导的成果。

上述勇敢的行动不是以个人的人身危险或所得来计算的。这些专业人士遵守勇敢领导力规则（CLI），定义为遵循自己的价值观、信仰和使命行事，甚至在恐惧、潜在的损失或失败面前也一直如此。这些教育工作者追随他们的内心，他们这样做只因为他们想要这么做，他们看重的是自己的内心，他们这样做是为了保护、培养、帮助年轻的男女学生发展为成功的人才。个人或者团体组织开发这种勇敢的领导力，并利用它来保证学生们持续成功，这是本章的主题。

2. 当失败不是一个选项

在与诺贝尔和平奖得主图图大主教的谈话中，我们问他的私人助理欧帕·西恩（Oupa Seane）先生，对失败的害怕是否在反对种族隔离的斗争中影响过他们。欧帕回应：

> 我们从来没有考虑过失败。尽管我们处在种族隔离制度下，我们的非洲邻国过得还不如我们！我们相互汲取力量，我们会怀念，也会设想我们国家更光明的未来……直到有一天，每个人都可以有吃有住，拥有生活的其他基础设施。有一天，我们可以创造一个空间项

目，与美国航空航天局竞争。即使有这么多兄弟死去，我们也从来没有考虑过失败（个人通信，2003年）。

是什么使得人们在面临这样可怕的失败后果之时还坚持直至最后的胜利？如果在这种情况下他们都能做到这一点，我们每天都在教室里挣扎的教师、忙着削减预算的学校管理人员，还有疲于迎来送往的院长和教区人员们，是否能从中得到什么经验？

发展"失败不是一个选项（FNO）"哲学

一项为期三年的研究记录了花岗岩中学（Granite Junior High School）接受的理念，"所有的孩子都是可以学习的，使他们能够学习是我的工作"。尽管城市位置偏远，在标准化考试中，学生的成功率与较富裕的学区相比毫不逊色——这是由于在很大程度上，员工具有一致的立场，即每名学生每一项任务必须至少达到B。从本质上讲，所有的作业都会被评级，如下面的标准：

A-超越且在其之上。

B-基本水平。你知道应该知道的东西。

I-不全面。你需要时间和帮助。

为了得到A，学生需要完成额外的加分功课。要获得B，他们需要满足每一位教师事先明确的衡量标准。教师必须处理许多结构性的挑战来使这一理念与实际相符合，包括如何处理无限制性的"不全面"。

根据这项研究，九年级的教师们建立了每个评分时期的结束点，并将其当作功课的截止日期……而另外两个评级，则继续用开放的方式……九年级也使用C和D，仍避免使用F。（科贝特，威尔逊和威廉姆斯，2002年，第86页）

> 花岗岩中学接受一个共同的理念，行动也与这种理念（文化）表现一致，并且创造了结构和教学策略来适应它。在传统学校的公式"时间+努力=学习"中，针对不学习的学生，花在学生和教学工作上（包括替代教学法）的时间只有轻微变动。而在花岗岩中学，学习成为常数；时间和教学方法成为变量，通过操控这些变量以确保学生的成功。

来源：改编自《让每位学员都参与》，布兰克斯坦，2007。

3. 勇气的检验

勇气是一种与生俱来的美德，也是一种可以培养的美德。虽然我们常将这"所有美德之母"（亚里士多德）神化，并在冲突和战争的领域将其理想化，但正如前面提到的，勇敢的行为经常可以在日常生活中被发现。确实，"……证明这一美德往往比我们意识到的时候还多……有时……是通过我们所拒绝的事情"（埃利亚斯，奥格·汤普森，路易斯和奈伏特，2008年）。但也要记住，这种勇气是可以培养的。

一个人勇敢行动的能力可以通过一项非正式的测试得到衡量，自2002年以来，超过5000位教育领导者曾参加过这个测试。假设，你来到一座新的城市或城镇，正准备到附近的商场购物。当你接近商场的时候，你发现它着火了。你不知道着火的起因，只知道是在你到达前不久才开始的。而且，视线范围内也没有消防车。

你会进入商场吗？我们大多数人会回答"不会！"直觉告诉我们，这么做是愚蠢的。但毕竟，愚蠢的行为和勇气也是有区别的。如果可能，在什么情况下，你会进入商场？

①有一个大减价活动正在进行；
②商场里有人（他们可能被困住）；
③孩子们在商场里（可能被困住）；

④你的孩子在商场里 。

针对第一种情况，我们所调查的人中没有人回答"会"，虽然有些人的确是笑了起来。约5%的受访者，在第二种情况下回答"会"。对于第三种情况，25%的人表示会积极响应。所有被问到第四种情况的人都着重回答说，他们会进入该商场救自己的孩子。

尽管我们并不认为这是对教育领导人具有科学权威性的调查，但它确实对勇气的性质和什么能够唤起美德提供了有趣的视角。例如，针对第四种情况，没有人会问额外的问题。当面临第三种情况的时候，的确有些相关的细节问题出现，比如"有多少孩子？""已经报警了吗？""我知道入口在哪里吗？" 等等。这意味着，对特定"技能""策略"和"如何做"等信息的需要可能会随着手头任务对个体的相关性而降低。

我们从中获得的启发是："如果能了解到原因，人们是愿意做出牺牲的……人们需要知道他们所冒的风险是否值得"［海菲兹（Heifetz）和林斯基（Linsky），2002］。总之，有志者事竟成。反之，如果没有意向，可能也没有办法成事！

行动的内在必要性是驱使人们面对恐惧的第一动力，这比害怕失败更加有力。从智利矿难到反对种族隔离的斗争，从前面提到的教育工作到我们自己的研究，无数的例子都表明了这种情况。勇敢的领导者可以学习如何培养自己内心的刚强，在组织中学会挖掘和培养勇敢领导力原则。

4. 构建勇敢的领导团队

构建勇敢的领导团队是成功的关键战略，也是整本书中都在讨论的一个过程。在后面的章节中将提供更多的细节，所涉及的内容包括：

①选择领导班子。领导团队必须代表整个学习社区，即使是反对者，也需要好的领导，只要他们不是盲目反对一切的人；

②构成团队。这里谈到了团队的核心目的（他们为什么存在），必须

加以澄清；

③发展有意义的协议。这份协议应不仅限于"开始时间"等肤浅的问题，还要对如何解决冲突、如何决定等做出细致的规定；

④着眼于有意义的目标。最初，这取决于团队的效率，它可能需要很多小的但能很快取得的胜利来获得新的动力、动机和掌控力；

⑤寻找成功：猎宝 VS 猎巫。记住，答案在教室里（第一章），目标是创建能够找到答案的环境，并扩大其规模；

⑥建立反馈回路、透明度和更深层次的对话。关键是要寻找隐藏在表面之下的真相，确保行动能触及问题的核心；

⑦建立基础设施，使上述所有行为都有后勤保障。这值得投入初始的时间和资金，因为从长远来看，它可以节省时间和精力，并确保持续的成功。

底线是，要使整个组织的人心和勇气都投入进来：当战略展开，领导者必须密切关注他们是否能够对校长和教师产生激情、目的性和能量。如果在这个问题上不能收到答复，该战略迟早会失败（弗兰，2003）。

5. 勇敢领导力规则

勇敢领导力规则（CLI）不仅随着心中的期望开始，还需要对这一目的有一个响亮的承诺。在既有努力中的成功和我们信仰的成功早就已经联系了起来。

在过去的四分之一个世纪中，研究文献一贯支持的一个概念是，对所有的一切，包括明确和公开的标准，具有很高的期望，是缩小成绩差距和提高全体学生综合成就的关键（波特等，2010）。

对高可靠性组织（HROs）的研究，使这种积极期望的理念和信仰体系更进了一步。这些高可靠性组织拥有的核心理念便是"失败不是一个选项"。确实，对于这些组织，失败将意味着灾难，因为他们负责的是包括诸如纯净水的提供、电源输送和空中交通控制这样的重要项目。一项对两种高可靠性组织的研究（空中交通管制塔和区域电力电网）便始终在应用"HRO回应"来满足高质量的指导服务需求。该研究显示，HRO可以应用到学校的工作中（斯特林菲尔德，雷诺，谢弗，2008）。

罗西和斯特林菲尔德（1997年）写道："我们发现HRO结构在学校的潜在用途方面有很多支持，在所有的利益相关者之间建立高品质关系网络的独立性方面也有很多支持。"在这些引用原则中，HRO原则是有三个特点：中央目标非常明确且广泛分享；全体员工都相信，成功是至关重要的，未能实现核心任务是绝对灾难性的；HRO建立了全体员工间的相互依存关系（罗西和斯特林菲尔德，1997）。在过去20年里，我们采访了数千名学校领导，调查结果与上面所提到的相似。我们发现，相比那些没有信念的人，对其工作人员和学生的成功持有不可动摇的信念的管理人员会获得更好的结果。此外，具有CLI的领导人将这一信念进一步发挥。长期来看，他们不愿意考虑失败。一路上遇到的挫折正在迅速变成学习感悟，为未来的成功加满燃料。其结果是，这些领导者更有可能看到项目的未来前景，从而激励他人发挥出较高的水平，并承诺维持所有学生的成就。

这样的一个CLI都有哪些元素，如何对它们进行开发？下一节将解决这些问题。

6. 成功的基础

CLI是从广泛的教育领导力文献以及过去20年与成千上万领导人的对话中提取的。最近进行研究的初步结果表明，大多数成功的领导者都表现出上面列出的这些特点。这种类型的领导者并不认为失败是一种选择。具体而言,让失败的学校好转并使成功的学校前进的领导者,可以用以下五个原理来概括:

(1) 从核心开始

这个原理是指先明确驱动内部领导力和学校社区的核心。"真正的领导者是源于核心承诺,从内部建立他们的行为,而不是从外部的管理文本来建立"(埃文斯,1996)。核心在这里定义为一个人的目的、价值和意图的交集。确定一个人的核心是一个深刻而集中的过程,是提供必要而持久动力的根基,是在反对力量面前维持前进的努力。伊莱恩·威玛(Elaine Wilmore)将我们的核心价值观定义为:

> 它是我们生活的核心部分。是我们所代表的,也是我们为了荣誉和正直所甘愿冒险的事物。它们在我们内部建立,并指导我们如何生活。

学校领导往往需要平衡不同群体的利益。例如,"保守"的父母可能想减少他们孩子能够阅读的一些文本,"激进"的父母可能高度重视这些相同的文本以及能免费接触到的概念信息。领导者如何能参加到他们互相拖拽的不同利益同时又不失去自己的核心?正如一位中学校长所说:

> 毫无商量的余地,我最常找回的是真实的自己——听从内心的号召,紧抓我的核心,不论它们是好还是坏。一个伟大的领袖迟早要搅拌这锅热汤,如果有重大事件发生,结果要么被喷溅到身上要么就会溢出汤锅(哈洛韦尔,1997)。

虽然任务声明解释了学校为何存在(确保所有学生都能学习),"从核心开始"的公理却比这更深一层，它回答了"为什么我要在乎？"和"我要做什么？"这样的问题。

作为个人和一个领导者，明确自己的核心也许是最困难的，但也是一切行为的根本。很多人一生都难以明确自己的核心，对此我们也不应该感到惊讶。事实上，人们为了越过这个关键的阶段，往往能找出许多可以理解的原因。在现代教育的领导者中，这种做法被视为不必要或不切实际，这有多方面的原因：

①做任何事情的时间都太紧张，更不用说"达到一个人的核心"了！唐纳森（2001）指出，学校的"抵抗领导力架构"中有一个"忙碌阴谋"，留给人们计划、组织并执行的时间太少。尽管大多数领导者发现这使他们很少有时间进行反思，但是其中最有效的是将合理分配自己的时间作为优先事项。

②人们对"自我发现"的印象是"软弱"，或者认为这是领导力方面并不重要的内容，我们与领导者的合作说明了另外一点，并与沃伦·本尼斯（Warren Bennis）在《永恒》（1989）一书中描述的开创性工作更一致：

"了解自己（Know thyself）"是特尔斐神谕上的题字。它仍是我们所有人面临的最困难的任务。但是，如果不能真正了解你自己、你的长处和短处，知道自己想要做什么，为什么想这样做。除了这个词的表面，便不能在任何意义上取得成功。

③在愿望和理想上行动是痛苦的。这些行动将领导人暴露给艾克曼（Ackerman）和马斯林·奥斯特洛夫斯基（Maslin-Ostrowski，2002）所称的真正的领袖所经历的不可避免的"伤痛"。因而，做学区、国务院或省所规定的事务更容易，风险也更低。

④领导力一开始就是一个孤独的角色。这种隔离感因许多领导人的感受而加重，他们会觉得做自己是不安全的，甚至与他们的工作人员一起也没有安全感。他们想要一直维持同一个形象，患上了迈克·帕德勒（2011

年）所说的"领导力、风险和冒名顶替者综合征"。

⑤在我们所研究过的几乎所有的组织中，都存在导师、精神领袖、长者和其他系统地协助人们实现自我发展和自我发现的人。我们参观过的许多非洲国家还在对他们年轻的男孩和女孩实行成年礼，一些美国土著用"寻梦"来帮助未来的领导人发现他们生活的目的。如果要过有意义的生活，这样的一些行为便至关重要，对领导别人做事尤其重要。这已不再是大多数西方社会的情况，很多人根本不知道从哪里开始找寻自我。

教育领导人要达到他们的核心，有很多方式可以做到。认真地考虑这几个问题，来回答"我们作为一个老师的核心"：为什么我一开始要进入教育领域？作为专业人士，我的核心价值观是什么？我有什么特殊的天赋和才能可以提供？我希望留下什么样的专业遗产？我能做些什么来保持我的激情并忠于我的内心？

印第安纳州韦恩堡社区学校的管理者卡罗琳·帕沃斯，深思道："一旦你离开，你希望人们怎么说你？你是来使这栋建筑里的大人高兴还是保证孩子学习的？当被现实的压力拖累的时候，你便很难保持专注于学生的学习。你必须每天看看镜子里的自己，告诉自己，在我任内，我会做有利于我的学生的事情。"

发现自己的核心还有另一种方式，那就是通过一项活动，这项活动可在8到15人的小组进行，一个组或几个组可以同时在房间内开展这个活动。

请大家围坐成一圈，并开始进行活动说明，然后每三个人分为一组。三人小组的每名成员讲述一个自己生活中的故事，这个故事需在某方面抓住这个人的精髓。例如："当我还是少年的时候，看到一对夫妇抢劫一名老年妇女，我便出面干涉了。"

讲故事的这个人从中抓出能描述他或她的一些个人核心特色的元素。在上面的例子中，讲述人可能会说："这说明了我是谁的本质，和我所重视的东西，因为我保护那些需要帮助的人，不怕有什么后果。"三人小组中的其他人可以增加别的性格特征,看看讲述人是否同意。

三人小组中的另一人可以写下每个人的特点,随后在大组里分享。为了发现该集团的"共同核心",也有可能从每个人的笔记中建立亲密关系网络,而这反过来也可以作为学校使命或价值观发展的一部分(在第五章中会有描述)。整个小组在这个共享会结束时都有所改变,每个人都有均等的机会,可以简要分享他们的故事,也可以分享相应的"基本"或"核心"特性。

教育家们还可以反思下面几个关键问题去获取他们的核心:

①我最重视的是什么?换句话说,我不能容忍什么样的行为,为什么?

②我过去的生活模式、强烈的兴趣和爱好告诉了我哪些关于我生活的目的?

③我的价值观和生活中的目标是如何与我目前正在做的事重叠的?与我正在做的工作相关的意愿有什么?

回答前两个问题,并确保这点和作为领导者当前工作意图的一致性,有助于最大限度地提高这种做法的有效性。这个过程需要时间,但它也建立了个人真实性的感觉,从而增强组织内的信任(见第四章)。

"能跟随的领导者是真实的,真实就是使个人信仰、组织目标和工作行为之间保持根本的一致性(埃文斯,1996年,第184页)。对于领导者,要用略有不同的术语来定义,具有最大信誉和道德影响力的领导者知道自己是谁,知道自己在干什么,他们的宗旨、价值观和意图相对于他们的工作是一致的。

(2) 创建组织的含义

"成为最好的自己,真正重要的是专心,把精力集中到对我们最有意义的事物上。"[詹姆斯·M.库泽斯(James M. Kouzes),巴里·Z.波斯纳(Barry Z. Posner),1999]

维克多·弗兰克(2000/1959)写了一篇文章,谈到人的基本需要在他们生活中的意义。这篇文章非常有说服力，尽管目前的重点放在检验和标准上。要建立工作激励的连接，教育者需要的不仅仅是学生的考试成绩增量收益。同样，学生也需要看到学校设置的课程与他们生活的相关性。这对获得持续的成功很重要。一名14岁的学生与我们分享："我关心罗密欧与朱丽叶做什么？我又不是要去上大学……我的大多数朋友即使到了20岁也没上大学！"类似这样的说法促使伊尔琳·昆维尔（Erin Grunwell）采取勇敢的行为，他的英语课更加专注于让他们的团队参与进来而不仅仅是莎士比亚。伊尔琳将原本的课程计划打破，并从学生关注的相交点开始。最终，这个班级不仅收获了罗密欧与朱丽叶，还展开了一项名叫"街头日记"的活动。

对个人核心的关注，首先要定义所有利益相关者生活中更深层的意义，这反过来又释放了学校进行实质性改革的能量。甚至，它还为处于绝望中的人提供了希望，而这样的希望是成功的一个非常重要的因素（库珀，2007；埃文斯，1996，弗兰，2001，2011）。

要创建组织的意义，便要重新规划。尽管预算削减可能会瓦解一个学习社区，例如，它既可以是改变的动力，也可以是重振旗鼓的机会。因而，我们可以将它看作将人们聚集在一起的契机，讨论组织如何使他们目前的工作更加有效，并放弃没有起色的工作，了解其他学校是如何应对类似挑战的。它甚至可以成为一所学校的动力，否则这所学校就会为处理预算限制孤立地承担"最佳行为"的行动研究。

与此相对应，正如我们在第一章中所看到的，伊斯莱塔学区将许多人认为的负担（80%的学生是ELL学生人口）转变成一个强项："所有学生在离开这里的时候至少会说两种语言！"他们随后在课程中建立了强大的语言阵列，供所有学生使用。

所有的领导人都会在某些时候面临危机，在这种情况下，领导者最富有成效的反应是为自己也为组织中的人创建积极的意义。

（3）保持目标的坚定和清晰

经历了极其迅速更替的学校往往报告说缺乏共同的目的，员工之间对于承诺玩世不恭，甚至无法让学校长时间保持对有意义的工作的关注（西肖尔·路易斯，雷斯伍德，沃斯特朗与安德森，2010）。

20世纪70年代的某个时期，广告商必须悄悄签署一项协议：所有的产品现在和今后都应该被视为"新的和改进的"！消费者们兴高采烈地买了"最新"的"改良"的割草机、汽车和肥皂。而我们也采用了这种同样可悲的做法——每隔几年便创造、消费、抛弃"最新"的教育风潮。

但是，购买了快捷方便"最新特色"的教育者买的其实是座海市蜃楼——大多数新举措很快便被视为无效。更糟的是，在没有进一步评估的情况下，他们都被无限期地保留了下来。在后一种情况下，教育的"书架"充满了许多令人困惑的排列，难以继续进行。这种方法再好也是与实际脱节的，它使已经不堪重负的工作人员完全丧失了斗志。

保持目标的一致性和清晰度，是一条重要的原理，这使我们的行为合乎规范，能持续清楚并一直坚守住组织的核心目的。要坚持这条原理，否则的话，工作人员的精力将会花费在改变方向、填补职位空缺等无聊的事情上，整天萎靡不振。

首先，要进行目的澄清，这个公理的"目标稳定性"部分才会成为可能。在第一章所述的智利矿井坍塌中，目的很明确：让33名矿工活着回来。一旦这个目的有所模糊（例如，曾经出现政府是否应该参与进来这样的问题），或追求目标的稳定性有所摇摆（例如，在第一次失败后，矿业部长劳伦斯·戈尔本放弃营救行动），出现其中任何一种情况，矿工们都不可能生存下来。

保持目的的清晰性和稳定性能实现两个主要目标。首先，它有助于减少员工的压力，这种压力来自众多的优先事项以及明显不足的时间。最近对加州校长的调查体现了这一挑战，他们缩减了预算和流通量，导致工作人员每周有长达60~70小时的工作时间，涉及的人有教师、社区联络员、体育主管、危机公关经理、预算大师以及护士（布兰德等，2011）。

　　来自澳大利亚的报告表明，他们有着相似的挑战，因为学校首要职务的申请持续下降（巴蒂，汤姆逊，布莱克莫尔与萨克斯，2005年）。正如一位校长告诉我们的，"我觉得，对不同的人我要扮演不同的角色。校区里的优先事项转换特别快，就像沙漠里的沙子，有时候相当让人抓狂"。在不断变化的环境下，坚持目标的清晰性和稳定性可以带来持续性和连贯性。佛罗里达州的希尔斯伯勒中学管理者玛丽·艾伦·埃利亚谈到校区的非凡成就，首先提及的原因就是这个："我只是这45年来的第四位管理者，现在是我的第8个年头。这种稳定性也存在于董事会，我们甚至有一位成员20年来竞选连任！不管是什么样的目的，如果有持续性，便会有很大的机会来实现它，因为这样可以与工作人员在信任的基础上推动这一目的。"（个人谈话，2012）

　　其次，保持清晰和目标的稳定能聚焦于重点领域，带来更大的成功。埃文斯（1996）解释说："高绩效系统的研究表明，他们的领导人提供的方向非常明确、有力、清晰……清晰带来了很多好处，首先是促进了信任。"埃文斯主张，任何团队或个人在面临多方面的项目时，"一次只做一件事"（第218页），这与确保早期的小胜利为持续变革营造动力的研究相一致（弗兰，2011年）。

　　保持焦点的清晰和持续有几种方法：

　　①对项目积极的一面展现出热情；不断地发现过程中的里程碑；庆祝小的成功；鼓励必要的试验和改进；使人们能够继续努力创造前进的动力。

　　②制度性地放弃不该追究的事情。利益相关者要参与创造一份清单，确定"需要做的是不是现在正在做的，我们如果不这样做还能做什么，我们需要做什么"［施来齐（Schlechty），1992］。

　　③在需要重点关注的项目上制造一种紧迫感。在第一章中，我们描述了一位校长，她和她的工作人员认为，他们不是在教数学和科学，而

是在拯救人！这种"重新规划"在特殊时期有助于将人们集中在期望的结果上。

④让数据不断提供反馈。确保相关的数据直接流向那些与项目相关的人（而不是被领导过滤掉），这会更有说服力和针对性。

⑤必要时，修改时间表，以便聚焦于主要目标。这能为重要的事情争取必要的时间，成功做成一件事情总比用同样时间做了好几个半截子项目要好得多。

有效的领导者必须亲自定义组织的核心，为组织明确核心价值观和核心目的以及其意义所在，不断专注于与目标一致的优先事项，才能帮助学校取得成功。同时，建立紧密的反馈环路，让员工看到自己的成功也很关键。事实证明，业绩上的激励是绩效本身！

（4）勇敢地面对数据和你的恐惧

在《从优秀到卓越》一书中，吉姆·柯林斯（2001）指出，成功的企业一贯能准确地评估当前形势，同时又不忘初心。"面对残酷的现实"往往是困难的，几乎可以被直接打脸。此外，教育工作者往往会将个人某些类型的评估和管理机构给出的关键评价关联起来（有关信任和评估策略，请参阅第四章案例故事4）。积极地说出自己的恐惧可能是克服这些困难的第一步，从而扩大可能采取的行动范围。例如下面这些经典的世界性事件：

2003年5月13日，《纽约时报》报道："科学家……昨日表示，现有的公共卫生措施已经能有效抑制许多国家的'SARS'疾病，在疾病集中的中国大陆和台湾地区也应该有良好的效果"［德莱尔（deLisle）］，真是车到山前必有路。讽刺的是，SARS的报道最初是从中国开始的，但在中国能够控制疾病之前，靠近香港的地区和远在加拿大的多伦多地区也是包含在内的，这可能是由于中国政府最初对这个问题的否认。与香港不同，中国最初不愿意面对这些数据，也不愿面对与这一流行疾病相关的恐惧。正如这篇文章所指出的，"据中国新闻社报道，首都31位官员在开展防治这一流行病措施上因表现不佳而遭纪律处分"［德莱尔（deLisle）］。

再看另外一件事。2003年2月，美国航天飞行器"哥伦比亚号"在重新进入地球大气层时燃烧起来，飞船上七名宇航员全部遇难。随后的调查显示，一块手提箱大小的泡沫在飞船的左翼破碎，导致重要的隔热板受损，造成航天飞船的重大灾难。据美联社（2003年）报道，在"哥伦比亚号"飞行期间，航天器管理人员拒绝了工程师用间谍卫星图像来确定左翼损坏程度的请求"。

尽管已经无法知道当初科学家们如果选择直面数据（和他们的恐惧）的话会有什么不一样的结果，但他们明显并没有采取这样的做法。相比之下，直面数据和恐惧对拯救1970年"阿波罗号"上三个人的生命是非常关键的，对第一章中描述的33名矿工也是如此。

在其他的组织中也是如此，学校倾向于避免某些事实和相关的恐惧。例如，我们曾经去过许多精致的学校，自豪地标榜自己在标准化考试中85%的合格率，却不去检讨还有谁在那些失败的15%中。

在解决智利危机的时候，真正有效的领导者和他们的团队都在经历同一种"冷静的不耐烦"，这是玛丽·艾伦·埃利亚在第一章中提到的，这可以通过充分参与和删除多余项目来完善。例如，在丛林中，你为了生存不得不与狮子赛跑，成功的最好机会是集中精力和全部身心拼命奔跑，而不是在恐慌中瞎跑，或对发狂的狮子（多余事物）感到愤怒。虽然人们比狮子能更好地启动感情的"按钮"，但要做出什么样的反应仍然是你自己的选择，平静和迫切地专注于我们的目标才是最有成效的方式。

总之，有必要制定组织的规范和个人"思维习惯"［哥斯达（Costa），考力克（Kallick），2000］，冷静并定期评估个人与理想的差距，将以数据为基础的评估作为持续改善、希望和乐观的动力，并积极采取行动。

（5）构建可持续的关系

在本章前面的"勇气测试"部分，我们注意到，当被问及如果他们的孩子在里面，他们是否进入燃烧的购物中心时，5000多名领导人都清晰地回答"是"。虽然挽救孩子的"道义责任"在本次调查的问题③和问题④中是相同的，但它们的关系却并非如此。当问题里的孩子是受访者的孩子时，他们二话不说就会冒着生命危险去拯救他们。

对战争中勇敢行为的研究表明，与其说将生命置于危险境地的背后是道德目标（虽然这可能是一部分），不如说是对战友忠诚度的实质。"高质量的关系，换句话说，甚至比道德目的更加强大"（弗兰，2003年b，第35页）。

当然，在这本书中，我们不主张领导人或他们的工作人员将生死置之度外。研究非常明确，互相信任的关系是学生成就和学校取得成功的关键因素［布莱克（Bryk）和施耐德（Schneider），2002；布莱克等，2010；戈达德，萨卢姆与勃莱比斯基（Berebitsky），2009］。

要明白，所有前面提到的公理都是彼此相互作用的，这一点很重要。关系能将大家关联到一起，成为一个统一的整体。关系支持着承担风险的领导者，使他能根据核心来行动并创造组织的意义。关系也使领导者保持目标的清晰性和一致性，直面数据与恐惧，虽然这可能会让人紧张、沮丧、有被威胁感。

2005年之前，在我们每一所进行长期改革的学校，第一年我们都关注非学术性项目，如使命和愿景，采用互相协作和能提高关系的方式（如今我们的工作加快了这一进程）。有趣的是，虽然第一年里我们并没有专注于学术，但每一个实例中，学习成绩也在这一年里有了显著改善。即使到现在，我们也会将大量的时间放在关系建设上，以更深入、直接地解决依靠数据处理的教学实践。下一章中的案例故事，会讲到伊利诺伊州奥尔顿中学，里面有更多的相关细节。

本书中，我们很努力地分享加强校内亲和力的方式。第四章主张，学习社区的创建应基于信任的关系，这部分内容为发展能使学校成功的关系提供了具体策略。

7. 下一步

身处于这种文化中，我们很容易就能明白什么是可行的和实用的……为了追求内心，我们已经做出了牺牲。我们会发现，自己屈服于怀疑，停滞于知道该怎么做或者可以怎么学着做，而不是追求对我们来说最重要的事情，并为此甘愿生活在冒险和焦虑中（彼得布莱克，2002年，《去做就是了》）。

在知道怎么做和做什么之间经常有道鸿沟，能将其连接起来的往往是勇气，行动起来的勇气。

在本书中，我们省察内心（以及精神），以找到勇气来提升并保持学生成就。在今天的问责制环境下，工作人员、学生和更大的社区都面临着挑战，要考量的事情非常多。

正如前面提到的，勇气来源于法语单词"coeur"，也就是"心"。有效的领导者跟随内心做出行动。归根结底，他们通过判断来决策，这个判断来源于他们的核心目的、价值观和意图。依此行事的领导者能超越对失败的担心（这会阻碍他们），他们的行为体现出勇敢领导力原则。

当勇敢领导力贯穿于学校，学校如何改进的问题就变得容易起来。有志者事竟成，如果意志缺乏，有关技术和工具的问题都会成为行动或变化的阻碍。要确保学生们的成就，对CLI的培养还有很长的路要走。下一章将仔细分析学校变化会遇到的10个常见的障碍，以及如何克服它们。

第三章　10条常见的失败之路以及如何避免

教育上的变化在技术上简单，带来的社会效应却复杂。

——迈克尔·弗兰（Michael Fullan）

慢就是顺利，顺利就是快。

——杰夫·帕斯卡尔（Jeff Pascal）

每一个换过尿布的家长都倾向赞同下面这句话：变化是件很麻烦的事情，一直变化更麻烦！尽管人们可能会喜欢已经完成的变化，但他们一般不会喜欢正在发生的变化，因为这个过程可能并不舒心。例如，长期来看，在你家房顶安装新的太阳能板可能会保护环境并减少开支，但安装过程中的破坏、混乱以及开销无疑将在短期内使你很头疼。

我们当中有一些人是创新家，是积极的"早期用户"，他们喜欢变化。但大多数人面对变化还是会采取一种谨慎的方式，并且需要解决那些实实在在的担忧。

同样的，教师们通常也不会太积极地拥抱变化，特别是当教师是这些变化的作用者而不是发起者时。尽管他们可能会同意新标准总体上的概念（如学习流程、高质量审阅以及差异化指导），但适应新标准却可能给人没有安全感与害怕的感觉。这在那些经历过过分创新的实践者中尤为突出。他们提出的问题有"为什么是我而不是别人做改变？""我们之前不是做过这个了吗？"以及"你究竟想让我怎么为这个抽出时间来？"如果这些问题不被回答，那么它们就可能阻塞任何变化的源头。

1. 教育运动变化无常，但阻碍一如既往

在20世纪80年代末期，HOPE基金会开始同质量大师W.爱德华·戴明（W Edwards Deming）合作。他的工作激发并变成了第二次世界大战后所有日本制造工艺提升的基础。在当时，很明显，戴明的方式（经常被误称为全面质量管理，英文缩写为TQM）比当时美国公司常用的方式能更有效地建立起优秀组织。

不久之后，我们通过一系列的"塑造未来美国论坛"和"PBS-成人学习卫星系统（ALSS）"项目，将戴明以及之后的彼得·森格（Peter Sengo）的方式介绍给了那个年代最高的教育领袖们。我们提议使用他的理念并提出全面质量教育（TQE）以及学习社区的概念，在教育圈内进行讨论。

美国学校管理协会的陆·罗德斯（Lew Rhodes）提出与戴明进行私人会晤，几个月后全面质量网络就开始推行了。与此同时，监管与课程发展协会引入了他们的全面质量学习网络，并由杰·邦斯汀（Jay Bonstingl）主导［邦斯汀（Bonstingl），2001］。

包括商业圆桌等有权势的商业组织，将"全面质量"方式加入了他们正在实行的基于现场的管理方案中。像威廉·格拉瑟（William Glasser）这样著名的教育作家开始写关于全面质量教育的文章。我们可以听到众多教育家们越来越响的口号："全面质量教育！全面质量教育！全面质量教育！"

但到90年代末，这场"运动"却消亡了。戴明的理念只有一些更技术性的方面存留了下来。HOPE基金会的领导们转而通过发表杜福和伊克（DuFour，1991; DuFour&Eaker，1992，1998）的三篇文章来帮助催化下一个教育领袖浪潮——专业学习社区（PCLs）。许多出版物推进了这场运动，循环仍在继续。

创造重大并且持续的教育变革一直很难。图3.1和之后的段落探索了在达成目标路上的一些常见的障碍，并提出了克服障碍的方法和建议。

图3.1 概况：变化的阻碍以及可能的解决方案

阻碍	可能的解决方案
阻碍1：我们不想变革	• 逐渐开始可持续的变革； • 从"自愿的少数人"开始； • 为开拓者们创造安全的环境； • 发起论坛，让成功案例被听到、庆祝以及模仿。
阻碍2：你是领导，告诉我怎么做	• 重新评估领导方式，确保对员工对学生的成功有长期的义务； • 建立教师引领的领导力团队； • 称赞教师的决定是对学生有益的。
阻碍3：我们没时间干这个！	• 判断时间是不是变革中唯一的问题； • 确保变革的过程看起来值得投入时间； • 提供普遍的计划时间； • 让学生参与到基于社区的服务学习中； • 创造时间块； • 尝试一下在"资源2：挤出时间的策略"中讨论的方法。
阻碍4：萝卜和大棒并不好用	• 提供有用的奖励，如成绩； • 强调目标是持续的学习与成长。
阻碍5：学生必须要参加测试并被打分	• 修订评分系统； • 使用基于项目的其他学习方式。
阻碍6：来自上级部门的干涉	• 同学区合作使其接受基于学校学习规定的教师表现数据； • 使用缓冲策略来保护员工。
阻碍7：我们更喜欢去年的神奇对策	• 明确目的、信念、价值和使命，来保证大家在新的提议上站在一起； • 在内部建设能力与方向指引，而不只是从外部查找快速的解决方案； • 展示新的提议是如何有计划地达成学校目标的。

续表

阻碍	可能的解决方案
阻碍8：我们不知道我们希望什么，需要什么，以及这两者的区别	• 请学校团队基于资源3进行一次快速的自我评审。
阻碍9：我们不同意	• 在意见一致的定义上取得一致； • 同那些与共识不一致的行为进行对峙； • 大范围宣扬并庆祝成功。
阻碍10：我们在等梦之队	• 认识到在任何层面进行领导——无论是在教室里还是在办公楼里——都能为学生的成功作出贡献； • 对于领导职位空缺，应采取最理想的方式：填补空缺。

阻碍1：我们不想变化

人们通常会担忧新的想法，在学校里这种阻力可能发生在许多方面。教师可能厌倦了被要求重新思考他们的行为方式。家长希望他们的孩子在学校的生活与自己经历过的一模一样，通常不愿支持新的不同的教育方式。

克服这些变革的阻力是可能的。成功的领导从"自愿的少数人"（Blankstein，2011）开始，创造了一个他们可以在其中执行的安全保险的环境，并发起意在让他们的成功案例被听到、庆祝和模仿的论坛。在"资源4：处理阻力的策略"中有更多的建议。

阻碍2：你是领导，告诉我怎么做

以我们作为学生和员工的经验来看，很多人都认识到领导的角色就是做出决定并控制结果。在教育界，校长们担心放弃对学校各方面的控制可能会削弱其权威，而其他职员在现有的职责角色中已经很适应。因此，对校长和职员们来说，超越既有的经验并不容易。

真正的变化需要组织中的所有个人——管理者、教师、职员、家长和学生——为了整体利益而合作。长期来看，校长的专制会阻碍团体中的个人认识到自己对更大成功的重要性。

日常工作经常需要领导重新评估他们的领导方式，以确保对员工对学生的成功有长期的责任感。第五章与第七章描述的流程是为培养优秀的领导团队设计的。通过给予教师和家长放权，这些流程系统性地促使了"领导方案的多样性"（参见第十章关于分布式领导力的内容）。

更多的校长和地区领导们开始鼓励变革：比如，在会议中扮演一个参与者而不是领导者；鼓励教师与家长探索新的观点，而不是给他们一个提前确定的日程安排；充分尊重教师的决定，相信他们提出的变革措施对学生有利，而不是询问他们的意见后却走上另一条路。

通过在职员中扮演一个支持者，校长们创造了一个训练环境。在这个环境中，教师领导们不会害怕承担在领导角色中的风险。这种领导方式的变化使得全学校的职员都重新评估自己的角色，并反思领导力概念本身。

阻碍3：我们没时间干这个

如标题所言，这句话从表面上看来是完全合理的。制订学校提升计划的过程、完成需求评审、收集和分析数据以及后续规划都需要投入时间，而且成功的学校还需要在时间表中为教师协作与继续教育留出时间。因此，从表面上看，这个难题几乎没办法避开。

同时，这句话还可能成为那些不想变革的职员的烟幕弹。你可以这样破解这个难题：询问他们"时间是唯一的问题吗？如果我确保你有足够的时间去做这个，你会积极地参与到这个过程中吗？"这么做的目的，就是一定要让职员们认识到，变革过程是值得投入时间的。实际上，在有些文化、社区和教育系统中，合作与深度职业发展的价值并不被重视。其他人很少享受到这些！

国家职工发展咨询会在"学习职业中的职业学习"（Darling-Hammond,Wei,Andree, Richardson, Orphanos,2009）这份报告中，提到了以下发现：

关键发现15：同其他国家的教师相比，美国的教师们花费了太多的时间去教育学生，却只花太少的时间去共同规划、学习和制定高质量的课程列表和指导。美国教师们将他们80%的工作时间花在课堂指导上，而其他国家的教师们只在其上花费60%的时间。

重新思考学校文化以及持续深入的职业发展的重要性，是教育长期成功的关键。对于抽出时间这个实际问题，以下是学校应对的例子：

• 规定共同的计划时间。将几节同样内容的课程安排在同一时间，以便让教师们共同工作。例如，所有三年纪艺术课与七年级体育课都一起上。

• 让学生参与到基于社区的服务学习中。在我们工作过的学校中，高中生每周都有半天离开学校去参加不同的社区服务项目，教师们利用这个时间进行协作。

• 创造时间块。四天中，每天都在特定时间段里给所有课程增加几分钟的时间。第五天，取消加时，学生们进行另一项活动，同时教师们利用这一时间进行团队会面。

解决时间问题的方法很多，在"资源2：挤出时间的策略"中，还有另外12种方法。列表里的方法最适合用来在你学校里做头脑风暴的引子。每一个教员都必须提出他们相信可以解决问题的方式，并由他们自己来实施。

阻碍 4：萝卜和大棒并不好用

许多年来，美国学校的运作方式可以用量产汽车的第一条流水线来模拟。在这个系统中，职员们被要求完成相应工作量并达到产品标准，还要与彼此竞争本就数量不多的"赢家"来获取升职与加薪的机会。关于这个系统的内讧以及长时间的消极怠工已经有较完整的记载。教育者受到越来越多的评估并被依次排名，而且经常都是不正确的。而绩效奖金在美国和英国的发放却是偷偷摸摸的，尽管这已经被证明会产生有害影响［艾瑞丽（Areily），2010；阿特金森（Atkinson），伯格斯（bergess），克罗克森（Croxson），格雷格（Gregg），波洛波（Proper），斯累特（Slater）和威尔逊（Wilson），2004；达林·哈蒙得（Darling-Hammond），阿默瑞·比尔德斯利（Amrein-Beardsley），哈特尔（Haertel）和罗斯特恩（Rothstein），2012；弗兰（Fullan），2006；伽柏（Gabor），2011；爱伦博世和鲁察拉（Irlenbusch&Ruchala），2008；马时等（Marsh et al.），2011；国际学生评审项目，2012；拉维奇（Ravitch），2011］。

这种外部的动员方式意味着，在竞争中人们互相比较时，如果没有受到奖励或者惩罚，那么他们就没有"表现"。实际上，在这种系统中，"表现"是最好的结果。同样的，孩子们学着简单地去得到"正确的答案"，而不是走上探索之路。探索之路经常将学生引向"错误的答案"，但却会促进真正的学习。

与过去半个世纪所有在这个课题上的主要研究相反，像戴明这样的行动者将他们的哲学建立在相反的前提上，即个人有内部驱动力去学习和做好工作，并且他们不想失败。正如丹尼尔·平克（Daniel Pink）总结的："在刚过去的半个世纪里，在这个课题上的所有主要研究都坚称，如果允许人们去追寻这自然的驱动，那么他们将努力达到自己的极限，并且不需要任何诸如竞争或恐惧的外部驱动力。"在这个假设下，教育系统是一个引导并且通过培育评审来促进持续学习的角色。

阻碍 5：学生必须要参加测试并被打分

什么是教师及学校领导的义务？这可以拿来与学生的成绩和重要考试的分数进行类比：两者都能将创新、学生参与以及深入学习排挤出去。立法者迫使学校提升学生的考试成绩，家长对成绩的重视有过之而无不及。因为不像立法者，家长们还担心孩子以后的高等教育或是人生的未来都是由这些成绩决定的。但正如需要教育家现在意识到的那样，成绩和考试分数并不反映学生真正学了什么，这是由许多原因导致的，包括且不限于拙劣的评审（参见第八章）。

有趣的是，如果你请10个老师去给同一份试卷打分，你将会从他们的评判中得到差别很大的分数。所以，成绩究竟意味着什么？

解答这个问题的关键，要从明确成绩的目的开始。例如，如果你有一个学生在第一次考试中得到满分，然后成绩下滑，在之后三次考试中都只得到了80分，他将得到85分的平均分。第二个学生开始得了70分，但之后他努力学习并且得到了80分甚至90分，最后的考试中得到了100分，这样他的平均成绩也是85分。两者都有着相同的平均分，但这背后的逻辑却完全不同。根据学校对于成绩的定义，后面的成绩有着更高的权重。另外，如果在一个学期中有十次考试，而学生错过了第一次测试并得了0分，她将不得不在接下来的九次考试中获得完美的100分才能在这门课拿A。给0分有意义吗？这代表了什么？根据表现来给分又如何呢？这些成绩应该被转换成一个总体的平均分吗？这取决于目的，并且如果问成绩是否只反映了学生的知识水平，答案则是"错"。

假如学校不是用一套固定的评分系统（使用这样的系统比看起来要难），而是尝试使用分成4个等级的熟练度或掌握度的标准。4代表最复杂的任务，如阅读几段文字然后写一篇对比的文章，而对于1等级则只需使用正确的语法即可。如果学生们也参与到标准制定中来，那么他们的理解和兴趣都会提升。如果他们可以将作业同与个人有关的一些事联系起来，就如密歇根那个帮助海地建立起一座学校的班级（参见第一章），那么他们就不会倾向过于关注成绩。正如来自印第安纳州哥伦布斯新技术中学的哥伦布斯代表学会的校长迈克·里德（Mike Reed）解释的那样："在这里参与项目的孩子们讨厌离开教学楼。他们是如此专注于手头的工作！"（更多关于这个的信息参见第四章到第六章。）

总体上，通过更多的聚焦参与度、相关的教育方式以及使用更少准确的方式来衡量学业，学生和成人都将能更好地集中注意力在真正重要的事情——促进学习上。

阻碍6：来自上级部门的干涉

即使一个学生成功地克服了所有内部的变革阻碍，外部限制依然存在。州、省以及联邦部门的命令决定了专款走向，并经常变成学校变革之路上强大的障碍。

克服这个障碍有效且有帮助的一个策略是在职员和使他们教学分心的事情之间建立"缓冲带"。引用政府的"不落下一个孩子"项目，曼斯菲尔德学区督察罗伯特·莫里森（Robert Morrison）阐释道："我们甚至不关注NCLB，这已经好几年了。我们将注意力放在对学生学习来说重要的事情上，以及如何更好地去教学。然后NCLB的事情就自然而然的解决了。"（个人交流，2011）尽管遭受得克萨斯州学生人数增长最快的挑战，并且增长人数中大多是来自于底层补充教育服务（SES）的学生，曼斯菲尔德学区仍然得到了州里的"认可"。领导者关注外部干涉，但同时也尽力为教师创造"空间"，使他们在先进的教学和评分标准指导下变得尽可能的优秀，甚至形成了个人系统性的行为框架。而这个教学和评分标准是校内领导团队支持的，团队心存共同目标，不受外部干涉的影响。

阻碍7：我们更喜欢去年的对策

无论是专业学习社区（PLCs）、全面质量教育（TQE）、差异化指导还是今年新提出的"灵丹妙药"般的政策，对它们的无条件相信和坚持，既不能改变学生的学习方式，也不能提升员工的工作效率。这种机械的方式并不能促进我们对为什么要做现有事情的理解。所以，结果与之前一样，只不过多了一个"令人兴奋"的新标签而已。

1965年，美国的教育系统在全世界首屈一指［科恩（Cohen），莫非特（Moffitt），2009］，但现在下滑到了第17位［OECD,PISA排名，2010］。根据弗兰所说："下滑……是由于肤浅、万金油式的解决方案，它们主动放弃而且不尊重实践。"

当一所学校发现自己在提案中循环时，职员要明晰意图、信念、价值和使命来确保一致，这很重要。（参见第五章关于"共同使命、远见、价值和目标"的内容）。此外，提案必须是规划好并评估过的，以达到学校SMART的目标。

阻碍8：我们不知道我们期望什么、需要什么，也不清楚这两者有什么区别

这些通往失败道路的列表并不同等地适用于所有学校，同样，每一条改进的方法也不同等地适用于所有学校。例如，有的学校宁愿坐吃山空，也不愿意去认识并发现他们需要改进的地方，而有的学校已经坠入谷底并开始不顾一切地寻找任何能带来希望的方法（斯托尔，芬克，1996）。

如果对学校社区的需求没有一个清晰的概念，要找寻提升和保持学生成就的恰当方法，对学校来说，就很容易像糖果商店里的小孩子一样迷失。因为在这种情况下，附近学区中任何能令人愉悦、有趣或流行的演讲者或项目都将成为赢家！

"资源3"提供的自我评价能使学校团队快速且清晰地认识到他们所处的境地。完成这个评价有助于将学校所有的努力汇聚起来，引导大家学习学校改善的流程，也能最大限度地发挥这本书的作用。

阻碍9：我们不同意

只是理解并明确人们的一些合理的担忧和恐惧还远远不够，这离解决问题还很远。同时，为了使一所学校的改革方案达成一致，人们往往将努力都集中在几个反对者身上。

在共识的定义上达成一致，这是非常关键的第一步。这个方法可

能适用于你的学校——大家了解了所有的观点,并且团体意志很明确,即使那些持反对意见的人也非常清楚[伊克,杜福德与伯耐特(Eaker,DuFour&Burnette),2002]。如果学校有足够的时间在改善提议方面达成一致,这些时间最好能够花在那些领导变革的人身上,而不是在那些反对的人身上。"给花园里的花浇水,而不是给那些石头浇水"(更多应对阻力的方法可以参见"资源4")。

在基本达成一致后,领导者需要去应对那些与共识不一致的行为,同时也应大力宣扬和庆祝已取得的胜利(参见第五章关于庆祝胜利的内容)。

阻碍10:我们在等梦之队

要创造有意义的变革,这其中也会有很多细微的差别,这些差别并非是放之四海而皆准的。一些方式在富裕的郊区有用,但在市中心或贫困的乡村不一定行得通。即使变革的过程都一样,实施的方法也一定是多种多样的。学校职工成员会对"进口"来的提议缺乏责任感。对既定的魅力非凡的演讲者、时髦术语或项目过于依赖,这从根本上就同培养所有权的意识相矛盾。

我们曾见过有的学校领导,一直等到某特定项目的大师来到学校,发表了关键演讲或进行了一整天的培训,这之后才开始实施新的提案。与之相似的是,有些学校领导因为之前很多的努力都受到了学区领导的阻挠,所以他们选择等待现任教育督导退休之后才进行变革,因为这样新的领导才可以设立新方向!

尽管学区范围内的一致性有助于极大地提升学校改革的成果,但在任何层面进行领导——无论是在教室里还是在办公楼里——其实都能为学生的成功作出贡献。对于领导职位的空缺,最理想的方式是填补空缺。

案例故事2

下面的案例故事，讲述了一个学区是怎样努力推行根本性的变革，又是怎样克服了许多问题的。里面描述了一幅自始至终的流程图，包括许多直到现在还要注意的点。哪种解决方式更有效？哪些方面更接近你的处境？

（1）认识到变革的必要性

詹姆斯·白特（James Baiter），教育督导，阿尔顿社区11学区

2000年春天，教育董事会批准了一项新的计划，旨在重新规划学区以减少运营成本。他们关闭了四所小学，将三所初中合并到两栋教学楼里，并且重新任命了数位员工。让所有的学校为了能持续提升所有学生的成就而努力，这是我们的目标。

詹姆斯·斯凯菲（James Scaife），校长，爱乐学校

"这些东西我们之前听过很多。""这只不过是新瓶装旧酒罢了。"。在发起一项复杂的学校改革新模型[现在被称为永不言败（FNO）]时，资深教员们如此抱怨道。我们已经面临州里的和学区的最后通牒，要求提升在州标准化考试（ISAT）中较低的成绩。为了提出能有效提升成绩的方案，教员们几乎每周都得开会——他们并不喜欢另一套提案，因为那需要额外的时间。

德波拉·匹斯(Debra Pitts)，前任教师与副校长，阿尔顿高中

"这个模型如何能帮助我们的学生？我们的学校？我们的社区？""我们的教职工将如何反应？""我们怎么抽出时间来？"我面临的最大挑战在于，让我们高中的教师理解新的模型（FNO），并让他们相信这不是另一个"昙花一现"的项目。尽管有26年的教育经历，我自己也有同样的顾虑。

南茜·肖(Nancy Shin)，执行总裁，HOPE基金会

阿尔顿仍然处在从前些年开始的规模重组的恢复过程中。领导和教职工都重新做了调整。人们非常不开心。他们问我："NFO要花多少时间？我们怎么能从协会中争取这么多时间？我们怎么说服其他人这次的努力会成功？"在我们开始推进变革的两年里，整个组里开始这个流程的人，有一半多的人都退休了。

玛丽·派特·维那多斯（Mary Pat Venardos），校长，马克·吐温学校

当HOPE基金会团队出现并开始做他们最初的现场评价时，我想："对，这就是我们一直以来需要的东西！"全学区共同努力达成同一目标实在是太让人兴奋了。我们同其他行政官员一起讨论关于使命、未来、价值和目标等相似的课题，并且在这一过程中有中央政府部门的支持。即使这样，我知道让教员们相信这个模型，并让所有人参与到决策中依然不是一件轻松的事。我最大的挑战是帮助之前改革模型的领导理解我们为什么需要关注一些新的东西了。

（2）应对挑战

玛丽·派特·维那多斯，校长，马克·吐温学校

我将注意力集中在数据上面。在向教职工展示之前，我同几个关键的人聊了聊如何将FNO流程与之前的模型部分结合起来，例如，使所有股东以合作团队的形式参与其中，从而取得更好的学生成就。然后我向全体教职工展示了用来讨论的数据。显而易见，上一个模型并没有提高学生成就。我们讨论了新的流程，讨论了我们将如何在年级团队的基础上进行合作，发动所有教员，并基于数据做出所有决定。

反对者们在开始的时候拒绝加入领导团队。在团队组建的过程中，我就如何改善整个流程向他们寻求意见，并一起审查了内部的学习问题。当我们的领导和年级团队体验了这个流程，并意识到这将提升学生的成就之后，项目建设受到了越来越多的支持。

詹姆斯·斯凯菲，校长，爱乐学校

之前我担心引入新方法将会在新老教师之间产生隔阂，所以我说服了几个老教师成为我们领导团队的一部分。他们担心这"只是另一个项目而已"，所以我安排他们同HOPE基金会的代表会面。当他们意识到他们的意见会被真正看重之后，就变成了这个流程的积极支持者。

（3）2004年的结果

詹姆斯·斯凯菲，校长，爱乐学校

当我们开始领导团队会议和年级团队会议时，我们要求教师配合并一起规划。合作逐渐成为常态，负面情绪开始消退。教师们开始看到这个方法的一些积极作用，并且开始同其他人分享。

当第二年初ISAT的成绩下来的时候，我们的合作得到了回报。在学生会议上我们所期望的考试成绩是38%，现在达到接近50%。我们成功地超过了被列入警戒名单的成绩。虽然仍有许多工作要去做，但这种合作让我们走上了正确的道路。

玛丽·派特·维那多斯，校长，马克·吐温学校

作为学校领导，我参与到了实际流程中，这非常具有挑战性。类似数据驱动、合作、基于研究、使命、洞察、价值和目标等这些名词几乎变成了我的第二天性。我学着利用数据驱动流程来引导领导团队做出决定，我们开始互相支持。我觉得自己比以前更像楼里的教师领袖，而且我也喜欢这种变化。

领导团队认识到FNO的确有效，因为他们发现：
- 语言艺术启发式教学带来阅读评估成绩的大幅提高；
- 需要学科辅导的人数降低了；
- 在年级和委员会会议上，员工明显开始进行合作；
- 年级会议的会议记录反映了PDSA计划（舒哈特圆圈，又称达明轮——计划、操作、研究、实干）得到实施（参见第八章）；
- 他们实现了各年级提高学生成就的SMART（策略性与特殊性、可衡量、可达成、结果导向、时间限制）目标（参见第五章的设立SMART目标）；
- 他们观察到老师之间的互相尊重也体现在了学生身上，学生之间也互相尊重起来；
- 他们对学校里温暖、家庭式的氛围感到非常自豪。这种氛围促使学生、员工和参观人员相互尊重。

德波拉·匹斯，前任教师与副校长，阿尔顿高中

这是我在职业生涯中第一次见证教师们互相合作，参考数据来判断学生们的成就，并对提高学生成绩的方法进行系统的分析。我开始看到从我们的教育督导、助理督导和校长们发起的自上而下的变化。我们开始达成一致：关注学生成就！

南茜·肖，执行总裁，HOPE基金会

我们从一开始就同校长们和领导团体建立了紧密的关系。这个团体同我们的支持团队一起，使我们能经受住领导职位的多次变更，并向着更高的学生成就前进。在变化最大的这一年年末（第一年），州标准化成绩考试（ISAT）的13项标准中，阿尔顿学校的成绩在其中10项上的表现都比州平均水平要好。

（4）2012年的结果

南茜·肖，执行总裁，HOPE基金会

到2004年，以阿尔顿高中为典型的学区文化在许多方面已经明显变为合作文化，对一个有着100多名教职工和2000多名学生的学校来说，这是一个值得瞩目的成就。在2004年，当阿尔顿高中获得比尔和梅琳达·盖茨计划奖学金（Bill and Melinda Gates Planning Grant）时，他们的重点已经从合作学习社区转向了建设学生学术会，之后又获得了盖茨奖学金对职业研究会的三年奖金。巴巴拉·吉利安（Barbara Gillian）

在2006年成为阿尔顿中学的助理校长,到2008年春天,当时的校长菲利普·察帕尼(Philip Trapani)又将改革的缰绳交给了她。察帕尼博士深入参与了FNO的早期流程。

巴巴拉·吉利安(Barbara Gillian),校长,阿尔顿中学

到2009年的时候,我们意识到之前试着去做很多事情的时候太仓促了。在重新规划整个学区的过程中,我们搬进了一栋新的教学楼,在旧楼里对初中进行整合,同时还在重建小学。很明显,课程安排的发展并没有得到推进,因为我们没有沟通。我们需要回忆之前学过的关于PLCs的东西,以使改善计划走上正轨。

南茜·肖,执行总裁,HOPE基金会

数据(包括带有种族标记的课程登记表)显示,英语I类课程主要在非白人学生中受欢迎,而高级英语课程则主要在白人中受欢迎。教员团队和院系主席对此都感到不安,并决心改变这个局面。他们开始取消英语I课程,并让所有学生都参加大学预科英语I类课程,这是一门中级课程。他们知道但却没有在意的是,从初中来的新生还没有准备好去做九年级的阅读。因此,针对处在六年级、七年级与八年级阅读水平的学生,他们开始利用"阅读180",每天花一小时来练习英语阅读和写作。在第二年,每天的学习时间就变成了90分钟。一年之内,他们让18名学生从中级课程升级到了高级课程。

利用这次变革作为成长的种子,他们取消了适用于低年级的科学课程——科学调查,并要求所有学生参加生物课程。对已经习惯只教优秀孩子的老师来说,这并不容易。他们将重点放在如何让所有学生都通过州考试上,面临的实际挑战是如何将这种做法严格保持下去。持续的职业发展让持续的进步变得更加容易,专业的学习社区为教育的不断提高做出了贡献。

巴巴拉·吉利安,校长,阿尔顿中学

作为领导,我们自己必须专注于持续学习,通过有效的教育策略让这种潮流持续下去。我们不仅要教孩子竞争,还要教他们如何学习。

南茜·肖,执行总裁,HOPE基金会

阿尔顿中学对数据的关注已经有十多年了。他们从积极行为干涉与支持(PBIS)开始,但最近他们已经开始更深入地研究数据。

多年来,通过广泛研究学生数据,他们发现基础标准考试(ISAT)与普拉瑞标准成就考试(PSAE)并没有什么关联。他们需要额外的工具来明确如何让学生做好准备。通过挖掘数据,他们逐渐增加标准化考试项目，并用国家规范的评判标准来跟踪每个学生全部四年的成绩。他们的美国大学考试成绩自2008年以来持续增长：

	2001	2008
阅读		
伊利诺伊	58	53.3
阿尔顿	55	66.9
数学		
伊利诺伊	54	52.7
阿尔顿	51	67.4
科学		
伊利诺伊	50	51.2
阿尔顿	49	59.0

来源：经南茜·肖、玛丽·派特·维那多斯、巴巴拉·吉利安、詹姆斯·斯凯菲和德波拉·匹斯允许使用。

（5）阿尔顿中学2012年剪影

2008年，当所有人都搬进新教学楼时，门上贴的新标语"我们是一群学习者"遭到了学生、员工和家长们的质疑。今天，没有人再去质疑这意味着什么了：他们喜欢这条标语。

2006到2007年的努力工作让再次回到PLC结构成为可能，此结构包括额外的学校改善团队和校长发起的读书学习。例如，在数学方面，成立了一个代数概念小组，他们每两周见面一次，并明确地分辨出需要更多关注的学生。就在写这段话的同时，这个小组已经进行了改进，采用更灵活的会面计划来满足为每个同学服务的目标。他们基本上每周会面一到两次。这次数学改革沿用了之前英语和自然科学改革的方式，是在重新审视数据后发起的。

当他们深入研究学生的数学知识和学习时间后，发现一个很明显的问题，即初中也需要被纳入计划中。对7年级到12年级（而不是9年级到12年级）的课程设置进行观察的结果是，过去两年里，初中数学7年级到8年级的数学教师也加入了小组，让中学里所有的数学教师都有资格胜任工作是今年需达成的改善目标之一。同样，当他们调查了组合的课程设置后发现，在高中前就要让所有学生为代数I打好基础。现实情况是，只有50%的学生选了大学预备课程,因此,让更多学生进入高等教育的这一目标就需要进行改变。那么,2012年有怎样的不同呢?

①时间表。就学区层面而言,已经没有什么专门进行专业发展的时间了。所有教师的准备时间都是每天上午从7点45分到8点25分,他们也用这段时间来进行协作。

②现在,所有课程都有一个共同的期中和期末考试。在2012年,学校尝试了标准化的单元考试。现在一群老师和领导分析了考试结果,以确定考试中关于辩证思考技巧的问题所占百分比应该达到多少。他们修订了测试,从而使其能更好地为学生的标准化考试和高等教育服务。

③管理团队每周五都会为PLC腾出时间进行会面。他们学习书本知识,并查看不同的数据、D/F列表(低成绩列表)和期中期末的对比,以期发现可能会掉队的孩子。

④当团队协作明显变成文化中永久的一部分后,无法接受团队合作的教职工选择退休或自愿离职。根据副校长凯西·艾利奥特(Cathy Elliott)的说法,"对变革的努力推进不会无缘无故地消失。现在成为学习社区的一部分是默认的期望,而不是一种随意的选择。"

⑤教师和领导们经常在教室间穿梭,随时随地进行观察,其目的是进行专业反馈和辅导,并不是为了评估。新校长希望所有领导每周都要进入10至12间教室。人们相信这不是评估的一部分——他们的确没有感觉受到评价。同一时间总是有不止一个人在观察,因此观察者可以彼此规范,避免失之偏颇。

⑥重新整修了一间教室,其光线和声音的传播都是单向的(里面的人看不到外面)。这样老师们就可以用这个房间来进行课程观摩,观察者可以在上课的时候讨论他们正在看的事情。这个项目是由去年的年度教师想出来的,他同另一个同事引导了这个项目。教师自愿将班级带来这里,进行40分钟的授课,接受观摩,并得到针对他们教课的反馈。

⑦现在,PBIS数据和成绩数据开始同时使用。行为影响了学术表现,而学生的参与度又影响了行为,两者肩并肩共同进退。例如,巴巴拉·吉利安认为打架事件的数量是衡量学校安全和学生对学校尊重程度的一个重要指标。通过对5个重要的纪律指标进行对焦,同时寻找能让犯错误的学生好好表现的方法,学校在这5个指标上都得到了改善。打架事件的数量已经减少,学生感到安全,反过来,职工们也就觉得安全

了。去年，停课的数量下降了很多，所以他们开始关注停课天数，将重点放在让孩子们离校的时间尽量缩短。

⑧他们有了评估PLCs的新工具。杰瑞·瓦伦提那（Jerry Valentine）博士发明的指导战略库被广泛应用在评估参与度的观察中。

⑨他们制定了自己的PLC保真列表（参见资源5）。这个列表由所有PLC小组定期检查。有一些问题也用在评估之前的教师预备会上。

展望未来，阿尔顿高中认识到自己站在竞争队伍的前列。凯西·艾利奥特的记录中明确讲道："将于2016年在全州范围内实施的新的教师评估方式，我们今年就开始使用了。"

她认为，自己在共同核心方面也已经领先。去年他们解释了每一条标准，让每门课的每位老师在每项标准上都做出是对还是错的评价。2012年，他们是从一张显示每门课中每个标准出现次数的Excel表单开始的。现在他们在关注差距和交集，重点关注基本的A技能，以及一些能支持A技能并占有适当权重的B技能。

同时，凯西也感到很自豪，因为阿尔顿高中在2010年《美国新闻和世界报告》发起的美国最佳高中评选中获得了第一枚铜牌。据凯西说，这验证了所有他们之前做的工作。她记录道："NCLB拯救了阿尔顿高中。"这迫使他们开始辩证地观察每个学生的行为。当他们发现所有事情都是一盘散沙、所有人都沉浸在自己的小世界里时，就开始了PLC的漫漫征途。她总结道："你知道吗？现在我们的学生很开心，我们的教师也很开心，其结果不证自明。"

2. 下一步

这个案例研究提供了一个学区长达数十年的变革回顾。这个学区处理并克服了许多在本章中描述的"十条常见的失败之路"。最初是由扭转较低表现的动力催化而来，但现在，学区的成绩已经普遍比平均分要高，这里面有一所中学获了奖。在此期间，他们不得不克服恐惧以及大家对"另一个提议"冷嘲热讽的反应。九位校长支持他们的每一位职员，然后一起建立了横向支持机制，促成了变革的开始，同时也制定了新的常规工作流程。最终，在整个学区里，来自同伴的压力和支持变成了持续改善文化的引擎，亮眼的数据和得到改善的学生表现组成了反馈环，不断对变革进行推进。每所学校的领导小组会议都会对胜利果实进行庆祝，最终战胜了冷嘲热讽的氛围，并形成了新的常态。

　　下一章为本书其余部分提供了研究基础。它探索了信任关系如何作为真正的学习社区的基础。这种信任极有可能可以承受住许多挑战，包括领导的变更。

第四章　学习社区的基础——信任关系

在学校里，成年人之间的关系对学校的办学质量和校园文化的影响以及对青少年的塑造比任何因素都大。

——罗兰德·巴斯（Roland Barth）

过去，既定模型的技术层面（如全面质量管理）或塑造文化的过程（如专业的学习社区）都得到了广泛的认可，但大家对于关系和人事的变化却经常听天由命（布莱恩特，2009）。下面的部分重点介绍了与学生成功相关的"信任关系"的最新数据。从本质上说，在过去20年里，每一个我们所工作过的有效、可持续且专业的学习社区（PLC），都是建立在一种共识之上的，即信任关系的共识，以及对成为这样一个社区意味着什么的共识。接下来的部分讨论了信任关系的意义、重要性和其发展历程。

1. 信任关系

关系是学习社区以及学生成功的核心［布莱克，西布林，艾伦斯沃斯，路珀斯库（Luppescu）和伊斯顿，2010；布莱克与施耐德，2002；弗格森，2002；海恩斯，埃蒙斯和伍德拉夫，1998；克鲁斯，海滨路易与布莱克，1994；梅耶尔，1995；威尔科克斯与格雷斯，2009］，这对那些在学校中属于"少数派"（弗格森，2002）的学生来说尤其如此。对中学的一项研究得出的结论是："一些中学教师和管理者发现，'尊重'和'信任'关系是成绩表现较好的中学最显著的特点，他们相信这是这些学校成功的主要原因。"正如一位管理者所说:"唯一的也是最重要的事情……是建立与教师的信任。"(威尔·考克斯和安吉利斯,2009)。在其2002年以"为成功做好准备"为主题的报告中,考夫曼基金会总结道:"简单地说,积极的关系对孩子的健康成长及以后实现社会、情感和学业的成功至关重要。"

这些积极的关系始于学校建筑和区域里的成年人。教师、学生和家长之间的私人关系影响着学生的出勤率和他们在面对困难学习任务时的努力程度。校长和教学人员之间的历史关系决定了教师是否愿意承担新的举措,学校里成人之间的关系在很大程度上影响着该校学生能否在学术上取得成功。从本质上说,如果在教学楼里的大人们相处融洽,那么学生也会如此。

成人之间的关系是许多学校可能需要改进的地方,企业也是如此。2009年的一项国际研究表明,"相较于他们的老板,大多数人更相信陌生人"。信任度高的公司就表现而言与学校所获得的结果也相似:相较于他们信任度较低的同伴,在同行业中,信任度高的企业给股东的回报要高出286%[肖克利·扎拉贝克(Shockley-Zalabak),莫雷亚莱(Morreale)与哈克曼,2010]。

虽然安装PLC(收集数据的系统)是比较容易的事,但团队何时见面等这些困难的部分则更加微妙,缺少可供演绎的脚本,这方面更多的是人际之间的交往。

建立有意且富有成效的人际关系很难,人往往都是难以预料的,他们的情绪可能会变得令人害怕。比如,学校领导多久能在百忙之中参加一次相关培训,学习如何处理愤怒的家长、不满的职员或哭诉的老师?处理这些事情的指导手册在哪里?而且,当提高学生成绩这种"实际"的工作尚在手头的时候,谁还有时间注意这些"零碎"的事情?

正如前面指出过的,关系是学校改进的一项实际工作!如果没有人与人之间的关系,管理者来领导谁?跟随者又会追随多远?

2. 定义信任关系

"信任关系"的概念来自芝加哥大学学校教育革新中心对12所公立学校在其数学和语文成绩上五年的研究。布莱克和施奈德（2002）认为，经研究人员的实地观察和现场笔记，这些系统性的案例研究变得更有说服力。研究结果表明，高信任度的学校在阅读和数学上提高和改善的可能性是那些低信任度学校的三倍，在学习科目上保持低信任度的学校，在阅读或数学获得上改善的希望不大。

学校里"信任关系"的概念注重各种身份角色的关系，还有与各自相关的责任和期望。当期望得到满足，信任也就提升了。当一个人对另一个人的期望没有得到满足，信任就会消失。

信任关系的四个组成部分：

①尊重个人角色的重要性以及他们的观点。认真聆听有助于让人感到尊重并建立信任。

②管理好你自己角色的能力。这包括一个人用行动来完成承诺的能力。从建设层面讲，它也与受尊敬的纪律、有秩序和安全的学校、有意义的教学和评估等有关。

③个人对他人的关注与关怀感和降低脆弱感有很大关系。这尤其会通过超越自己角色的要求或责任表现出来——例如，发现工作人员面临的个人挑战，帮助教师发展自己的事业，等等。

④诚实性在这种情况下指的是语言、行为和道德上的一致。这个人是否说话算数？其出发点是道德的吗？

交流是多方面的，图4.1显示出的框架有助于增强理解。因此，如果教学楼里的一位成年人与另一位成年人和学生一起共同创建一个项目（例如，在第一章中里奇伍德中学的防凌霸日），共享的事实面扩大，从而会有更多的沟通和更密切的关系。如果三角形的任何一边被激活，就有更大的机会对其他两边进行加强。

图4.1 加强密切关系的沟通框架

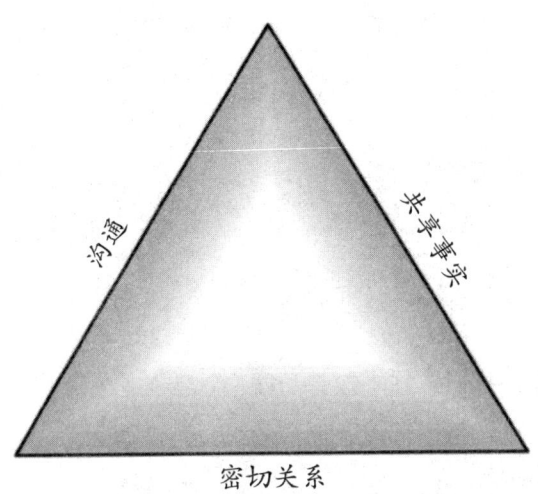

我们面临的挑战往往来自于聆听别人（尊重），以及他们对你的行为的信念（能力、个人敬仰和诚实性）。由于这个原因，最好与人核实他们对某一特定情况的观点。

在时间的基础上建立信任

管理者卡罗琳·帕沃斯是这样在工作中与她的团队慢慢建立信任的：

每次我换到一个新的行政职务时，无论在上一个岗位上多么高效和成功，我都是从信任天平的底部开始做起，一点点建立起来的。

工作人员私下和我进行非正式的信息交流越多，我听的和记的也就越多，我越会去观察并确认每个人在学校里的重要性，如此便离信任更近。时间建立信任；言行一致，让孩子看到你并与他们互动能建立信任；与家长分享孩子们的喜讯也能建立信任。

> 如果没有信任，投诉就会直接到校长那里，老师会诉诸工会，孩子们就感觉不到有人关心他们。有了信任，父母有问题的时候就会给我打电话，或者在走廊上拦下我；教师们知道一扇敞开的门指的是开放、坦诚的对话；工会找我是帮助我这一年获得成功。人际关系是成功的关键。关系能建立信任，而有效的沟通能建立关系。

卡罗琳向她的工作人员提出以下问题：为融入这所学校的文化，新校长要怎么做？答案是什么呢？参观教室、观摩并提出问题。通过这种方式，校长了解了学校以及老师是如何看待孩子的。通过对话，我们共同携手向前。

在第一章中，我们看到了校长马库斯·纽瑟姆花了几个月的时间聆听其工作人员的意见，帮忙塑造了他们的关注点"学习者的承诺社区"。同样，奥尼尔宣告美铝公司的战略决策，以"零安全问题"作为他们的头号目标。在这些例子中，这个过程便是策略，而且该过程在很大程度上依赖于倾听工作人员意见并使其参与进来。持续保证这种参与性的具体工具请参照第五章。

3. 建立信任的策略

与工作人员建立信任关系是可持续成功的一个前提，我们在上千所学校和地区的工作表明，领导者用各种各样的方法建立这种信任。

（1）一对一策略
倾听为首

必须认识到，每个人都希望被倾听。但是新领导者的典型症状往往是很快改变原来的事物以树立权威。另一方面，许多老领导可能会觉得他们已经知道什么是最好的，还没建立共识就开始向前迈进。在这两种情况下，被分离出革新过程，导致新举措往往很短暂。

"倾听为首"的策略有很多组成部分：

①通过从其他角度理解表示感谢。出人意料的是，有效的沟通更多的是通过情感而非逻辑或理智的"清晰度"（费舍尔和夏皮罗，2006）。当人们感觉到不了解的时候是最常出现问题的时候。除了使用简单的转述和确认理解（例如，"我听到你说X，Y，Z"），有效的听众也能挖掘到一些隐含的信息，从而方便进一步询问更深的消息。例如，"任务太多了！"也可能意味着"我不觉得自己能满足新的标准"。倾听"音乐及其语言"（费舍尔和夏皮罗，2006）指的是要听出说话者的情感基调，"我不难过，谢谢！"传达了一种掩盖在词语里的信息。

②从人们做的、想的或感觉到的事情中发现其价值，这在表达感激时很重要。即使你不赞同发言者的观点也应该这样做。在第二章中，我们看到了一个如何让反对者参与进来的变化过程。在实践中，它是这样的："我知道你在过去的行动中有多努力，却只能眼看着它被抛弃。我很欣赏这种努力，也知道接受一个新的方向及应对接踵而来的工作有多困难。我只要求你考虑一下现在这种新的方法，看看它是如何展开的，然后再告诉我你的感受和想法。"

③用语言和行动表示理解。在第一章的例子中，奥尼尔建立了信任——这不仅是通过倾听和精确的辨别，然后表示对主要员工安全性的关心，同时也是采取了许多行动的。举例来说，奥尼尔成为美国铝业公司首席执行官半年以后，他在半夜接到了一个电话，听说一名年轻男子在修理机器时死亡。奥尼尔和他的高管回顾这一事件，发现了导致这一事件的几十个错误，这其中有客观的也有主观的。奥尼尔总结说："是我们杀了这个人，这是我领导的失败。我造成了他的死亡，这是所有在这条指挥链上的人的失败。"（杜希格，2012，第116页）

这些高管都惊呆了。他们之前也失去过人，但是就像智利矿难中矿井的所有者一样，他们也认为这是"业务的一部分"。现在，他们看到奥尼尔在"零安全问题"上的态度是十分认真的。

一周之内，美国铝业公司的所有工厂都竖起了明亮的黄色安全栏杆。新的政策落到书面上并被张贴出来。奥尼尔公布了他的电话号码，任何人有和安全相关的问题都可以直接打电话给他。任何在安全问题上想拖几个星期再继续进行的人都会感到惊讶：因为他的行动告诉大家不能如此。

④对自己表示感谢！可以以一种积极的方式，将你和你的听众放在同一阵营："和你一样，为了学生的成绩，我也很努力地使用现有的一套标准。我不知道你是怎么想的，但在最糟糕的一天，我觉得我可能已经浪费了很多时间。往前走并不容易，但我感觉很好，我已经决定……"

找到共同点

寻找共同的领域可能是向前迈进的最佳路径——即使这些领域为数不多。揭开根本问题的面纱是有帮助的。在实践中，一个人可能会这样说："有研究表明，让学生留级并不会收到什么切实效果，但我理解，在约翰尼继续向前迈进之前有些地方需要进行"返工"……

充分沟通

正如卡罗琳·帕沃尔的故事，在关系建设过程中最好多去倾听。作为一个领导者，不断进行调整，确保别人的看法和你自己的意图保持一致，这也很关键。为此，清楚地传达自己的观点或角度并经常这样做会有所帮助。如果这对其他人来说很模糊或在交流上有漏洞，人们就表现出担心和恐惧，也会发生一些最坏的情况，还会有各种流言蜚语。

直面不恰当的行为

第一章告诉我们，以数据这种客观的方式来应对与学校使命和价值不相符的行为能带来的好处。没有什么比无视不当行为更能损害领导人威严的了。虽然它可以使人们避免短期的冲突，但这也削弱了人们对领导者的信任。其结果是，领导者和学校社区取得成功的能力在那些秉承约定规范的人中大大削弱。

（2）组织战略（创建无失败区）

直面行为而不去逃避是非常必要的，事先明确用以评判的指示规则也是必不可少的。例如，在试点项目上的失败或在新的教学实践中表现不佳应该被视为正常，不应加以限制。然而，相比之下，拒绝接受指导、合作或当数据显示有必要的时候仍拒绝改善，这样的做法就可能属于学习社区需要进行干预的领域。下面是创建无失败区的一些具体方法：

①采取"永不结束"的立场，期待的新标准应该是：总是有更好的方式来持续改进我们的工作（威尔考克斯和安吉利斯，2009年，第13页）；

②减少指责，不将指责作为对话的一部分；

③互相协作，明确员工期望，若能明确学生的期望则更好，让每个人都能一致起来，这样对失败或错误的恐惧也会减少；

④在自愿的基础上让人员参与进来以获得初步支持，同时建设自身能力。下面的案例故事展示的是一个领导团队如何以一种温和的方式来计划学习观摩，这种方式由志愿者开始，也可以将其称为对等观摩，一开始要避免任何正式的评估。

点对点观察

杜安·瑟斯顿（Duane Thurston）和雷吉·雷内斯（Reggie Rhines）解释道："有一位工作人员在我们这里一直工作得很好。当我们谈及点对点观摩的意见时，发现好处众多。我们有机会互相学习，有机会参与到有关教学和学习相关的对话中去。有的时候，我们面临的挑战是，当老师走进班级观摩、学习并开始对话时，确保有一个理想的舒适度和信任度。我们希望确保这些意见没有被视为是一种评价，这绝不是要让教师进行评价和给其他教师'打分'。

"为了克服这一挑战，我们的第一步是简单地要求每个工作人员在短时间内观察另一位老师，并将他在课堂上积极的实践和策略用电

> 子邮件发给他们。这样,教师不仅分享了在教室内发现的好东西,内部员工的信任水平也获得了提高,让他们知道,这是一个有利于员工和学生的过程。随着观察不断深入,我们现在把更多的时间花在教室里,并利用一些时间来问一些能改善实践的反思问题。"

4. 建立信任的流程工具

先"慢"后"快"的另一个例子是发展员工的能力,使他们能通过创建共同的语言和知识基础进行变更。团队利用结构化的格式来共同开展一个有意义的项目,这有利于培养这种能力。例如,可以考虑使用资源1中的指导性问题来创建一个共同规则,用于定义优秀的指导。

> 如何定义一个真正的专业学习社区"?虽然目前已经存在各种各样的定义,但它们都有专业社区的常见模样:教师靠共同协作来反思自己的实践,调查实践和学生成绩之间关系,作出改进教学的变化……
> ——麦克劳克林(McLaughlin),塔尔伯特,2006

十多年来,研究和实践日益融合逐渐表明,我们对学校成功的最好期望是通过创建PLC来达成的。这确实是一个非常好的消息。这似乎为正在考虑实质性改变的学校教育工作者提供了明确的方向。与此同时,它虽然回答了很多问题,但也引起了很多问题。

- 在实践中,究竟什么是学习社区?
- 要让这样一个社区成功,关键要素是什么?
- 我怎么知道我是否已经成功地建立这样一个社区?
- 在创造和维持学习社区的过程中,我的下一个步骤是什么?

关于"专业学习社区"的定义还有许多,在接下来的部分会有这些定义的总结以及简要的相关背景,介绍了在这方面的关注度为什么会上升。

信任和学习社区

你怎么知道自己是否是在一个专业学习社区工作？（微笑着）考虑以下这些可能的指标（当以下情况出现的时候，你就知道自己是在一个学习社区）：

- 你进入学校教学楼，一位家长志愿者正在热情地跟你打招呼。
- 你看到张贴在老师休息室的文章，上面遍布划出的亮点。
- 你实际上很高兴看到另一位老师或管理者来到你的课堂观摩教学。
- 同事周末路过你家来……谈工作！
- 提高学生的学习是团队会议的主要焦点，也是他们以成就驱动决策的最佳实践。
- 设置了SMART目标（见第五章），定期进行评估，并为达成这些目标而努力。
- 去年表现最差的四年级学生今年正在辅导一个小学二年级的学生。
- 在职业发展日，最后一排的座位是空的。
- 校长说："我不知道，我们一起研究一下吧。"
- 当放学的铃声响起，老师和校长不是第一个出门的！

但是比使用这个或那个定义更重要的是，对社区的样子和感觉要有一个共同的理解：一个人在此背景下应做些什么，有什么样的相互承诺，以及所有这些如何影响学生和他们的学习成绩。某些学校对公众自称是"学习型社区"的一部分，这比一个真正的正在运行中的学习型社区更加常见。事实上，真正的学习社区的影子版本——"表演训练派"（哈格里夫斯，2003）——会给那些只在某些领域突出的教师在教学上带来较为集中的压力。虽然学生成绩可以提高，但这种提高很少会持续，而且是以牺牲其他教学领域（哈格里夫斯，2003年）为代价的。此外，研究表明，教师不喜欢这种高度指令性的计划，这往往削弱他们长期的工作效果（高尔顿，2000年）。自认为是学习型社区的学校和真正的学习型社区学校之间有数量上的差异，这其中有许多可能的原因。

正如我们在前面的章节中所讨论的，做出根本性的改变以及在假设、信念和行为上进行转换都是非常困难的事情。对以前的行为做出细微的修改，然后给这种努力赋予一个新的名称会相对更容易些。而且，这可以是增强的，因为其中的一些改动的确能带来一些很好的变化。例如，确定一个团队见面的时间比在学校建立真正的协作文化要容易得多（见第七章）。这是结构性的，容易实现，而且还可能对培养更积极的工作人员有益。然而这种合作文化的创建需要更多的时间和有效的学校任务（如在第五章中所定义的），还需要对有关协作的含义和焦点进行更深层次的对话。这种协作文化也需要纪律来维持对学生学习的专注。

澄清术语是需要时间和精力的。W.爱德华兹·戴明（1986）明智地呼吁，在进行新的项目开发之前，先发展"操作性定义"。他说，"例如，这张桌子是干净的吗？如果不知道出于什么目的或这张桌子是用来干什么的，别人怎么能回答这个问题呢？"（即，在操作性层面上定义"干净"这个词）。"如果这是用来吃东西的，很可能它就是干净的。然而，如果要把一个病人放在上面动手术，那这张桌子就不算是干净的了。"（个人通信，1989年）

许多争当学习型社区的学校面临的挑战是对"社区"这个词的共同理解。高绩效的"领航学校"和表现不佳的"下降学校"（确定学校的资料，请参阅资源1）尤其是这样。在这些学校，往往更有可能找到专业结构上发生的变化（例如，协作组合的时间），甚至是在学习重点（关注成人教育学和学生的学习）上的变化。理查德·埃尔莫尔（Richard Elmore，2002）将挑战描述为：

我所观察的学校通常有着强烈的动力去学习新的教学实践，也有为学生和教师提高学习意识的紧迫感。他们缺乏的是个人和集体机构的意识，或对影响他们学校的学生和成人学习的组织环境的控制。

这种集体机构意识和对组织环境的控制体现在学习型社区的"社区"上。许多学校——尤其是中学——缺乏这些素质。这些学校往往不能从"社区"隐含的深层意义中受益。

5. 有凝聚力的社区

关于"社区"这个词有许多不同的定义。这里有两个定义：
- 通用的特征、相似性、类同性，如"精神的社区（或共同体）"。
- 住在同一区域并遵守同样法则的人。

第二个定义更常见。拿学校的专业人员来定义会更容易，因为它们通常在相同的规则下在同一地点一起工作。

但是第一个定义更接近我们所描述的理想的学校社区——能够带来持续的学生成就。"社区与个人之间关系，与深层结构组织相关"（加德纳，1991）。"……编织的非常结实，这种组织允许一个可参考的共享框架，并支持相互之间的期望"（罗西和斯特林菲尔德，1997年，第3页）。

关系和信任是支撑这种社区共同体的胶水。一个专业的社区不仅仅是建立在为服务付费的合同基础上，当学校放学的铃声响起，成年人和儿童纷纷离去。它也不仅仅是建立在共享的地理位置上。它超越了共生、共同规则，或者说结合了所有政策来缩小行为。这种社区共同体是建立在相互尊重、关心、关怀、可靠性的基础上，一起致力于共同的、更大的事业。总之，它是建立在上一节所描述的信任关系的基础上的。

因此，创建共识是一项艰苦的工作，得到学校社区的承诺更是难上加难。改变基本的假设和信念也丝毫不易。然而，这些是建设一个真正的学习型社区所固有的挑战，而且这样做的回报是巨大的。前面的章节讲了，建设勇敢的领导力且克服常见的陷阱，这为开始一个持久、持续的学习社区打下了基础。本章的后面几节展示了学习社区的评估，以及确定这样一个社区共同体所要使用的更多术语。

6. "学习社区"的起源和定义

彼得·圣吉（Peter Senge，1990年）在他的畅销书《第五项修炼》（*The Fifth Discipline*）中第一次使用"学习型组织"这一词语，这个术语很快进入教育文献中。托马斯·萨乔万尼（Thomas Sergiovanni,1992）将圣吉的五项修炼之一——"团队学习"——放到教育背景下："将学校作为学习社区，这种想法表明了成员之间的一种连通性，这种连通性类似在家庭中、邻里或其他一些紧密团结的小组的联系。"这一项和"建立共同愿景"是圣吉五项修炼中被原封不动收录到教育社区共同体里的两个方面。

"基于学校的学习社区"的概念可以理解为：教师之间具有反思性的谈话；去私有化的实践；对学生学习的集体注重；协作；共享的规范和价值观（摘自克鲁斯，西肖尔·路易斯与布莱克，1994）。由该原则继续演变，则形成表4.2中的形式。

图4.2　学习型社区概念的发展

日期	作者	术语	指导原则
1990年	彼得 M. 圣吉	五项修炼	1. 系统思维 2. 个人掌控 3. 心智模型 4. 团队学习 5. 共同愿景

续表

日期	作者	术语	指导原则
1994	沙龙·D.克鲁斯 卡伦·西肖尔·路易斯	基于学校的学习社区	1. 教师之间具有反思性的谈话 2. 去私有化的实践 3. 对学生学习的集体注重 4. 协作 5. 共享的规范和价值观
1995年	弗雷德·M.纽曼 加里·G.韦拉格	支持圈	1. 学生学习 2. 真正的教育学 3. 学校组织能力 4. 外部支持
1995年	全国教育协会目标	学校成功的关键——KEYS 2.0	1. 共同的理解和高目标的承诺 2. 开放式交流和协作来解决问题 3. 持续的教学评估和学习 4. 个人及专业学习 5. 支持教学和学习的资源 6. 课程与教学
1997	雪莉·霍德	专业学习社区	1. 支持和共同领导 2. 共同的价值观和愿景 3. 集体学习与应用 4. 共享个人实践 5. 支持条件

来源：HOPE基金会提供。

将上述研究、有效的学校研究、美国教育部对优秀学校的标准和我们自己在该领域的实践合并起来，可以提炼出学习型社区（PLC）的精髓，分为以下六大原则：

原则1：共同的使命、愿景、价值观和目标；

原则2：确保全体学生的成就：创造预防和干预系统；

原则3：集中在教学和学习的协同组队；

原则4：用数据来指导决策并进行持续的改善；

原则5：从家庭和社区获得积极的参与；

原则6：培养可持续的领导能力。

这些原则包括对学生学习和协作的注重，这在上述的研究中也强调过。另外，与雪莉·霍德（Shirley Hord，1997）的定义一样，ISLLC（2000至2008年）标准以及纽曼和韦拉格(Wehlage)的研究也早在此章中进行了概括。我们的原则明确要求了可持续领导能力的发展。鉴于教育界领导更换的非凡速度和对"实施"而非"维持"学习型社区的倾向，我们发现这一原则是我们的工作在北美的学校取得成功的关键。

同样，在纽曼和韦拉格（1995）提出的"支持圈"和ISLLC标准（墨菲，乔斯特与希普曼，2000）中，我们发现，家庭和社区的积极参与（我们的第五条原则）对长期的支撑和学校举措的可持续性来说是必不可少的。这在重大变化时期、经济持续低迷时期以及当学校受到来自媒体的强烈压力时尤其如此。第九章在提高学生的学习成绩和家庭支持方面提供了丰富的研究资料。

对之前研究的汇总和我们自己的相关经验都作为学习型社区（PLC）的解释被罗列出来，意在说明我们是如何达到这些目标的。对此，给出"一个最好的定义"或有任何其他的改进都会适得其反，会违背所有我们已经为变化所做出的努力。事实上，过于依赖一位特定的演讲者、一个项目或一项原则都是危险的。更为重要的是，无论实践的是什么，都要保持内部的一致性，与研究结果相符合，并关注学生们的成功。从医学界得到的一个启示是，不断地审视新的最佳实践，并与最新的研究结果同步。

> 在进入医学院的第一天，我们发了白大褂，一半代表着神秘，一半代表医学学科原则。在此仪式上，院长说了一句话，这句话不断地重复在我的教育生涯中："在这里，我们所教给你们的东西有一半是错的，不幸的是，我们不知道是哪一半。"（桑德斯，2003年，第29页）

7. 下一步

　　本章可以作为最后的核查点。我们定义的宗旨是维持学生的成功，因为失败不是一个选项（第一章）；发展了个人和整个团队的勇敢领导力原则（第二章）；预期和规避常见的障碍（第三章）。而且，在本章中确定了以信任为基础向前迈进的框架和体系。现在，你已经准备好采取行动了。这本书剩下的部分强调构建一个可持续发展的学习型社区的具体流程，下一章开始讲述创建通用的使命、愿景、价值观和目标。

第五章　原则1：共同的使命、愿景、价值观和目标

当路途变得艰难的时候，继续走下去需要的远不止是坚韧。找到所做事情的目的和意义非常重要。

——詹姆斯·M.库泽斯，巴里·Z.波斯纳

领导者能够释放组织里潜伏的能力。

——西肖尔·路易斯，雷斯伍德

一项决定性的研究得出的结论是：教学和领导力分别是影响学生成绩的第1号和第2号因素，虽然，老师在课堂上对学生的学习有更大的影响力。只有通过特别的培养和区域领导力，卓越之花才会盛开，并成为常态。教师与校长协同工作，由此才能使学生有最大的收获，而有效协作的领导力量来自于领导团队。

没有什么比一个有效的领导团队更能促进学校和学生的整体进步了：

> 越来越多的证据表明，如果学校领导要脱离一间间教室，传播教学理念并学习如何变得卓越，他们需要建立高效能的指导团队，并在教学楼（包括教师领导）内将权力下放到工作人员之中，然后为帮助他人提高共同的学习责任提供支持，如此才能实现这一愿景（华莱士基金会，2010）。

这个指导小组由教学楼的领导者和骨干教师组成,能塑造学校文化,在学校和系统层面都能提高教学(波尔廷等,2009;华莱士基金会,2011年)。这里只有一个问题:一个多世纪以来,教育领域中的领导人一直都没有准备好去有效地发挥团队领袖的角色(西肖尔·路易斯等人,2010年),教师的存在也已经有足够长的历史,从职业生涯的开始便踏入教室,到职业生涯终结才会走出来。即使是在北美最成功的地区,最大的突破口也在"促进性领导"上。这种领导对建立学校文化、在全系统推动指令是非常必要的。

近年来出现的主要观点是:领导者要想成功,领导力是至关重要的。创建能够塑造学校文化、指导改进教学的高绩效团队是学生不断取得成功的关键[哈格里夫斯和弗兰,2012;莲娜(Leana),2011;华莱士基金会,2011]。过去几十年里,领导阶层都被认为是管理者的角色(西肖尔·路易斯等,2010),将领导阶层从管理者角色向前推动,变成创造者、召集者和高绩效团队的领导者,这将是新的挑战。这种投入是值得的,收益也将是巨大的。具体地讲,这种方法:

- 培养集体的教师效能,并缩小教师表现的差距;
- 提高了学生在数学和语文上的表现;
- 消除了孤独感,并"带来人们自身所存在的能量";
- 使工作人员和学生从唯命是从转向集体承诺;
- 分散领导对一个团队的领导责任,能够更好地增强大家的进取心而不是只领导每个人;
- 在拿来即用的现成"解决方案"上节省成本,取而代之的是,由内部容量产生的解决方案来迎接现实的挑战。

四大支柱既是本章所讨论的学校成功的基础,也是定义学校文化的核心。这种文化体现在那些组织的集体承诺和价值观上。这些承诺和价值观,反过来会带动成年人的行为,最终决定学生的学习成果。因此,本章从澄清"文化"这两个字开始,然后在如何形成能塑造文化的领导团队上提供方向，要知道这种文化始于学校和学区的使命、愿景、价值观和目标方向。

1. 明确文化

有些学校的文化具有强大的生产力，而另一些学校的文化是有问题的。但无论是否意识到这一点，每所学校都会有某种文化。从本质上讲，"文化"最好能被理解为"在这里做事情的方式"。你会如何将这三种不同的方法进行分类，并引入四天工作制和其他削减成本的措施？

2. 在不同的文化中如何作出决定

场景1：为了积极节省学校资金并给学生们创造充足的学习时间，校长研究了其他地区正在进行的四天工作制。她在马萨诸塞州考察学校之后返回，公布了这些良好的数据以及地区规划，希望学校也能作出这样的转变，这显然对每个人都有好处。

后来在停车场，一位老师对另一位老师说：又一个改变，现在用来提高学生考试成绩的时间更少了。看看我教的历史课的分数，简直太可怕了！不少的F呢……他们大多都只拿到了D。考试内容我们讲过一遍又一遍了，但他们看起来根本就不在乎。他们不做作业，也不参与课堂活动。根本没有人支持我，我都不知道该怎么办了！

场景2：为了努力平衡不断缩减的预算，区领导决定要考察一下最佳的实践。他们锁定了一个比较中性且能降低成本的方式——每周四天工作制。他们召开会议，培训主要的工作人员，让他们接受并在系统内协助传播这种实践。如果他们能在下学年实现这种制度，学校就不需要裁员了。

场景3：一年多以来，整个校区的领导团队已经频频开会，开发共同语言和教学重点，在各自的学校加快改革的进程。根据最后一次会议上作出的决定，他们这次参加会议是为了在几个目标领域缩小成绩差距。

虽然有消息说要改变预定议程，但还是要讨论在这50个学区中削减1500万美元预算的方案。有许多方法可以做到，但大多数方法都会比较痛苦。该次会议的原定议程由于大家的情绪和实际面临的严峻挑战并没有按计划继续进行。对房间里所有的相关者来说，现在的首要任务是共同应对挑战。几种可能的计划中包括将一周的时间缩短。为与协议保持一致，领导团队创造了一个"再入"计划，学校社区共同体中所有成员将能够利用本次会议上展示的同样技术处理相同的信息。

不同的领导对类似问题会有不同的处理方法，根据这一点，你会如何归类上面的文化？场景1中的领导虽然充满热情，出发点也是好的，但却有可能导致意图和其效果之间的最终脱节。有激情、有个人魅力的领导者可能单枪匹马也能推动该组织，但当他缺席的时候，最好的情况是无法继续维持，最坏的情况可能是让很多人疏远团队，白费了早期付出的努力。

在场景2中，通过征募一个领导团队，研究所面临的挑战，并试图通过培训和沟通来得到良好的效果，对变革工作来说，这是一种更加开明的方式。问题是，人们很少仅仅凭借培训就能全盘接受别人的解决方案并为此付出努力，最后的结果往往是支持变成了默许或顺从。此外，要求人们先接受某种方案，再在过程中去了解方案原理和细节，这种方式定会减少信任。

在第三个场景中，处理这个问题的根基已打下，而且，几乎处理任何其他危机或机会的基础也已打牢；领导团队是坚不可摧的，也拥有相应的基础设施和解决问题的工具；区域领导是坦率的，而且面临的挑战是大家的，所有人共同解决。因为每个人都是可以在共同的语言和框架下分析、谈话、采取行动的，他们能作为一个区域整体高效地完成工作，在最短的时间内达成共识。

领导人将工作人员纳入有意义的方式越久，学生的结果就越好。"如果考试成绩是指示器的话，校长越是让其领导力得以彰显，对学生就越好……"

此外，"任何有效的领导力——无论是来自校长、有影响力的教师、员工团队还是其他人——与学生在数学和阅读测试上更好的表现息息相关。"（华莱士基金会，2011年，第7页）

相反，有些领导者"单枪匹马"，不信任员工，或者忽视了发展员工的集体效能，会培养一种责备和绝望感的文化。一所高中的工作人员被要求来分析一个场景，这个场景中，他们有25％的学生没有通过国家的考试。在诸多衡量思考之后，工作人员形成一种共识：是那所中学！他们向我们输入的都是没有准备好的学生。

责备文化的一种必然结果是教师对学生成就的责任感下降甚至消失，想想下面这些我们经常会听到的语言吧：

- 确保学生学了那节课又不是我的工作，我的工作是教这节课！
- 我们相信所有的学生都是可以学习的，只不过有些学生学的比别人更好。
- 总的来说，所有的学生都会学习，但是来自那片区域的学生不像其他学生那么聪明和积极。
- 如果我们有更多的_____（填空：训练、资源、时间、父母支持），那么我就一定会成功的！

这些陈述的共同点是，他们将责任从学校的专业人士身上转移了。如果一个学校社区共同体相信他们已经没有能力做得更好了，而且无论做什么都没有区别，那么，还有什么比这更令人灰心丧气的呢？如前所述，对自己的期望决定结果，而教师集体效能就像信念之于学生一样影响学生的学习成绩（西肖尔·路易斯，雷斯伍德，沃斯特朗与安德森，2010）。

本章阐述了通过发展组织的四大支柱——使命、愿景、价值观和目标（mission, vision, val- ues, and goals,简写为MVVG）——来塑造学校文化的方向。它们一起组成了一个共同的基础，我们所有努力都将建之其上。"FNO框架"的六项原则就像一个系统（见第一章），并不是以具体顺序的方式来实现。因此，创建MVVG的方式也可以用作发展领导能力的一种手段。理想情况下，领导团队将引导这一基础支柱的发展。因此，下一节我们将着重介绍领导团队。

3. 发展领导小组

领导团队是在学校层面形成的，理论上讲，领导团队与整个校区里相似的团队在共同的框架和语言下来进行对话和行动。区域范围内，利用领导团队能获得的最大收益可参见以下列表。然而，个别学校也可以从中受益。之后，会概述构成这种团队的元素，最后，在这本书的其余部分，这些元素将被再次强化。具体来说，团队将：

①代表整个学校的教学楼社区共同体。团队不仅是主要当事人的影子。虽然这将促进早期和快速的启动，但当当事人未出席的时候便会延缓进展，这种团队将只能昙花一现。虽然如果包含"唱反调"的人可能会比较麻烦，只要他们不是CAVE（译者注：Citizens Against Virtually Everything，指几乎什么都反对的公民），在领导团队会议上有"是的，但是"这种人出现也不失为一个好主意，总比在停车场碰到这种人好得多。团队成员需要做出必要的时间承诺，对未来的展望持开放态度。

②构成其本身。本章中使用原则1的指导方针，团队应澄清其目的。这与勇敢的领导行为（第二章）以及本章下一节中的学校和地区使命都相互关联。

③创建有意义的协议。还是利用指导方针，团队能决定其规范，他们将如何彼此交互、解决冲突等等。这在组织层面上与本章中的价值观部分相符。

④调整其SMART目标的重点并选择一个起始点。

⑤确定行动过程和框架。拥有共同的语言和方式，凝聚起学校中经常会有的不和谐杂音，这对团队协调行动至关重要。上一章中，对带领团队创造一个特定的共同专栏来定义什么是优秀的指令提出了问题。同样，团队需

要清晰、共同的语言和协同总体行动的良好的研究体系或框架。

⑥选择工具并将其与中心和框架相匹配。有很多这样的工具可以利用，要根据团队需要完成什么和以何种方式（即文化）来运行进行选择。本书中的工具将会提供这种匹配。

⑦建立参与或再入的计划。这有助于消除那些未出席小组会议而感到被冷落的"内外综合征"。每次领导团队会议结束时，需要设置一个计划，能够让其他人返回或有效地参与其中。

⑧当学习成为一种常态。此时再返回来审视和改进这种新的学习。最终，改变的过程和新的变化本身都镶嵌在文化中。

这种基础是高绩效领导团队发展的一个重要助力。自2001年以来，这个推进对话的过程与其特定的工具在数百所学校不断得到实地测试和改进。团队现在不仅可以向前发展，更可精炼其使命、愿景、价值观和目标。

4.21世纪的使命

一个组织的使命是其成功的关键。应创建使命宣言，让那些参与者对组织存在的目的有一个清醒的认识，这个宣言还应该公之于众。

使命宣言随处可见，无论是学校、大企业、小企业、非营利组织、有组织的宗教还是各级政府。它们是企业用于激励利益相关者、让每个人都保持同样步伐的管理工具，非常受欢迎。一个关于使命宣言的快速调查显示了一个共同的模式：它们总是进行夸张和绝对化。这种做法让人们觉得自己就像是午饭吃了棉花糖：高兴，但觉得不饱，仍渴望真正的大餐！常常映入眼帘的不乏这样一些短语"世界上最好的""第一""最大的"和"客户的首选"等。但对"第一"的地位该如何得到、"最佳"应该怎么评判等却很少做出澄清或讨论。

学校和学区也应该有他们的使命陈述。不幸的是，教育也不能避免在使命陈述中出现通用、模糊而且毫无意义的倾向，高效的学校不仅仅简单地对他们学生的希望做出说明。在使命宣言中要强调的四个关键问题，总的来说并不新鲜：

- 如果我们希望所有的学生都学习，我们希望他们学习什么呢（泰勒，1949年）？
- 我们怎么知道，他们是否正在学习这些呢（泰勒，1949年）？
- 我们怎么确保教学法时刻参与其中又不偏离呢（布兰克斯坦，2004年）？
- 当他们不学习的时候，我们要怎么做？

一个有效的使命陈述必须足够具体，能回答以上全部4个问题。如果没有做到，工作人员就会对此缺乏共鸣，它就会很快被人遗忘或因毫无意义而被束之高阁。由于大多数学校已经有了使命声明，最好是对照这些标准再审查一遍，并结合社区对21世纪教育的更大需求。更宽泛的使命可能涉及：创建学校作为社区中心（见第九章），或确保高中学生顺利过渡到职业或高等教育中。 许多州都出现了P-16/P-20委员会（译者注：美国的P-16/P-20委员会起源于20世纪90年代，其目的是为学生从小学直到博士学位的学习提供无缝对接），包括肯塔基州，委员会正努力打破跨学科的壁垒。这导致了新编制方案的产生，为学生提供有意义的工作经验，为其打开项目学习机会的大门（见第六章）。

使命：让每个学生都能进入大学

德博拉·沃瑟姆（Deborah Wortham）是一位学区管理者，她分享的故事讲述了如何把学校使命的力量放到行动中，将一所日趋下降的学校扳回正途：

作为中央办公室负责人，我进行自我介绍的方式是走过大厅，探访每一间教室，确保每个人都知道前任校长已经离开。

就在一周前，学生曾拒绝去上课。他们闹得沸沸扬扬，因为他们的年度集会被取消，而原因竟然是他们自己的不良行为：在大厅游荡、逃课、在封闭的午餐时间离开校园。为了遏制消极行为，教师和管理人员采取强制措施，致电市内警察，向学生挥舞狼牙棒，并向他们发出要么上课要么回家的最后通牒。

教师和管理人员强制执行的后果让家长们感到愤怒，学生们也已经把他们的愤怒转化为行动。为了鼓励学生回教室，我问他们："你要去哪里上大学？"他们回答了一所学校的名字。我的回答是，"你是不能从（走廊）这里去那里的！"这种选择和其结果，是在执行学校使命时，校长在价值观、权利和积极变化的能力上学到的重要一课。

我决定，与教师们的第一个职业发展会议专门审查使命的阐述，使命中对这4个问题作出了明确回应。

- 学生应该学习什么？
- 我们将如何确保教学法的参与？
- 我们怎么知道是否正在实现它？
- 我们怎样做才能确保成功？

在那次会议上，承诺被再次点燃！教师们团结起来聚焦到使命宣言上，明确至关重要的一点：学校存在的原因是为了让学生考上大学。他们汇集了学校周边丰富的历史和强大的校友。他们寻找问题的真正原因，并提供数据来证明他们正在实现目标。他们花时间讨论如何保证成功。他们知道，他们不能再以之前的方式继续下去。他们忽略了自己的使命，需要有人重新定位这条路线。

会议结束时，教师们决心专注于学校的使命。他们每个人都被分配了一位高年级学生来进行指导。目标是与每个高年级学生一同学习，帮助他们想要考上大学的诉求。到今年年底，在整个学区43所高中里，这所学校的毕业率最高！其学生在大学拿到的奖学金和助学金共计1700万美元。在350名毕业生中，2名学生参军服役，剩下的学生都去了两年制或四年制的学院或大学！这还不包括暑期学校毕业的呢！（个人通信，2009）

（1）什么是使命？

在高效的学校里，使命的阐述远非"一厢情愿"的表述。使命宣言可以作为学校日常活动和政策的基石。对每个级别的每个决定来说它都应该是基础。一个有效的使命宣言表明了学校的目的——教育的根本原因。它表达了学校为什么存在。

对学校来说，使命是其指导思想或指导原则。正如一艘船一直在航行，但其实从来没有真正到达过它的终极目标一样，我们也向目标努力，但从来没有真正完成我们的任务。为什么？因为只要世界不断地改变和发展，学生的需求也会发生变化，我们需要开发新的方法来应对。

（2）"好"是什么样的？

最好的使命陈述能够表达清楚该组织为什么存在，要怎样做才会确保能够满足目的。使命宣言通过提供具体信息来为组织服务：我们想要做什么？我们怎么会知道是否成功？我们要做什么来确保成功？

基于这三个问题，你认为下面的哪项使命阐述是有效的？如果认为有效，用"E"来标识，无效用"I"标识，并注意你为什么这么选择。

使命① _____

该校区的使命是确保每个学生为人生的成功做好准备。这在信任和尊重的环境中才能完成，这种环境需培养对自己、他人、工作和负责任公民的积极态度。我们致力于最大限度地发挥个人潜能，发展能在全球社会中作出贡献的终身学习者。

使命② _____

我们学校的使命是创造和维护一种学习环境，这种环境能确保学校社区共同体内的每一个成员达到21世纪技能发展和州立及国家标准的高成绩水平。学生不仅能够顺利毕业，还会进入得以谋生的职业生涯，或者到更高学府去深造。我们承诺打造一个全面的系统来确保这一结果。

使命③ _____

作为学区，我们的使命是教育学生成为勇于创新、责任感强、自给自足的公民，有能力和动力让自己不断成长，也有能力为社会作出积极的贡献。

使命④ _____

我们为了让每个学生都有优秀的成绩而努力。我们授予他们高标准的成功方法，并激励他们成为社会主要生产力。

你的分析是什么样的？可以考虑以下几点：

编号为①和③的使命例子并没有试图明确"成功"的衡量方式。学校如何履行其使命才能达到"人生的成功"，这需要等待很久才会获得反馈。同样，类似的"勇于创新"和"责任感强"太过含糊，难以衡量。

编号为④的例子对学生成功的定义以及如何测量（由"高教育标准"）提供了更多细节。但是，它没有清晰地回答第三个问题（"我们要做什么来确保成功？"）。例②却回答了这个问题。

只有上面编号为②的例子能回答所有的问题。但要意识到：将这一说法复制下来并悬挂在办公室，让所有人有目共睹，这种做法并不会让你的学校有所改进。协作创建使命，阐明概括在使命宣言中的所有具体细节，是这个过程导致了学校的改善和文化的变革。下面是一个关于有效的使命阐述的例子，在下面的表5.1总结了部分传统使命阐述和有效的使命陈述之间的差异。

（3）实施指南

要创建一个使命宣言，大多数学校都没有问题。几个人可以在一家餐厅坐下来，在食物上来之前就能敲定一个。能形成最后文件的讨论，和最后文件本身一样重要。重要的一点是，这个过程要涉及所有的利益相关者——教师、教学助理、管理者、学区成员、学生和家长代表。参与者要能反映种族和社会经济的多样性，以及不同的学习风格，这也很重要。除非使命的阐述能反映学校社区的想法并受到这些相关人员的集体拥护，否则就没有什么意义。

表5.1 有效的使命阐述

传统的使命陈述	有效的使命陈述
是模糊的或通用的	是清晰的
认为所有的孩子都能够学习	是具体的（学生具体要学什么？）
没有对学习下定义	是可度量的（我们怎么知道学生学习了没有？）
不强调失败的可能性	为失败做好准备（如果学生不学怎么办？）

来源：HOPE基金会提供。

协作创建使命声明有很多种方法。任何过程的第一步都应是评估已经存在的东西。使用已经制定出的标准，要求利益相关方评估并修改陈述，可以使用下列任何方法之一。

组建一个任务小组

由来自利益相关者群体的代表组成。在这种策略中，代表们负责从选民中征求反馈意见并准确地表述出来。他们还负责与各自小组成员分享不断变化的声明草案。

收集各利益相关者群体的意见

以更正式的方式，或许可以通过书面调查工具。召集代表的中心小组，检查并讨论通过调查获得的意见。最终，中心小组向特别工作小组报告其发现，再由任务小组负责起草声明。

分小组工作

这是在伊利诺伊州奥尔顿成功使用的另一种方法，这种方法让利益相关者分成小组，围绕四个问题来工作（见第三章）。在这种方法中，利益相关者代表首先会被提醒在使命声明中必须回答的四个关键问题。然后，他们5到7人分为一个小组，每个小组起草一份完整的使命声明。将各小组的陈述贴在房间的墙壁上，与会者可以来个"画廊参观"，审查每个陈述，并将反馈写在便签上。在会议结束时，学校的领导团队收集所有的草稿和即时贴，并利用他们写一份陈述——然后收集来自所有利益相关方更多的反馈。

"滚雪球"法

在这种方法中，所有利益相关者都分为两两一组。在每个初始的两人小组各起草一份声明之后，两个两人小组结合起来，分享他们的想法并将其声明合并成一个。这个四人小组与另一个四人组结合形成八人的新组，然后做同样的事情。重复这个过程，直到产生一份将所有利益相关者反馈结合成一体的综合性声明。然后，一个由代表组成的小组按照良好的使命陈述的标准对这项声明加以审查。声明结果最终获得批准后进行传阅。

在规模较小的学校，上述方法就可以了。理想情况下，这些方法可以与整个学校的工作人员一起使用。这样做需要的时间比较长，但它可以加深对结果的认同性。无论在哪种情况下，将讨论集中在目标上，关注要求必要的细节的三个问题，这都是非常重要的。收集来自所有利益相关群体的反馈信息，有助于确保使命声明提供足够的细节并具有意义。要得到这样的结果，需要充足的时间进行深刻反思并给予回应——还需要大量时间进行编写、审查，并通过一步步描绘使命的发展过程来不断对声明进行修订。

维持成功

一旦你创建了一个有效的使命，你的下一个挑战就是在此基础上做出行动并保持下去。在所有的学校中，所有学生个体每三至六年替换一次，随着学校越来越多，人员流动更加频繁。如何能保证你的使命仍然是学校经历中活跃而又不可或缺的一部分？这里有一些策略来维持你的成功：

①在学校内部和学校外部面向公众的地方将使命声明醒目地展示出来，例如，在网站、新闻稿、信笺抬头等地方。

②当工作人员设定目标、规划方案、制定决策或讨论问题的时候，确

保使命被当作指南来参考。在印第安纳州韦恩堡，全校计划和目标定期向其他学校、学区和领导人进行展示，由他们进行审查并提供关键、友好的反馈，以确保使命与MVVG计划一致。

③在团队会议上培训教师领导，使他们成为利用使命的指导力量。教师能够理解他们在保持使命中的角色，这是成功的关键。

④经常评估学校的政策和程序，保证它们与使命相符。

⑤安排时间，让新的工作人员和学生熟悉使命。这其中应该包括对学校如何运作进行深入讨论。

⑥快速且正确地响应与学习使命相关的任何失败。

⑦每四到五年，或者在教育需求有了根本变化的情况下，正式检讨和更新你的使命，这一做法越早越好。例如，新标准带来的需求，或对一些从根本上就不同的学习成果（如21C技能）的要求。

5. 愿景

能够想象和表达令人兴奋的未来的可能性，这种能力是定义领导者的能力（库泽斯，波斯纳，2010，第46页）。类似于创建使命，建立一个愿景是当今大多数组织规划过程的另一常见部分。"Vision（愿景）"这个单词可以作为形容词（the visionary leader，有远见的领导者）使用，也可以作为名词（a vision for the community，社会的愿景），甚至可以作为动词（visioning the future，预见未来）。但这个难以捉摸的愿景究竟是什么——你在哪里能得到？

（1）什么是愿景？

使命声明提醒我们，我们为什么存在，愿景则描绘了我们可以成为什么样的图景。我们大多数人都在生活中使用过愿景。我们力争实现未来更美好的自己，或许更富有、更聪明、更有条理、更健康等等。我们用这种愿景来作为指导自己长期或短期行为的基础。

不同学校的不同愿景有异曲同工之妙——也就是说，它为更美好的未来提供了一个现实的选择。它说，"这就是我们想要成为的样子。"就像我们自己的愿景引导我们跟随的个人或专业的道路，学校的愿景应指导其利益相关者的共同方向。它应该为所在的学校的发展方向提供强有力的引导，从广义上讲，将来必须实现什么才能满足学校的目的。每个做出的决定、每个程序执行，每一项政策的制定，所有的目标应与这一设想一致。

如果没有共同的愿景，决策就会是随机的。在最好的情况下，政策、程序和方案将缺乏团结性，不能充分互相支持。而最坏的情况是，它们实际上会搅乱正常工作。几乎没有学校缺乏新的倡议或方案，但大部分学校都缺乏的是这些不同的方案和倡议之间的凝聚力和共同的努力。使命陈述回答的问题是："我们为什么要存在？"而愿景则解释了所在的学校是要向哪个方向发展。

作为校区统一力量的愿景

卡罗琳·鲍尔斯（Carolyn Powers），是印第安纳韦恩堡社区学校的主管，她反思了愿景怎样成为地区的统一力量：

最初，我曾工作过的许多学校在改革的过程中跳过了愿景声明。他们觉得他们多年前就花费了好多时间创建声明，现在它仍然适用。他们不想"浪费时间"重写声明。于是说干就干，马上开始创建学校改进计划。但他们最终发现，这些计划并未提高学生成绩。因此，重新审视未来一年的规划过程时，教师队伍与校长加入了一个共享愿景的过程。从与学校直接相关的愿景到文化到个别建筑物的需求。从共享的愿景中，他们为整个校区起草了一份目的声明。在所有人的参与下，针对学生成绩的行动计划跃然纸上。（个人通信，2009）

（2）"好"是什么样的

像使命宣言一样，一个好的愿景声明应该足够详细以承载其拥有的意义。最成功的愿景陈述生动而又引人注目，它们激励我们努力为更好的未来而奋斗。它们为评估需做出改进的地方提供了基础，并列出计划。也许最重要的是，一个有效的愿景声明描述了集体愿景并和所有利益相关者共享。下面的表5.2将传统和更有效的愿景陈述做了一个比较。

表5.2　有效的愿景陈述

传统的愿景……	有效愿景……
含糊不清或无法想象	是现实的、明确的和令人信服的
由一组选定的人创建	已被广泛的接受
国家的希望和愿望	说明了改变的方向
很快会被遗忘	行动指南

来源：HOPE基金会提供。

使用这些标准，您如何评价以下的愿景陈述？如果认为是有效的陈述请标记"E"，无效的陈述标记"I"，并注明为什么你是这么认为的。

愿景① _____

你进入高地高中，自豪感和成就感可以想象。学校环境保持得很好，也很安全，目前来看适合开展广泛的课内课外活动。

学习的氛围高涨，具有激励性并以成功为导向，也能为学生从错误中学习提供机会。由于学生参与到基于项目的学习中，而且经常向项目外的其他伙伴介绍他们的工作，他们学习传统的学科和21世纪的技能，也习得一些诸如坚韧、合作和创造性地解决问题等品格特征。

学生有机会获得广泛的学术和课外经验，学校也鼓励学生重复利用各种各样的机会扩大他们的眼界。当涉及影响学校社区共同体的决定时，他们的选择拥有更大的自由度。学校提倡互相尊重的文化，学生能随时接受和表达思想，而不用担心遇到偏见。成年人都富有同情心，他们善解人意、言行一致且很有能力。

在高地高中上学的学生接受他们在教育中的角色，这可以很明显地看出来。学生也接受他们学习的责任，具有积极的态度，并在学术和课外活动方面保持全面的参与。他们的沟通是开放的、友好的、充满关怀的，不仅在学生之间是这样，与工作人员的沟通也是这样。这是因为学生和他们生活中的成年人相互尊重。学生们是自我激励的，对学习充满兴趣。他们有真正意义上的方向感，具有明确的目标和既定的职业道路。

学生拥有高度的责任意识。由于有良好的价值观、积极的行为和高尚的道德良知感，他们认为自己应对自己的行为负责，他们愿意承担自己的选择所带来的后果。

学生和成人之间的关系是开放的，各个层面的通信（包括口头和书面的通信）都很畅通，人际关系也得到培养。

学生们是有所准备地来到学校的，他们渴望参与，并投入到自己的学习中去。他们毫不犹豫地完成学习任务并获得成功，因为他们相信自己。

最后，所有的学生都努力成为有担当的成年人和对社会有贡献的成员。他们一方面渴望成为终身学习者，一方面也为未来做规划和准备。

整个社区涵盖所有学生的教育发展，家长和社区共同体的其他成员通过实际行动表现出对教育的尊重。家长通过提供基本条件，使他们的孩子能够投身学习，对孩子的教育发挥积极作用。通过在家里学习价值观和良好的职业道德，学生们已经为在学校取得成功做好了准备。在学校和共同体中相互尊重、互相合作，家长和工作人员在同一种愿景下帮助学生成为高地高中和社会上的骨干力量。学生们随时都可以看到并找到管理者和辅导员。

愿景② _____

我们设想一所学校，学生和成年人为了所有学生的成功努力高效地工作。这将涉及相互尊重、合作和每个人担负的责任。

愿景③ _____

我们的愿景是，在未来三年里，阅读能力提高6%。

你对这三个愿景陈述的分析是什么样的？我们的分析如下：

例②不够清晰。从我们的角度来看，它并不引人注目。例③非常清晰，能够被理解，也是可传达的。然而，这还不够雄心勃勃，有可能难以激发学校社区的潜力。重点看看例①，虽然它不包括任何可量化的数据，但它非常具体地描述了一个引人注目的未来，这个未来是可以想象的，也是可行的。这个例子来自高地高中，这是我们在这三个愿景中的首选。

（3）实施指南

罗兰·巴特（Roland Barth，2001年）指出，一个组织实现其愿景有八种方式。以下是他的方法列表的改编版以及相关的优缺点（见表5.3）。

表5.3 组织实现愿景的八种方式

方式	定义	优点	缺点
继承愿景	使用已经存在的愿景。	不用再经历创建一个愿景时所需要的周期性、自我反省和动荡期。	愿景刻在过去这块坚硬的磐石上，而教育工作人员却是来自现在的，而且学生必须要为未来做好准备。
详解愿景	通过写出来的方式，将隐含的事物明确指出来。	愿景不会令人不快，是真实的，而且实际上是已经存在的。	这种方式不会涉及"我们未来要做些什么？"这样的问题。抱着熟睡的婴儿散步往往会吵醒她，引起哭闹的噪音——我们会将不想听到的声音也揭露出来。
提炼愿景	挖掘过去的实践和当前的希冀，在此基础上调整适应21世纪的需求。	愿景是实用的，对每个人都或多或少有点用途。	这种方法很容易成为"在有缺陷的轮胎上打一个新补丁"这样亡羊补牢的行为。

续表

方式	定义	优点	缺点
买入愿景	用来自"榜样"的愿景。	大多数内涵丰富并具有连贯性,从根本上与商业性的不同;不喜欢它的人在创建时就不待见,而不会导致内部互相不满。	向外看的方式会造成内部的无奈感。认为自己无法形成自己的章法。
给予愿景	位于学校外的个人或办公机构提供愿景。	可以迅速地、统一而有力的席卷整个区域。	教师和校长会变得很擅长将强加的理念肤浅的传达下去,同时又反对它。
雇用愿景	当事情不顺的时候,换一位有更好的愿景的新校长。	领导力的改变可能带来文化的改变。	校长的愿景等于学校的愿景,有种家长式的作风,"这是校长的愿景,不是我们的。"
均质愿景	邀请主要选民,明确他们的个人任务;通用元素变为学校使命。	最后的愿景几乎是每个贡献者的愿景;没有什么不熟悉或是受威胁的事物。	人们会感到个人愿景的很多方面不包含在学校的愿景中,会因此失去兴趣;一些打破常规的思维(源于某些个人新鲜、创新且最有希望的想法)会大大减少。
发展愿景	学校社区共同体成员想出对学校审查的流程,然后一起创立一个能够为每一位成员提供深刻含义的愿景。共同的愿景来自每位成员的愿景。	它支持和容纳的不是普通的想法,而是最好的想法、信念、理想以及对整个学校共同体的看法。	耗费时间较长;个人必须深刻挖掘并认真对待个人愿景。

来源:根据巴特所述改编,2001年。

要从这八个可能的方式中拿出一个愿景,显然,最后一个是最有意义和最有效的。像使命一样,愿景并不是可以自上而下传达的,它必须由整个学习社区共同创立才会有意义。

这个愿景应该从学校层面还是区域层面发展？理想的情况是，区域的领导和他们所监督的学校都应该在这个过程中发挥作用。

开发过程中应该只涉及学校工作人员，还是应该涉及更大范围的社区？哈格里夫斯的研究（2001）要求：

①发展（情绪上的）深度或与努力相衔接；

②将广度扩展到所有涉及的人；

③为达到最佳结果，领导的过渡计划需要有持续性。由此，学校领导在创造愿景的过程中通过深入涉及更广泛的学校社区获得长期的最佳效果。

远景也应植根于对最佳实践的研究，并能反映学校的历史和文化存在。理想情况下，要建立一个愿景，需要收集下面的信息。

①有关学校或学区的信息，即，关于家长和学生的观念和参与，学生的成功和教职员工绩效方面的数据；之前愿景或价值观的陈述，影响学校或学区的内部和外部因素，出于鉴定目的、评估过学校和学区的视察小组的发现、纵向成绩数据和学区调查结果；

②关于学校文化的研究；

③对高绩效学校特点的研究；

④对学校变化和文化重构的研究；

⑤有关学校或学区目前条件的真正评估。

一旦相关者有机会审查上面提到的背景信息，他们或学校领导班子便可以开始起草其愿景了。愿景陈述往往是考虑周到、具有一定长度、包括一所学校的许多方面的文案。例如，一所学校的愿景可能会被分成这样一些部分："课程""学生个体关注""工作人员""领导力""学生"、"氛围"和"共同体伙伴关系"。该陈述是如何组织起来的并不重要，但愿景应包括所有相关者的意见，并应触及学校认为对实现理想有重要意义的方方面面。

印第安纳州高地高中校长琳达·琼奈特斯（Linda Jonaitis）曾经成功

使用了一种方法，她让所有相关者列出了一个清单，包括他们认为建设一所好学校最重要的事情。相关者们形成8至10人的团体，将他们的清单结合到一起，最后协商列出一份排名在前10位的清单。学校改进小组收集各组前10名名单，并将陈述用一个共同的主题整合起来。学校改进小组分成更小的组，每个组拿出这些共同的主题之一，并写一段该主题下涵盖所有陈述的话。

还有一个类似的方法，要求参与者在便签上写出他们的初始陈述——想写多少写多少。随后，与会者一起将笔记分组。每个组起一个名称，视为愿景的一个类别。和之前的方法一样，小组取各种不同的类别并开始起草微小愿景。最终，所有的微小愿景都组合成一个完整的陈述，相关者会对这个陈述给出反馈。本章中有发展愿景陈述的详细过程。

6. 价值观

研究表明，在商业和教育领域中，一套既有的共同价值观是一个组织成功的关键因素（库泽斯和波斯纳，2010）。与第一章中在智利矿难里所采取的行动以及第二章中勇敢的领导模式相呼应，库泽斯和波斯纳写道："在你能够有效地领导别人之前，你要了解你是谁，你来自哪里，哪些价值观引导了你。"价值观代表了你作为个人或一个组织的核心，在混乱时期加以澄清尤为关键。

（1）什么是价值观？

价值观是一个组织所拥有的态度和行为。它们代表了我们做出的承诺——每天如何做才能把学校变成我们想要的那样。价值观建立并阐明了自己依靠的准则，"行为是价值观最好的描述：如果我们做应做的工作，观察者看到的我们是在做些什么？"

价值观是长久稳定的。他们不随人事变动、资金转移或教学方法的趋势而波动。他们决不向短期利益或突发问题做出妥协（见第十章中高风险测试的两种途径）。价值观代表着对某些行为的共同承担，它不是自上而下的命令，也就是说，它是从"我们将会"而不是"你们将会"开始的。

理想情况下，价值观反映了学校社区共同体的态度和信念。最终，在创建之后，价值观的陈述引导着组织里每个人的行为。学校的领导者并不会读心术，也难以即刻对组织中的个人看法作出回应。领导者可以就员工的想法进行询问，但是否能很快给出回应则难以确定。但是最起码，有了共同创造的价值观之后，使人们的行为映射出这些价值观（相对于个人信仰而言）便是领导者的责任了。

在绩效表现较高的学校，员工最终也会将个人行为融入既定的价值观中，根据这些价值观来行事成为学校文化的一部分。分散的责任成为共同的承诺，默认一致的行为变为整个学校共同体的职权。在"配对学校"模式中，我们曾帮助一个较高绩效表现的校区发展，学校的全体工作人员开始对其他两所学校员工的成功负起责任（哈格里夫斯，2005年）。

如果没有对价值观基本核心的共同承诺，学校会陷入"你我的信念针锋相对"的格局。这些学校可能会有某些个人或派系，他们就像"捣蛋代言人"一样总是做出些违背学校使命和愿景的行为。例如，假设有一所学校，它的使命是让所有的孩子都能达到一个较高的成绩水平，并提供一个能达成这个目的的环境。然而，这所学校的许多教室都有学生必须满足的前提条件——其中许多是相当主观的——只有满足了这些条件才能进入更严格的课程。显然，这些行为并不能支持学校的使命。因此，它缺乏实用的价值观——一个明确说明所有行为的全校声明。

（2）"好"是什么样的

对价值观的成功阐述应该涉及与学校利益相关者最有关系而又普适的原则。这份阐述道出我们信念的核心以及我们承诺的深度。请注意，这并不意味着需要相关者确定其应该承诺的事情，我们不能设定价值观并坚持要别人接受它们。核心价值观并非来自对选项菜单的核对，也并非是一张人们必须"买入"的价值观列表，人们对此应该是有倾向的。

只包含核心信念的价值观阐述应相对简洁。最多可以包含10条价值观——但5条或6条其实是一个更易于管理的数量。每条价值观的意思都应该简单明了，使人们容易理解和记忆。还应该有直接关系到愿景的陈述。

阐述价值观时要考虑的问题不只是什么价值观适合我们学校，还要考虑什么样的价值观特别明确地支持我们的愿景陈述，并与我们的使命相一致。例如这样一条价值观陈述："我们将给学生多种多样的学习机会和展示他们成就的机会"，与使命"所有的学生都将按照国家规定的标准，在较高的条件水准上学习"是相一致的。如果一名教师的班里每年都有一半的学生失败，且年年如此，那么这种行为就与学校的价值观和使命不相符。

一所学校的价值观表达的是"我们将"做什么，以及"我们将"如何做，即"我们将"模式，包括"我们将支持""我们将提供"，而不是我们"相信"什么。虽然信仰的阐述可能会在某些情况下有用，但它缺乏规定我们行动的关键要素——告诉我们需要去做什么才能让愿景成为现实。

因此，总的来说，有效的价值观数量很少、陈述直接而简单、专注于行为而不是信仰、与愿景陈述相关联。

（3）实施指南

一些人认为，价值观的树立是学校革新中最具挑战性的部分，因为它需要一个改变行为的承诺。给工作人员传达价值观的全部意义，让他们真正抓住自己的信仰，并在教学和学习过程中感知自己的角色，这并不是一件简单的事。我们必须评估自己的行为，逐渐"体现"我们的价值观。

为了让相关者之间能成功进行讨论，学校必须投入时间。在发展使命和愿景上，最好是通过分解成小的团体来开始这个过程。这有助于吸引参与者和促进坦白、真诚的对话。一个简单的方法是与参与者一起审查学校的愿景陈述，然后问"我们需要怎么表现才能做到这一点？"给讨论和起草这些问题的答案留出时间。之后，继续使用前面介绍的滚雪球方法来巩固这个列表，或者让任务小组搜集答复，并用它们来起草价值观阐述。

另一种方法是让参与者分成一个个的小组，每组两人。每一组互相问对方，"我们……或者有些人……或者我们所有人都有但是与使命和愿景不一致的行为有哪些？"当他们确定自己希望看到的改变时，让他们问对方，"从今天开始，你会做些什么来改变这种状况？"让参与者写下自己的承诺清单。然后，当把承诺事项都落到纸上之后，主持人可以要求每个人把这些报出来。或者，主持人可以收集承诺清单，并将它们整合到一个主要的列表中。无论哪种情况，最好都向工作人员索要最终列表中的集体承诺。

无论使用的是哪种过程，要确定参与者知道这是值得重视的。虽然得到一个每个人都同意的价值观列表可能也不难，但让每个人都愿意遵照价值观列表上的清单行事则困难得多。能够部分避免集体价值观滥用的一种保障方法是从上到下过一遍列表，并提出可能导致有人绕过一个给定价值观的场景。讨论这种情况，然后要求参与者提出替代这种背离价值观行为的方案。

在这个过程中投入的精力和时间越多，价值观在指导日常决策上便会越有效。

7. 目标

我们必须侧重于实际教学经验和在真正的"学习型社区"创立的单元，促进以团队为基础的短期思想和行动，替换掉复杂的长期计划［迈克·史莫克（Mike Schmoker），2004］。

迄今为止所讨论的成功学校建立的三个组成部分都是为了长期规划。

例如，一所学校的愿景可能需要几年时间才能达到，而且价值观也在不断变化。只要还是组织的一部分，我们就要为此而努力。

但是，我们也需要短期的成功来帮助我们保持专注和积极性。事实上，没有什么比成功本身更能激励工作人员的了。目标要层次分明，才能确保团队在更复杂的行为中取得快速胜利。能自我维持并方便教师定期访问的反馈回路（"按需反馈"）比从月度会议上听到区领导说"干得好"要好得多。

当没有明确的"成功点"或之前确定的基准时，是很难做出承诺并为此努力工作下去的，这种情况下我们难以深吸一口气，拍拍自己的胸，很自豪地看着自己出色的工作。我们大多数人需要感觉到自己正在取得进展，才能把事情做好。通过巧妙、精心编写的目标——需要建立的第四个部分——这种需要才能得到满足。

清除可实现的目标在没有什么前车之鉴的学校文化中尤为重要。设置、承诺和实现短期目标的过程能建立信誉和信任。这也可以作为积极向变革迈进的开始。

（1）目标是什么？

如果我们的愿景是宏伟的目标——我们正在努力的遥远理想——那么我们的目标便是途中短期的小方向。它们将漫长而曲折的学校改进之旅转变为可衡量的步骤，为我们的努力提供间歇性强化，并为我们提供朝向更大视野的进度反馈。

目标也起到一个更加务实的作用，它们为我们的愿景提供了一个详细、短期的方向，确定了优先事项，并为我们的改革进程建立一个时间表。同样重要的是，目标给相关者建立一种责任感，确保该发生的事情一定会发生。

（2）"好"是什么样的

目标往往过于模糊，就像我们已经讨论过的其他基本组成部分一样。一个太过含糊的目标是难以衡量的，从本质上说，基本算是一文不值。毕竟，你怎么知道是否达成了呢？你怎么知道什么时候该设定一个新的目标？

有效的目标都是具体的、可衡量的。它们清楚地界定必须进行监测的事项以评估进展，还能设立一个完成目标的时间框架。例如，"本学年我们学生的平均省级考试成绩将提高20%"是一个很好的具体目标。另一方面，"我们将帮助所有的孩子成为终身学习者"这样的目标过于模糊，并没有用。

目标还应该注重结果而不是过程或任务。学校有以任务为导向的目标是很平常的，如"我们将采用新的课程"或"我们每周将举办一次小组会议。"虽然这些投入也是完全合理的，但一个SMART（标准SMART目标在图5.4中列出）目标能指定与该学校的使命和愿景相一致的行动所需要的结果。要成为SMART目标，这些次级目标必须更进一步，来回答"以便……"的问题："我们将采用新的课程，以便……"

最终，回答这个额外的问题也应该能让我们得到学生学习的真实目标。

（3）实施指南

制定学校的目标需要问问，"我们需要采取什么步骤，以什么顺序来创造我们理想的学校？"确定这些步骤后，必须设置一个时间框架或完成的最后期限。要做到高效，学校或学区里的每一位利益相关者都应为他们各自的责任设立目标。例如，三年级的教师应该设置三年级所需要的目标。

表5.4　SMART目标

> SMART 目标是……
> **具体（Specic）且有策略性（Strategic）**。在这个意义上，"具体"涉及清晰度。"策略性"涉及与已确认的使命和愿景一致。
> **可测量的（Measurable）**。在大多数情况下，这意味着量化。
> **可实现的（Attainable）**。人们必须相信，根据以往的数据和现有的能力，成功是可实现的。
> **结果为导向的（Results-Oriented）**。这要求关注达成的结果，而不是过程。这指的是所需的最终结果，而不是对过程的输入。
> **时间限制（Time-Bound）**。什么时候才可以实现这一目标？

来源：HOPE基金会提供。

如何选择一个目标？怎么使之可测量、可实现、以结果为导向且有时间限制？之前提到一个愿景陈述的例子，举例说在阅读分数上提升6%。有人也许会问，"为什么是6%而不是10%或20%？是因为人们太懒还是太过于雄心勃勃了？"

建立目标有不同的方式，每一种都应该考虑如何将目标分散成可以快速取得胜利的小目标。以下是几个例子：

- 一所学校有学术上的困难，对必须要做成的事情有一个底线。
- 一所学校观察了去年的结果，然后预测学校或校区今年怎么利用已改进了的过程、技术和教育理念来做得更好。
- 一所学校可以先有一个长期愿景，再决定每年要完成些什么，然后再将需要的资源投入到每年的改善上。

在这个过程中，不论从哪里开始，查验一下过去的数据、新的情况以及可以改善结果的过程都是很重要的。今年要做什么和去年不同的事情？我们将如何以及何时评估我们是否还在这个目标上？注意在声明中隐含的警告："如果你做的事情是你一直在做的，那么你得到的东西也是一直以来就已经有的！"

当SMART目标定义清楚并实施以后，就应该进行连续地监视，并随着时间的推移不断进行评估。如果有明确的证据显示目标或实现目标的手段无法带来预期的效果，那么就应该修改或放弃这两个中的一个甚至全部。如果目标选得好，实现这些目标的手段是有效的，那么就应该有一个针对结果的仔细分析，通过目标设置和过程监测来决定在较长的时间段内如何继续并维持这种改进。

（4）庆祝成功

许多学校都对获取构建积极学校文化的最好策略之一——庆祝成功——不是那么情愿。除了对时间不足的顾虑，一些学校领导不太愿意挑出个人的成就。事实上，一些学校文化本身就致力于平庸或平均主义，甚至到隐瞒或忽略成功的地步。

但是定期庆祝活动能使学校的整体价值观变得越来越积极。此外，庆祝成功能帮助设立里程碑，并在学校改革的漫漫征程中创造动力。

下面是庆祝成功的一些准则：

• 采取措施确保庆祝活动是公平的。这包括提前向所有相关的各方澄清究竟怎样才算成功（补充指示见图5.4"SMART目标"）。

• 庆祝活动明确针对组织愿景、价值观和目标。这为加强组织支柱提供了一个机会，同时为庆祝活动提供了更多的清晰性、可信性和合理性。

• 设计所有工作人员都能参与的庆祝活动。如果每年只有一场针对一位胜利者的庆祝活动，会让你的大部分员工互相疏远。

• 对于正式的庆祝活动，要对成功可能会发生的结果进行事先沟通。这肯定了该方法的公平性。

• 让庆祝活动能广泛普及。让更多的人参与活动，这可以加强学校的价值观和目标对每个人的影响。

• 安排正式和非正式的庆祝活动。例如，可以简单地利用员工大会祝贺他或她在研究工作中的优秀表现；向大家建议一种新的教学方法，鼓励其他人做到同样程度；另外组织一些非正式的庆祝活动以便及时对个人的微小进步表示肯定。

• 在庆祝活动中，不要在高成就和低成就的工作人员之间进行直接或间接的比较，要专注于正在庆祝的积极成果。

• 对成功的本质要具体介绍。"埃莉诺花时间去访问了她进步最快的学生詹姆斯"比"埃莉诺一直帮助她的学生"要好得多。

• 使用故事，要带有人情味儿的那种。

• 通过让员工和学生接管，将可持续发展和共同体概念贯穿整个庆祝过程。学校可以通过让大家参与竞选委员会成员来开始。

这一章概述了建设一个专业学习社区基础的具体流程。这一基础要倚仗四大支柱：使命、愿景、价值观和目标。为每一个支柱创建一个"产品"从理论上来说是简单的，但这样做的实际收益来自于这个过程中塑造的方法和关系。因此，创建通用的MVVG是有效利用数据建立一个合作团队并发展可持续领导能力的理想方式（分别见原则4、原则3和原则6）。

8. 挑战和解决方案

挑战："这跟我和我的课堂没有什么关系。"

如果教师并不认为这对自己有直接意义，让教师参与进来并支持该方法可能会比较困难。

解决方案：在起草阶段扩大相关者的参与程度。一个自上而下的命令对那些一线的工作人员影响不大，未取得他们的意见就分配给他们目的和愿景的做法只会适得其反。每一个相关者群体需要机会来思考一个他们想要的未来，考虑学校代表着什么，以及有什么是需要完成的。在这个过程中掌握所有权，并指导阐述的创建，这个计划才会真正有意义。

挑战："我觉得我们过去曾有一个使命……或愿景……或者类似的东西。"

很多时候，由一个新的MVVG阐述而生成的兴奋期是短暂的。学校的工作人员在起草和公开过程中会变得很兴奋，但当面对挑战和压力成为日常生活中的一部分时，他们有时会失去兴趣。

解决方案：不断强化。通过不断重复，在员工会议上、专业发展日和庆祝活动中把它们引作参考，让你的MVVG成为每个人活动的中心思想；在情况介绍会上讨论这些问题；在介绍新成员时告知新的相关者；在群体决策会议上提到它们；创建海报并把它们挂在学校的墙壁上。要利用每一个机会来阐述并强调学校所秉持的理念和将要怎么发展的蓝图，最重要的是，要有勇气直面与目标不相符的行为和思想。

挑战："我没有时间参加会议，我有工作要做！"

时间总是非常珍贵——对教师和已经超负荷工作到筋疲力尽的工作人员来说，它可能真的是一块绊脚石。

解决方案：花点时间找出阻力背后的原因。这份阐述完全是合理的，我们根本没有办法避过它——创造MVVG的过程需要时间的投入。更重要的是，学校需要在平常就将时间投入到持续的专业发展上。有关时间投入的问题在第二章以及资源2和资源6里有更详细的阐述。

9. 下一步

在本章中，你已经学会了建设领导小组具体过程，领导小组的建立为专业的学习社区奠定了基础。创建甚至重新回顾MVVG是所有后续工作的根本。第六章将提出并解决学校面临的最大挑战之一："孩子不学习的时候会发生什么情况？"

第六章 原则 2：确保所有学生的成就
——预防和干预系统

> 你知道，不是所有人都一团糟，……人们往往将那些被批判过的孩子定性为"这个孩子没有希望了"……告诉他们我们可以做到，可以经历所有这些然后依然成为完全正常的社会一员。不要放弃一个7岁的孩子，并说：他已经经历了这么多，他永远也不会有什么成就的。"……被指责过的孩子被印上了标记。但你可以改变周围的人。
>
> ——G. 希金斯

> 认清事实吧，不可能假装任何教室里所有的学生都是一样的。相反，专注于存在的差异，重视多样性，并且让每个学生都有机会出彩。
>
> ——NCTM（全国数学教师委会）

考虑如下两个老师之间的交流。

艾拉：最近你们班怎么样，吉姆？

吉姆：不怎么样。我刚进行了我的第一次考试，班里超过一半的人都不及格。我不知道我应该如何教这些孩子。他们的阅读水平都低于年级水平。他们似乎在中学什么都没学会。我该怎么应付他们呢？

我们如何确保所有学生学习的成功？大多数教育工作者非常努力，真心希望他们的每个学生都能成功，并把这种感情带入了工作中。不过，在学习的道路上有许多不可否认的巨大障碍。这包括但不限于不同的学习方式、对额外的时间和重复练习的需求、较低的社会经济地位、英语非母语的家庭以及干扰学习过程的父母与家庭情况。

　　在表现好的学校里，这些因素是以一种预防的方式来解决的，以避免它们成为所有学生成功路上的障碍。老师主动参与到持续的教育研究中，来学习如何阻止失败和如何为每个有需求的学生提供有效的干预。他们积极寻找所有避免失败的办法，因此"被放弃"的学生这个概念就自然而然的被抛弃了。

　　25年前维纳和史密斯（1977）的标志性研究证实，即使是那些受到责骂和问题最多的孩子，也会随着年龄的增长而自我修复（安东尼，1982，1987；科默，乔伊娜，本·阿维，2004；加梅兹，1983，1994；凯撒，拉斯明斯基，2004；马斯滕，2001；皮安塔，沃尔什，1998；沃纳和史密斯，1977）。在对高危青少年30年的漫长研究中，维纳和史密斯（1977）有些内容是这样总结的："我们仍对绝大部分儿童的顽强以及他们积极变化和个人成长的潜力留下了深刻的印象（第210页）。"

　　对成绩差的学生来说，教师是最可能的导师，最有可能对他们产生积极影响。学校往往是学生一生中唯一的稳定堡垒。因此，一位有责任感的教职工可以做很多事情来提高每一个孩子的生活。当大家为创造恢复环境和建立预防失败系统而一致行动时，学校社区就极大地提高了学生成功的可能性。

　　目前的挑战是让所有的工作人员相信，学校有能力积极干预学生的生活，并以一种可持续的、协调的、系统性的方式来行动，这是这一章的焦点。这里，我们会观察这项研究，看看成功学校的"最终成果"，表现好的学校采用了何种流程来让即使是最棘手的学生也取得成功。

　　具体来说，我们关注三个主要方面。这三个方面通过全面的预防和干涉系统来确保所有学生的成功：

①学校社区对表现不佳的学生的信任体系；

②统一教员行为的首要理念;

③确保成功的全面系统,包括干预反应(RtI)。

1. 学校社区相信什么?

大多数学校对这个问题的答案是"这不一定"。教师们对表现较差学生的反应经常不一样。大部分被叫去校长室的学生往往是因为一小部分教师的缘故。与此同时,其他教师却能够在同样的学生身上获得成功。通常来讲,并不是一个学生来到成功教师的教室之后就会变得更聪明或更优秀。这更多地是由于不同的信任系统,以及学校内相应的执行方式造成的。

考虑以下两种不同的信任系统正在面临相同的挑战(迟到)时,两所学校采取的十分不同的解决方案:

第一所学校创建了一项新政策,上午8:00第一节课的钟声响起后,便锁上学校大门。 部分学生会因此而变得准时,而许多其他学生则开始逃学。 第二所学校,南卡罗来纳州邓肯市的D·R.希尔中学,选择的道路则比较成功。

创新的时间安排

校长史蒂夫·甘布莱(Steve Gambrell)解释说,D·R.希尔初中已经找到了有效途径,既减少迟到,又为学生提供在家庭和学校之间的"解压"时间。在D·R.希尔初中,每天特定的时间都会有指导老师通过实际操作和练习来为一部分学生教授一些生活技巧,例如如何进行合作与协作。每个学生都能参与进来,包括那些需要特殊教育的学生。学生们会被随机分组,没有任何形式的分级。据甘布莱所说,这个项目已经变成了每天对学生和教师都非常珍视的部分:

我们觉得这是一个近乎神圣的时刻。这个时刻让那些带着负担来

> 到学校的孩子们可以丢掉负担，这样当他们走进课堂时就做好了学习的准备，而老师们也做好了教学的准备。（个人交流，2009）
>
> 一个额外的好处是，这个项目实际上已经消除了上课迟到的现象。因为项目本身的实验性和主动性，学生们为参与其中而来得更早了。

正如第二章里指出的那样，学生的成功与失败以及老师与校长对这些学生的期望都已经有着详细的记录。此外，第三章的研究表明，高可靠性组织（HROs）成功的关键之一就是相信这些信息并且根据信息来行动。然而，让整个学校社区理解这种联系并采取适当的行动是项很有挑战性的工作。简单的阅读这些研究而缺乏信念和行动，是不足以带来变革的。

改变人们的信任体系是一个极为艰难和复杂的过程。大多数文献并不能解决这个问题，而只是着眼于改变人们的行为。在前面的章节中我们赞同这一做法，因为在解决个人行为与组织理念不一致的情况时，这的确是一条可行之路。事实上，改变个人信念往往是从行为的变化开始的。新的行为导致新的和更好的结果，这反过来又会改变这个人的信念。

说到底，当务之急是让一所学校的全体员工对学生保持较高的期望，而本章就试图解决在这个过程中出现的一些复杂的实际问题。单单获得员工的配合是不够的，这需要所有员工下定在一项棘手的工作中获得成功的决心，即帮助那些成绩较差和没有受到足够关注的学生。

解决整个学校社区的核心信念问题是一个漫长的过程。在这个过程中，确保那些有可能与组织价值观和使命发生冲突的行为和语言没有突破底线是非常重要的，否则会创建一个在其中"怎么样都行"的环境。如果连支持学校价值观和使命行为的承诺都没有，所有学校使命的根本——"所有学生都会学习"——将会变得无效。使命真正意味着所有学生而不是某些学生会学到知识，这是至关重要的。

让我们快速审视一下学校校长如何应对一位行为与学校的价值观和使命不相符的科学老师。

> **直面行为**
>
> 鲍勃班里的学生成绩总是比较差，在无数次针对这个问题与他进行讨论后，学校校长与他再次会面：
>
> 校长：嗨，鲍勃。你收到我给你的成绩分布图了吗？
>
> 鲍勃：是的，我收到了。
>
> 校长：很好，让我们再来一遍。鲍勃，这些数字很明确地显示你的学生总是表现不佳，每个学期都如此。很明显这样的差异一定是在你班级里发生的某些事情导致的，我很想听听你的解释。
>
> 鲍勃：这是我的教学方式，马丁先生。这是我一直以来的教学方式。我教他们要负责任。我对他们要求非常高，我不会像其他老师那样去讨好他们的。
>
> 校长：我们的使命不是让学生的课程更困难，鲍勃。我们的使命是帮助他们取得成功。我们需要准确地评估他们知道什么，我们需要与我们的价值观相一致的方式——这也正是你曾帮忙创造的方法。我需要你同部门的另外两个老师一起开发一种新的评估方式，这种方式应该与我们正在试图完成的事情联系更加紧密。如果在下一次评分期间，你学生的成绩同其他班级的不太一样，我会直接与你沟通，确保进行必要的改进。

表现好的学校认识到，他们做的事情影响到了每个学生的学习，所有的孩子都能达到很高的水平。许多学校社区拒绝直接承担每一个学生学习的责任。以下是出现这种情况的三个常见的原因，以及针对每个原因的建议。

（1）教师们可能不相信，一所学校能让所有学生取得成功

学校社区的一些成员有过一些比较糟糕的经历，通过这些经历，他们确认：不是所有的孩子都能好好学习！基于他们自己的倾向、初期的糟糕经历，抑或是自己没有能力照顾到所有的孩子，有些人可能会坚持这种观点。事实上，在解决学生面临的非学术生活中的挑战问题时，学校直到最近才被认为可能是解决方案的一部分。

在处理当今孩子的问题上，大多数教育者既没有经验也没有经过任何训练。低效地处理学生的问题，或者错误地认识学生的学习能力，都是很常见的。例如，下一个例子中描述的老师将一个孩子的个人问题错当成是他没有学习能力。

斯蒂加（Sidiki）的故事

几年前，我被叫到学校去见10岁男孩斯蒂加的老师们，我曾是这个小男孩的"大哥哥"。当我询问会议的目的时，一位老师对斯蒂加的分析是："斯蒂加的能力表现和他的同班同学不在一个层次上。他难以集中精力，在课上也拒绝配合，他的阅读理解能力甚至远低于年级水平。另外，我们的标准化考试成绩表明，他的数学只有三年级的水平。"

团队领导提供了一个更简洁的分析："他就是不明白！我想他可能有学习障碍症。"

我对斯蒂加的老师解释说，他是一名通晓四种语言的非洲移民，其中英语是最后学的。我说，当斯蒂加积极参与到我们的晚间辅导课时，他是那么激动与兴奋，甚至一次可以好几个小时地专注于他的家庭作业，这甚至比我集中精力的时间都长！我还解释了他家庭的巨大变故，以及来自他父亲的压力和虐待。

在讲述的时候，我明显感觉到没有老师知道斯蒂加令人印象深刻的多种语言能力，更没有人知道他对于学习的热情和高强度集中注意

> 力的能力,他父亲的国际学者身份,以及斯蒂加的父亲对他在身体上或其他方面施加的虐待。当我讲述这些事实时,一位教师的脸上显现出了同情(布兰斯特恩(Blankstein),1997年,第2-3页)。

当斯蒂加的老师了解情况后,他们加倍努力并改变了自己的做法,然后斯蒂加取得了成功。如果挑战来自学校的某位工作人员发自内心的质疑,怀疑是否所有学生都能有较高的学习水准,那么这其实比这个名单上的其他挑战更容易处理。有较强自信心的老师在面对需要做出改变的新信息时,往往能更好地调整他们自己的行为。同样,如果一个专业人士处在专注于持续学习的文化氛围中,他将十分渴望掌握更好的方法,并且也能很快适应这个更好的方式。

在这种情况下,往往可以通过介绍从研究中得到的结论来改变行为(进而改变思想)。这通常会在那些质疑的人中产生认知失调,差学生全都可以变好?他们怀疑这样一所学校是否有存在的可能。对那些有强烈自信心的人来说,这种失调可以通过一个测试新理论的试点项目或者全面改革来解决,这取决于学校的文化。

领导者也可以创造这种失调以及变革的路径。塑造可替代的行为,展示成功,以及对假设提出强烈质疑,这都是优秀领导力的一部分。

然而,检查一下"信息缺失"是否是变革的唯一障碍也是有帮助的。你可以问:"你真的相信你不能教育好你所有的学生,使他们有更好的表现?这是否意味着如果你发现不是这样的话,会尝试一些新的方法,并与我和团队一起努力,来确保所有学生的成功呢?"如果对任一问题的回答为否,那么犹豫的真正原因可以是下面提到的其他事物。

解决真正信息鸿沟的办法,包括阅读、分享相关研究和最佳的实践方式。无数的研究指出了几乎所有情况下的最佳实践方法和学校成功方法。(参见下一章中关于通过合作将研究成果最大化的部分。)你也可以去另一所成功的学校进行实地考察,或从与你学校情况相似的学校中邀请一位实践者。最有效的办法是在你自己的学校内部挖掘在"表现较差者"身上成功的人，这让其他人看到了做同样的事来获得成功的巨大可能性。第一章和第十章中引用的网络方式，在学校和整个地区内加快了"看——试——做"的流程（弗兰，2005年）。

（2）教师可能不觉得自己能让所有学生都成功

这比老师们不相信学校可以在所有学生身上获得成功这个问题更难以发现。这里的逻辑是，一旦老师承认所有的学生实际上都可以成功，那么学生的失败其实就是老师的失败。回应这个问题的方法，一方面会变成一种支持，另一方面也会造成"创造性的张力"。解决方法是通过挑战教职工去做他们能做的事情，打破舒适区，以让教职工建立自信心。

一位校长的故事可以更清晰地说明这个方法。

建立个体和集体的自信心

2006年6月6日，学监在纽约布鲁克林的杰基·罗宾森学校组织了一场会议，向学校教职工介绍马里昂·威尔逊（Marion Wilson）——新的校长。在他之前，有多位校长接连离职。会议期间，区工会领导站起来说："并不是不尊重你，但我们这儿不欢迎你。我们想要你之前的那位校长。"然后她走了出去，接着老师们也一个个走出了会议室。马里昂不知道该怎么办。

为了应对这种情况，马里昂决定做一些不一样的事。那年夏天，她将学校里信任的四个人组成了一个非常小的"内阁"。他们筹划了一个涉及整个学校的放松活动。起初预算办公室拒绝提供她需要的资金，但她一直坚持，最后占了上风。她还决定利用本书（第一版）来帮助形成凝聚力，让每一个人都尽快参与进来。因此她为每位教职工都购买了这本书。之前从来没有人带职工外出放松，给他们买书的人就更没有了。

> 在放松活动中，她在开始的时候组织了强弱交错的队伍，包括后勤人员和预备教员。她向他们保证，在此之后，一切事项都将基于书中的六大原则进行，然后他们创造了一个座右铭："卓越是唯一的选择。"这与书的内容相呼应，并成为他们对每个学生的共同愿景。
>
> 当回到学校后，威尔逊女士的下一项工作是恢复秩序，并争取逐渐建立第一章中提到的集体信心。她在走廊中间画了一条线来导流。她也引入了其他简单的流程，例如创造一个有序的放学过程，以防止在一天结束的时候所有的孩子都胡乱地跑向门口，跑到街上坐校车。
>
> 在第一年里，她并没有解决教学策略问题，但她的确同她的团队一起创建了一致的课程安排与流程来说明如何更有效地利用课堂时间。威尔逊女士也扩大了她的团队，纳入了一些支持者和许多一开始左右摇摆的人。在威尔逊女士获得教师们的信任后，一开始拒绝同她打招呼的教师后来变成了她最热心的支持者。这需要勇气和谦让才能做到。
>
> 教学策略的提升是由她的"内阁"通过毫无威胁的非正式详细讲解开始的。他们开始通过诸如"午餐学习"等方式来与其他教师变成朋友。他们还邀请顾问，为教师们举办校外讲习班。这不仅是为了培养老师的技能，也是为老师之间以及与老师有着不同行事方式的校长之间建立一种亲密关系。当马里昂·威尔逊在2006年接管学校时，学校即将被关闭。去年，它被《纽约时报》列为城里的5所顶级学校之一（布兰克斯坦，2011年，第17页）。

通过集体产生座右铭"卓越是唯一的选择"，并提供一些明确而具体的目标来明确定义，这位校长和她的员工创造了一个内在张力，然后一路小步快跑地解决了这个问题。这些微小的进展反过来在教职工中建立了一种自信感，使他们敢于承担更为艰巨的任务，这进而又导致了学生成就的提升。

打造创造性张力的另一种方法是让教职工与他们觉得不太可能成功的学生进行更加紧密的接触。当亲和力增强时，忽视一个人的学术潜力就变得十分困难。

在为期12年对35个城市的120个组织的研究中，米布里·麦克劳林（Milbrey MacLaughlin）发现，与年轻人建立关系以及开展关系建设活动"让青年和成年人能够以新的方式看待彼此"，这是六条成功指导原则中的两条（刘易斯，2000年，第643页）。采用社交活动、实地考察或体验式学习活动等形式，可以创造分享经验的机会。这加深了参与者之间的亲密感，增强了沟通。图6.1展示了这些元素之间的相互作用。

在任何时候，三角形的三个边中的一个被增强，另外两个边也将加强。这一现象也适用于为更大社区内的学生建立支撑体系。例如，让社区成员成为学生的导师可以建立沟通，交流经验，为学生和学校之间营造亲和力。分配学生去研究社区成员的历史也有类似的效果，同时还为学生提供了智力上的经历。

本节介绍了一些方法，可以帮助教育工作者克服他们对"让所有学生都成功"这一承诺的恐惧。总体原则是为教职工提供支持和鼓励，同时创造一种认知失调和创造性张力来激发进展。

图6.1 构建密切关系

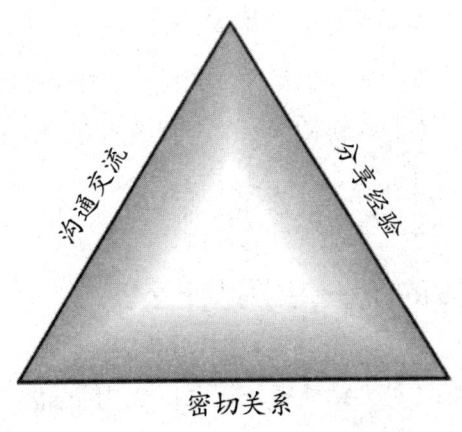

（3）教师可能觉得新的改革不值得追求

大多数老教师都或多或少经历过令人失望的学校改革浪潮。迅速拥抱下一个新的改革思路对有些人而言似乎非常愚蠢。过去的失败可能是由于某些原因，比如领导的过早改变，也可能是缺乏政治上、经济上或者其他必需的资本，无法抵挡改革中的风波，甚至也可能是肤浅的领导们企图让教师简单地"相信"却忽视了做充分的动员工作。无论过去的经验如何，很多教师不愿蹚这改革的浑水也是可以理解的。

在这种情况下，需要的只是理解。同样重要的是将人们隐藏很深的假设放到台面上来解决："为什么你会有这样的感觉？我很想知道你在过去都经历过什么"（更多策略参见第四章）。

拒绝讨论人们内心的担忧只会导致更多的八卦或非议。为直接应对这种情况，最好亲自去听听合理的担忧。例如，"我知道了，你已经被过去的经历伤害了，在明确知道这是'真的'之前再也不会深入参与了。这是可以理解的，我接受并尊重这一点。此外，我将确保你的问题得到解决，随着时间的推移你会看到这一点的。然而，在此期间，我想请你帮个忙。你能保留对该计划的任何负面评论或判断，先观察它一段时间吗？之后，如果你有任何建议，你能直接来找我吗？"

另一种导致"何必呢"的心理越来越普遍，是由于改革所需要占用的时间和精力太多，在新教员中尤其是如此。让每一个学生都成功的想法似乎的确"压力山大"。本章的后面部分讨论了这个任务中个体的压力如何缓解，取而代之的是一个协同创建的全系统的方式。下面的部分是这种方式必要的预告。

2.学校共同体的统一哲学是什么？

学校领导面临的最大挑战就是努力和专注的分离倾向。教育者身上肩负了许多的需求，这些需求都是来自四面八方的。通常情况下，来自州、地区、家长、员工、工会和学生的要求彼此并不一致。因此，优秀的领导者肩负的责任，是从表面的混乱中建立起组织上的意义。在本节中，我们提供了一个工作框架和理念，使整个学校社区可以应对最困难的挑战之一：学生无法达到较高的学术水平。

按照惯例，当一名学生不遵守学校的政策时，他或她将受到惩罚。如果这种处罚没有作用，学生将被停课或开除。无论学生是否在学术上取得成功，或者是否从这个经历中得到成长，都不会被大家认为是学校需要关心的事情。

虽然这种应对学生"行为不检"的方法可能有其用武之地，大家也已经习以为常，但行为科学领域在这方面其实已经有许多进展了。这些新的信息能够让我们以不同的方式理解学生和教师、学生和学校环境、学生和家庭之间的复杂交互。我们现在知道，就对青少年的发展产生积极影响而言，学校社区可以做得其实更多。

大多数处理学生行为的传统方法都是基于斯金纳的奖惩哲学。但学生们比老鼠要复杂得多，并且这些传统行为往往会导致更严重的品行不良，这也更证实了这种复杂性。

由于受传统的哲学方法论的影响很深，某些学校处理"刺头"学生的方式与这些学生真正需要的帮助相差很远，在这种情况下不良行为便会加剧。这会导致许多老师和管理者感到沮丧，因为他们感觉"我们正在做的不可行！"如果没有其他替代传统方式的选择，会导致将无效的"治疗"当成是"病人"的错。

驱逐出校成了解决问题的普遍方式。在我们工作过的某些学校，每年竟然有几百名学生被停课。校长办公室门口排的队看起来就跟那些在摇滚演唱会上的队伍一样长！一些陷入困境的教师唯一的答案似乎是给这些问题学生贴上标签，然后将他们送去辅导课程、特殊教育项目、甚至另一所学校。这个问题已经非常普遍，甚至发展到为了治疗这种"失调"行为，一个个新的迷你行业以及数十亿美元的药物治疗产业都如雨后春笋般涌现。对孩子的许多诊断都恰好以字母D开头，异常行为的十个D由此应运而生，它们成了描述规定行为的标签（表6.1）。

表6.1 "困难户"青年的10个D

角度	问题标签	典型反应
原始	越轨（Deviant）	责备，攻击，排斥
民间信仰	邪恶（Demonic）	惩罚，驱邪，放逐
生物物理	病态（Diseased）	诊断，药物，就医
精神分析	扰乱（Disturbed）	分析，处理，隔离
行为	混乱（Disordered）	评估，条件，超时
惩教	违法（Delinquent）	裁定，处罚，关押
社会学	被剥夺（Deprived）	研究，恢复，吸收
社会工作	功能障碍（Disfunctional）	引入，案例管理，放出
教育	忤逆（Disobedient）	谴责，纠正，驱逐
特殊教育	有缺陷（Disabled）	标签，治疗，隔离

一旦对失调有了诊断后，治疗方法就很清楚了。不幸的是，用于辨别年轻人优势的时间要比这少得多。

3. 更好的方法

在对年轻人的工作中，我们希望达到的目标是找到并强化积极健康的元素，不管这些元素隐藏有多深（卡尔威尔克，1983）。

在过去的100年里，一群儿童心理学家和青年专业人才（虽然人数较少但在不断增加）已经开发出一种基于优势来对待和"治疗"年轻人的方法。事实上，他们在定义驱动行为的基本需求方面已经出奇地一致（见表6.2）。

表6.2 驱动行为的基本需求

来源	基本需求
威廉·格拉瑟，MD 《教室里的控制理论》（1986）	1. 生存和繁衍； 2. 归属与爱； 3. 能力； 4. 自由； 5. 乐趣。
斯坦利·库珀史密斯 《自尊的祖先》（1967）	1. 对别人的意义； 2. 能力； 3. 控制自己的行为并赢得尊重的能力； 4. 别人眼中的价值体现。
拉里·布兰德托，马丁·布鲁肯莱格，史蒂夫·范·伯克恩 《找回自己的风险：我们对未来的希望》(1990) 基于斯奥克斯传统	归属； 技能； 独立； 慷慨。
美国男孩和女孩俱乐部 《青年发展策略》	1. 归属； 2. 效用； 3. 能力； 4. 影响。
艾伦·N.门德勒 《当这发生时我该怎么办？》（1992）	1. 成功和有能力； 2. 接纳，归属； 3. 对人与事的影响； 4. 慷慨和帮助别人； 5. 刺激和乐趣。
艾伦·M.布兰克斯坦 《FNO框架：从学校到名校》（2004，2010）	1. 贡献； 2. 连接； 3. 能力； 4. 自制力。

如图6.2所示，关怀社区圆环分析了这部分研究，以提供一个共同的框架和行动的核心哲学理论（布兰克斯坦，2004；布兰克斯坦，杜福尔，与里特尔，1997）。

图6.2 关怀社区圈

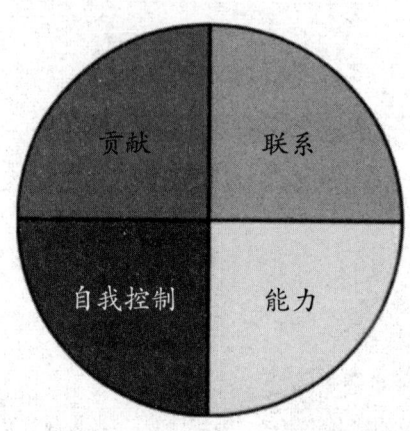

年轻人很自然地尝试去达到这四个基本需求,无论是以喜欢社交还是远离社交的方式。我们曾研究过一个团伙,名叫拉丁国王,他们就采用了非常类似的框架。例如,他们招聘并保留那些需求没有得到满足的年轻人。竞争力需求没有被满足的年轻人可能会转而盗窃车辆,来得到一种能力感。因此,学校的最终目标就变成了创造一个可以满足学生基本需求的环境。表6.3举例说明了在这种环境中应有的做法以及相反的做法。

从学生的强项开始

学校辅导员麦克·迪当托解释了他的学校是如何通过开创"斗牛犬俱乐部"来向五年级学生提供领导力机会的。

我们选择那些很难做出积极选择但有领导潜力的学生。我们觉得其他五年级的孩子们会选"斗牛犬",无论是以积极的还是消极的方式。因此,我们决定任命他们为"管理团队"的一部分。通过让斗牛犬理解责任和方向,他们可以使遵守规则变成一件很酷的事情。此外,通过指导年轻的学生并进行示范,斗牛犬的个人行为也会变得更好。

> 通过斗牛犬计划的实施，我们看到我们的学生有明显的改变。在巴斯中学，斗牛犬被大家尊重，他们让巴斯的学生行为有了显著的变化。（个人通信，2009）

表6.3提供了学校做法的例子，包括促进或阻碍四个C中的任一个：连接，能力，控制，贡献。

表6.3 四个C：促进或阻碍连接的做法

发生联系	发生隔离
欢迎学生，即使他们迟到了	将学生撵到校长办公室，不论迟到的具体情况是什么
在教室门口跟学生打招呼	在办公桌专注于书面上的工作，直到所有学生就位并且铃声响起
系统性地保证每一个学生都积极地连接到一个成年人	随机地建立人脉关系
利用所有学生的课外互动数据来评价学校的措施是否成功	假设大多数学生都参与了课外活动
发展能力	**创造无能**
允许"弥补"工作	"只有一次机会"的政策
要求掌握材料	零分算入学期平均分
测试教学内容	"突击"测试和临时测验
寻找并强调长处	聚焦弱点
鼓励（自我）控制	**需要遵从和顺服**
让学生帮助创建班级规则	告诉学生规则是什么
激发对班级项目和阅读的想法	重复利用之前年份的项目
教学感受、自我意识以及其他与情商相关的内容	将情感学习与学术学习分开
导致贡献	**导致自我中心**
让高年级学生指导低年级学生	没有学生引领的指导
创建基于社区服务和项目的学习机会	只在学校内进行学习
鼓励合作学习	教师指导所有的学习

通常的情况是，以上出现的所有状况可以一并处理。思考下面的例子是如何同时处理了连接、能力和贡献的需求。

> **让学生活动更加丰富多彩**
>
> 得克萨斯州曼斯菲尔德的艾森豪威尔中级学校，有超过25个课外俱乐部和活动。正如杜安·瑟斯顿和雷吉·莱耐斯描述的：
>
> 大多数参与这些俱乐部的老师是自愿的。这些俱乐部可能是运动类（篮球，排球，冰球），学术类（神童测验，学术大学校际联赛），或者"真实世界"类（烹饪，绿化队）。我们相信，与教室的四壁之外进行衔接是确保我们学生成功的关键。一个特别成功的例子是我们的西班牙俱乐部，在那里，我们的一些英语学习者实际上已经成为这个俱乐部的老师，并帮助其他同学学习西班牙语。这为没有掌握第二语言的学生提供了学习另一种语言的机会，同时也促进了我们（ELL）学生的领导力，这正变成他们的学习不可或缺的一部分。
>
> 西班牙俱乐部和烹饪俱乐部组队，在年底为家长们举办了一个五月五日嘉年华，在聚会上以传统音乐、西班牙语和墨西哥餐庆祝了我们学生的成功，家长参与到了整个学校的活动中。（个人通信，2009）

关怀社区圈的四个C为重新思考和协调统筹整个学校社区提供了一个框架。信仰和理念一致起来后，创建统一的行动体系相比之下就变得十分简单了。下一节给出了非常详尽的例子，阐述两所学校是如何做到这一点的，以及方便自学的指引和步骤。

4. 保证成功的复杂系统是什么？

要确保所有学生的成功，总体策略是涵盖广大的学习者，然后有针对性地对那些需要额外支持的学生采取具体策略。"所有学生成功计划"的重要组成部分包括：

- 确保教学方式引人入胜且具有相关性；
- 具有针对所有学生的改进计划；
- 具有快速识别需要帮助的学生的系统；
- 提供对低成就者的持续支持和针对性策略；
- 发布缩小成就差距的结果；
- 使用基于数据的决策进行持续改进。

以下各节针对每个部分分别进行详细讨论。另外，还提供了来自两个完全不同学校的干预系统的例子。

（1）确保教学方式引人入胜且具有相关性

让学生基于他们自己的激情、兴趣、思想和信念积极参与活动，可以极大提升学生成就，同时减少成绩差距［耶格尔（Yeager），沃尔顿（Walton），2011］。这个概念实际上已经存在很长一段时间了，所以有一些现代的先行者。

尼斯·利特基（Dannis Littky）是罗德岛普罗维登斯全景学习与城市中心的联合创始人，也是主管。他告诉我们"全景学校"已在美国有50所学校，在澳大利亚有25所，在荷兰有25所。

全景学校的课程是个性化的，专注于"现实世界的学习"，并从学生的兴趣开始（例如，"我的妈妈有哮喘，我想治愈她的病"）。每个孩子都有一个单独的学习计划。此外，正如本章前面提到的关于DR中学的例子，利特基的学校经常进行调整。利特基解释说："树液流淌的时刻对在纽约拉法叶学校的部分家庭来说是神圣的，所以学生在这个时间段不需要来上课。现在学校社区认可并允许他们不来学校，并且没有惩罚这些学生，而是要求他们对此写一篇相关的文章"（个人通信，2012）。

有着相似理念的100多所"新技术高中"如雨后春笋般出现了，正如下面的例子说明的那样。

基于项目的学习

迈克·里德（Mike Reed），印第安纳州哥伦布市新技术高中校长，解释说：

在基于项目的学习上，教师是促进者——让学生面对来自社会的真正挑战。库克医疗公司提出创造生物可降解明胶基聚合物的课题，并主动提出，如果有学生发明出了一种，他们就可以帮忙申请专利。再也不是老师要求他们做这件事，这是科学家在挑战他们，并给了他们4周时间来展示给评委会。学生身着职业装来到现场，用上了他们21世纪所有能学到的展示形式、21世纪的"软"技能以及跨学科内容。

学生们按以下标准被打分：内容占60%；学习成果占40%，包括写作、口述、合作和职业道德。

学生们帮助提出了针对上述项目的规章制度，全部都是透明的。再就是那些技能讲习班：多次练习与评估的机会。例如，"口述"包括眼神接触、没有使用无意义填充词、穿着专业、使用适当的语法等等。"职业道德"包括准时工作、演讲的质量、出勤、成员对努力的反馈和后续组内共识的跟进，当然，也包括协作。

我们使用一个共识模型——每个人都能影响决定权重。核心进度计划是由学生和教师确定的。

同样的，工作人员也完全参与其中。K12教师每月开会讨论这些课题，比如21世纪技能的映射、不同年级的协作制度；积极行为干预和支持（PBIS）、学习的通用性设计——媒体、参与度、学习示范等多种指导方式。促进者在同事和学生的帮助下创建项目。每个星期一放学后他们有"批评小组"，来评价有关项目的想法。他们不以院系为单位进行会面，而是所有职工、每个学科的代表教师都会给出反馈意见。一些项目是从学生开始逐级上报的。（个人通信，2012年7月30日）

这是两个由内而外、从学生和他们的兴趣发起的模型。几乎没有什么比结合自己的兴趣与爱好来学习和创造有意义的东西更能带来更大的成功和更多的动力了。这种方法也适用于教学楼里的成年人。在外部的干扰和命令如倾盆大雨般扰乱下，保持对本质驱动力的聚焦，并保持行动与自己的核心思想以及领导团队定义的利益一致，正是这本书的意义所在。挑战在于坚持我们的核心思想，同时适应显著的外部变化。

据哈佛大学变革领导小组的联合指导托尼·瓦格纳（Tony Wagner）所说，为应对美国越来越大的贫富差距："我们不能大把撒钱来解决这个问题，我们需要一个不同的答案。"（瓦格纳，2012年，第2页）他将学生培养成创造性的问题解决者的框架开始于（正如上面例子中那样）被他称做内心动力的三个相关因素：发挥、热情和目的。研究这些驱动力提供了培养"成功创新者的必备素质"的最佳机会：好奇、协作、联想或整合思维，以及对行动和实验的倾向。

（2）制订针对所有学生的改进计划

在这点上做得最有成效的学校为有困难的学生提供了阶梯式的机会，从在学年开始前就锁定需要额外帮助的学生，到强制学生参加治疗和技能课程。如此大范围的干预措施的目的是为了明确告诉学生，他们会面临失败。它告诉学生们，唯一的选择就是学习并取得成功。资源6为制订学校改进计划提供了一张工作表。

正如干预反应（RTI）规定的那样，针对所有学生的有效改善计划包括预防和干预两部分。一些预防策略是针对性的，其他的适用于整个学生群体。后者包括：

- 与学生建立良好关系；
- 系统地锁定并加强学生的强项；
- 每天与学生会面；

- 有可见并且可靠的员工；
- 涉及学生的决策过程；
- 根据学生的实际需要配套学校结构。

通常情况下，学校的政策、计划或结构并不是应用于其本该服务的年轻人。下面的例子演示了全线改变整体结构或政策通常是如何为预防可能出现的问题提供必要支持的。

调整结构与中心思想一致来减少停课率

在尚巴小学，校长肖恩·斯迈利（Shawn Smiley）强调了两种降低停课率的方法：建立和维持关系，或推行可以减少行为问题的流程。他解释说：

我来到这里的第一件事就是寻找让学生们停课的行为模式。我发现，首先，学生们去吃午饭然后午休；第二，我们让成年人专注于真正任务的流程，即确保一天的每一分钟都是用来学习的。

我改变日程安排的原因不止一个。下午被叫到校长室的学生比上午要多得多。学生们以一种混乱的方式接连进入教室。当有孩子回来的时候，老师并不一定在场，迫使教学助理在开始时不得不维持"秩序"。

当日程改变为在午餐休息时，老师从食堂里带回学生。这样教师就可以准时吃完饭并准备好让学生们以有序的方式回到教室。从休息室到教室的安排没有任何意义，这与学生的行为没有关系。将学生从一个活泼无序的环境扔到另一个学习的环境中并期望他们获得成功，这并没有什么说服力。

流程中的一个简单变化会改变人们的行为以及对同一事件的反应。现在，我们可以在45分钟午餐和休息后到教室里准备学习（而不是因为学生不能很好地进行过渡而被叫到校长办公室）。（个人通信，2009）

（3）有针对性的干预

干预策略针对的是那些无法在预期表现水平上进行学习的学生。为了更有效，这些策略在强度上是有梯度的。这些类型的梯度预防和干预体系采取了金字塔形式——在底部的预防策略适用于所有的学生，而在顶部的高强度的干预只适用于少数学生。您将了解这些示范性"干预金字塔"（诺尔，1993）是如何在科罗拉多州丹佛北部郊区发明出来的，以及最终如何与全学区的RtI方法交织在一起。

（4）具有相关体系，能够快速识别出需要帮助的学生

高效的学校不会采取亡羊补牢的办法。他们也不会在证实学生不会游泳之后才去救援。那些致力于让所有学生成功的学校有识别困难学生的方法。他们尽可能早地在学生有失败的机会之前就认识到问题所在，是否能及时发现问题是区分补救策略和干预策略的前提。

面向全体学生的预防系统到位后，就很容易确定那些在学术方面有困难和风险的学生了。识别困难学生的机制最好是建立在已经存在的项目上，且这个项目能支持所有学生。例如，如果有一所学校，本来就让其工作人员关注所有新生并自动地频繁提交进度报告，那么这所学校锁定困难学生的机制其实就已经到位了。下面的例子讲述了一所小学是如何建立一个类似网络的。

锁定需要帮助的学生

在南卡罗莱纳州格林维尔市的佩勒姆路小学，有一个在学校特殊教育部门保护之下的特殊幼儿园班级。这个班里的孩子们完全不知道他们在参与一项特殊项目。这个班级其实是针对那些已被认定为缺乏必要的社会或学术技能的学生，目的是在不贴"特殊教育"的标签的前提下，提升他们从一年级开始所需的能力。学校在详细调查的

> 基础上来选择这些学生,并将被确认的学生安置到一个较平均规模小一些的班级中。该计划的目标是让参与者立即做好融入一年级教室的准备。在大多数情况下,该方案实现了这个目标。

(5) 提供对低成就者的持续支持和针对性策略

那些从一个级别的学校转到另一个级别的学校——从小学到初中或从初中到高中的学生需要持续的支持来确保他们顺利过渡。学校要提供必要的资源,以确保新的学生能够旗开得胜。

学校利用各种机制来促进新生的无缝过渡。其中一种是在生源学校和接收学校辅导员之间的合作。这使得接收学校的辅导员对学生更加熟悉,也了解到过去能帮助这些学生成功的方式是什么。另一种方法是对那些特别需要帮助的学生进行"红色标记",并让他们加入"互帮互助"项目,即接收学校的一个成人在学生不知情的情况下被指派去与学生做朋友,秘密帮助这个学生。

其他项目和计划包括:

- 为下一级别学校做好准备的项目(例如"中学生存指南");
- 在开学前审查学生档案以对有需要的孩子提供额外的支持;
- 导师方案,每一个新生都会由一个对其很了解的大人来监督。

一旦高效率学校确定了那些有失败风险的学生,就会想方设法来加强学生的薄弱环节以确保成功。使用的策略类型根据学校的年级水平和学生需求的不同而不同。

(6) 发布结果

将成绩差距加入日常项目,并向利益相关者发布结果,让大家参与评审,这可以让大家关注到员工的努力。加利福尼亚州圣迭戈市的学校采用了这种策略来帮助缩小成绩差距。现在有相当多的媒体和公众关注学校和教师的"结果"，教育外部利益相关者也认为，成绩和其他数据的实际意义变得越来越重要了。

5. "好"是什么样的

有效的预防和干预制度确保学生没有空子钻。它们设计的目的是使广大学生通过认真、持续的关注和低级别的支持策略受益。它们有确保在早期就能锁定困难学生的识别机制，它们都遵循既定的顺序，只有在低级别策略没有作用的情况下才实施高级别策略。

卡里·可可泽拉（Kari Cocozzella）分享了下面的案例故事，其中强调了她多年以来在科罗拉多州丹佛市郊外创造的综合干预金字塔。这项研究集成了在整本书中描述的创建高效"支持金字塔"的流程和应对干预的措施。这让她所在的小学获得了杰出贡献奖。之后这个例子又展示了这所学校的金字塔是如何成为一个更大的学区范围RtI规划的一部分（另见资源7：支持金字塔与狼岭小学）。

> **案例故事3　RtI和中产阶级郊区小学的支持金字塔**
>
> 在狼岭小学，工作人员已经完整地参与了一个成功实现RtI的案例。究竟是什么造就了所有学生高水平的成果？
> - 学校的共同使命和愿景是"所有的学生都可以而且将会学习"，没有任何借口；
> - 所有工作人员为每一个学生在学术和行为上的成功负责；
> - 有一个清晰、详细的支持金字塔，可以为那些需要额外帮助的学生和那些超过标准的学生提供支持（这回答了"我们应该用什么样的战略来支持我们的学生"的问题）；
> - 有一个全面的计划来应对以下方面：发展战略的实施、数据的跟踪、为全员讨论并通过垂直团队支持学生参与而设计的方案（这回答了"基于数据，可以看出需要帮助的个别学生，该如何确保我们的确满足了这些学生的具体需求"的问题）；
> - 重点是学生的需求，而不是课程安排，虽然对高品质教学的最佳

实践方式和策略都融入到了讨论中；
- 工作人员无一例外地每年重温两次金字塔和流程，以完善和改进策略与团队合作方式。复习的重点是数据和学生成就的结果，以及高效团队的关键点。

（1）共同的使命与愿景

制订和实施全面的行动计划不是那么容易的，职员们在设计全校范围内对学生的支持机制时，就踏上了无人探索的领域。在狼岭小学开始讨论并启动它目前采用的模式时，RtI并不是一个国家或州预期推行的项目。事实上，原计划是于2000年在同区另一个郊区学校——天际小学开始的。校长卡里·可可泽拉（Kari Cocozzella）在这所学校开始实施这个项目，然后在2003年转到了狼岭小学。这两所学校都由于使用了此模型而获得了较高的增长水平，尽管两所学校的人员组成有很大不同。模型的最初想法来自2000年在丹佛参加的HOPE基金会。高中水平的专业学习社区的概念和"失败不是一个选项（FNO）"理念是这次会议的重点。然而，工作人员很快意识到会上提出的观点可以很容易地应用到小学级别的学校。

在这两所学校，"FNO"的使命和愿景——"我们对所有的学生都负有责任"和"所有的学生都可以并且将会学习"——必须得到清楚地阐述并加入到每日工作计划中来。在制定指导所有决策和学校规划的语言上，为了让其更明确，工作人员花了很多时间。领导层对使命和愿景的持续关注至关重要，他们需要找到教师领袖并给出一个全面的工作职责说明，其中包括所需的技能和上过的课。这些教师领导人是现在这个模型成功实施的关键。

（2）支持金字塔：策略

目的："在不同强度水平上确认额外支持的系统，让学生发挥他们在学术和行为上的潜力。"

教师领袖们举行会晤来确定如何创建支持金字塔。他们决定让每个年级都实行头脑风暴来思考整个年级的干预形式并想出更多活动，其中包括全校范围内的活动。在创建了许多清单之后，全体工作人员举行会议来讨论现有的全部干预和支持系统。然后，他们将其从强度最高（个人）到强度最低（教室内的区别分组）进行排序，并创建了三个级别的金字塔（用三个颜色编码）。由于它必须包括所有需要额外支持的学生，因此即使是公认有天分和才华的学生也被包含在内。"支持金字塔"这个名称比"干预金字塔"包含了更多的内容。

（3）垂直组队：结构和体系

目的："垂直团队的建立，是为了帮助那些由于学术问题、考勤、行为、家庭动力和家庭财务问题而没有在课堂上成功的孩子们。如果某个孩子在课堂上没有体现出学术方面的成长或成功，那么团队将确认潜在的干预及培养机制并关注相关进展。"

很多学校都创造了策略分层系统以提供早期干预。他们甚至专注于学生的成果，而不是他们的弱点。困扰大多数学校的问题不在于做什么，而在于怎么样用一个系统的、全面的和可控制的方法去做。狼岭建立了由教师领袖促进的垂直团队。这些团队的代表来自不同年级、特殊教师（如美术，音乐，体育和技术）、特殊教育工作人员、ELL专家和有天赋的协调员。对所有工作人员的期望都是成为团队中不可或缺的一部分。小组构成、会议流程、每次会议的日程和目的、信息跟踪等都被明确指出和阐述了出来。这消除了努力的碎片化，并创建一个如激光般聚焦的焦点。每年年初都会发布宣言稿，阐释垂直团队是如何协助教职工变得更具凝聚力和协作性，以及团队为什么要帮助学生成功。

除了支持学生，各团队后来为教师的"支持金字塔"也做出了贡献，那些刚到教学楼里的老师和第一年教学的老师一开始就听说有这种策略和方法，少走了很多弯路。老教师也会向新手教师们学习，讨论包括有关如何为家长提供服务、最佳教育实践和为学生创造情感行为计划的想法。整个过程对学生和教师都变成了一个非常有效的支持系统。没有人感觉好像他或她是"单打独斗"或"这个孩子只是我的责任"。现在的基础正与此相反：我们都在这里帮助你、鼓励你，并为有需要的孩子出谋划策。由此，员工自信心增强了，教学楼里的整个文化和气氛也都有所改善。

（4）通过修订持续改进

无论是学生群体、教师的专业知识还是州和联邦的任务，都是在不断变化的，因此，每年重新审视一到两次支持金字塔和垂直团队的流程很有必要。新提案或法律任务必须得到共享、理解和实施，为了让团队更有效率而提出的方法建议也可以提升整个模型的效率。学年开始的第一次会议关注现有的流程和系统，确保所有人都知道如何实施和利用金字塔。回顾团队规范和预期目标。一月份，为确保一致性需要再次讨论流程，并讨论任何当年第一学期期间发生的问题。各年级代表与校长每年会面三次，基于学区要求的表现评测来讨论所有学生的整体表现。那些经使用金字塔而被锁定的学生会得到重点关注，并在垂直小组会议上进行讨论。

（5）学生成功

狼岭小学已被认为是表现优异、成长迅速的学校，并获得了科罗拉多州杰出贡献奖。为了达到这种成就，所有学生的州评测成绩（包括英语非母语的学生和特殊教育学生）被用来确定学生随时间成长的水平和成绩差距的缩小。狼岭小学获得了总成绩93.75%的分数。尽管在过去的五年中，学校师生数翻了一番并且英语非母语的学生增加了300%，阅读、写作、数学和科学这些学科的学生成绩却仍在提高，而且这些数字还在持续上升。与此相对，被确认需要特殊教育的学生数量却下降了。学校将这归功于他们对于早期干预的关注——焦点在于卓越的首要指导准则以及学校的哲学——"我们对所有学生都负有责任"。这种信念充斥着整栋教学楼，并创造了一种积极向上的氛围，学校关注所有学生的成功。

（6）RtI和今天的狼岭小学

五年前，基于上述成功的例子，学校开始在整个学区范围内推广RtI。"它以失败告终，"管理人员说，"因为推出的手段特别生硬。太标准化了，缺乏针对性。相反，它创造的是一个解决问题的团队——里面有'专家'来对抗集体的责任。它还将努力关注在'固定'的学生身上。每个人都做好了按照RtI清单进行工作的准备。"

现在他们反而回到了基于团队的方法，更好地理解和执行RtI，并且将它作为所有学生成功的框架。有一个标准化的做法，在金字塔底部的两层，着重强调吸引力、相关性和个性化的指导。这种做法涵盖了95%的情况，每所学校都会自己定制具体细节。

蒂娜·赫普（Tina Hepp），是位于同一个学区的樱桃路小学的校长，她解释说，他们用团队的方式来充实学校的干预措施，更重要的是更好地对"指导"做出定义并专注其中。"最好的部分是，这全都植根于我们的信念之中，相信每个学生都有能力去学习和成功"。基于这一信念，在学校范围内建立了信任机制，员工们共同制定了规范，对合适的教学策略进行深入追问已经变成了一种常态：

老师：萨米不会读书。

校长：形式评估结果如何？

老师：我做了PALS（语音意识素养筛选）和DRA（发展阅读评估）测试，他连其中三分之一的字母都不知道。

校长：至今为止是怎么教导她的？那其他的学生呢？他们是否有问题？

在这种情况下，校长可以指派特殊教育支援人员和常规教师合作，得到谈话的详细信息并在分析和行动上达到同步，而不是让孩子去参加某个"项目"。关键是要确定学生在学习阅读方面究竟需要何种帮助（比如，是时间顺序还是音素意识）。

年级水平的规划会议上有很多深入的问题，比如下面的这些：

- 学生应该学习什么？为什么？
- 你为什么用这种方式使用日常教学计划？
- 你用什么数据判断成功？
- 你将如何满足那些没有领会意图的学生的需求？
- 你的行动将如何吸引学生？
- 用什么证明他们的参与度？
- 你为什么做你正在做的事情呢？

这将加强教师集体的自信心以及他们独立思考的能力。通过这种方式来认识RtI，80%的学生需求都在常规课堂中得到了满足，另外，根据每日形式评估结果会进行预习和复习，其他15%的学生需求会从这种预习和复习策略中得到满足。特别支持团队也会对这15%的学生提供支持。

制定预防和干预制度是一项重大任务。你采用的方法将取决于你学校或学区的文化以及这些战略的到位程度。如上述例子表明，一个成功的方法包括：

①让工作内容扎根于学校的使命。

②让领导团队乃至最终整个教师团队都参与进来定义干预的目标，并定义它在学校总体工作中扮演的整体角色（而非分散的角色）。例如，在前面的章节中，围绕学校使命的关键问题包括：确保相关性、参与到教育方法中、你将如何知道学生在学习以及如何当他们没有在学习时你会作出何种回应。所有这一切都与本章直接相关。

③将重点放在减少影响干涉的指导方式上，这会将重点带离教育问题的核心。

④将学生塞入特殊教育计划应该是最后不得已的手段。基于信任的深入追问（第四章）、成熟的协议（第五章）、努力建立的教师集体自信心（第七章、第八章和第十章）以及领导层的核心目标的深厚根基（第二章）将有可能满足学校内95%的学生的需求。

⑤在如何锁定需要帮助的学生这一事情上达成一致的标准，确保他们进入适当的计划中。将任何学生引荐到预防或干预计划中都应以数

据为基础，提供他或她的优势、劣势以及造成学习困难的根本原因的证据。（第八章中有数据使用指南） 此外，提前做好每个支持计划的准入标准。要问的问题包括：

- 什么样的标准、数据或信息将被用来锁定那些需要加入干预计划的学生？
- 谁将帮忙提供信息？
- 谁负责收集和评估数据？

⑥明确阻力何在，并去应对阻力。第三章及本章前面的部分介绍了这样做的详细方法。单独以纸面的形式系统性地推广RtI是最有效的方式。

⑦试点新方案的各个方面。循序渐进，只实现一个金字塔容易实现的方面。这将会使监控更加全面，有助于学校解开难题，并促进早期的成功，以激励进一步的改革。

⑧建立成功的文化。一旦开始实施战略，就应该建立起定期监测其有效性的系统。当收集到表明积极成果的数据时，庆祝你的成功。此外，关注工作人员或学生的行为，要注意任何可以导致更好的表现和改善学校风气的行动。一定要承认并公开称赞这些努力。这样的公开庆祝活动和鼓励将有助于构建一种相信成功、珍视成功并期待成功的文化。

⑨不断改善和补充干预措施。 在你收到项目结果的数据的同时，利用这些信息来改进现有的战略，并更好地制定新的战略。如果结果和学科数据表明有需要，则继续逐步增加更多的干涉计划和战略。

（7）如何开始

与你的同事合作，在不同的纸张上绘制以下计划和流程锁定需要额外帮助和关怀的学生；重点关注这些学生；向这些学生提供导师、"好朋友"或其他成人的帮助；建立干预计划。列出已经存在的计划，注意是否需要进行修改或扩展，如果需要的话，要以何种方式进行。对于新项目，阐述具体的目标，然后解决出现的问题。

6. 下一步

要向那些在一开始没有达到学习标准的学生提供帮助是一种巨大的挑战，在本章中，你了解了面对这种挑战最佳的做法是什么。这些做法包括：让员工对这项任务作出承诺、制定统一的方法论、确保教与学的方式都有吸引力和相关性以及建立预防和干预体系。这是一所学校将面临的最大挑战之一。学校如何回答"在学生不学习的时候我们应该做什么？"比任何事情都能体现这个学校的价值观和集体承诺。 本章清晰地描述了表现好的学校是如何应对这一挑战，并指明了方向。随后的章节帮助您培养应用这些做法的能力，让你学校里的所有学生都取得成功。

第七章　原则3：关注学习教学的协作团队

以高绩效学校的成功为中心是一种协作文化，这种文化专注于教学和学习（戴维斯，达林·哈蒙德，拉波因特与梅尔森，2005；西肖尔·路易斯，雷斯伍德，沃斯特朗与安德森，2010；华莱士基金会，2011）。这种文化支持教师定期举行会议，分享评估需求，并发展出满足所有学生学习的解决方案。以这些定期会议的成功举行为中心，是对本次会议的共识，也是对通过协议和工具进行有效沟通的共识（见前面章节和索引工具）。本章介绍了10种可能协作的领域、有效团队会议的例证、四种类型的学校文化描述，还有关于扩展到其他地区的学校文化的典型案例研究。

1. 合作的目的

同事之间的协作是达到目的的一种方式，这个目的即学习如何提高教学水平。为了做到这一点，团队成员为了一个共同的目标（参见第五章的SMART目标）相互学习。反过来，这个目标也能支持更大的学校愿景，并与学校的使命和价值观相一致。这样一来，学校的使命、愿景、价值观和目标为所有团队成员提供背景和方向。

团队应时不时地查看数据（见第八章），评估他们相对于SMART目标做得如何。大家集思广益，共同想出办法来改善，并且庆祝已经取得的成功。这些队伍致力于不断完善自我，一旦他们目前的目标达成，总是会想方设法提高标准。例如，一所高中的毕业率一直是99%，它想用这些毕业生在大学里和毕业后的准备状态以及在21世纪技能和性格发展的成功（正如前面的章节所指出的）来衡量其未来的成功。

（1）成功合作的过程

协作的最终目的是为了影响环境、文化和改进教学实践的能力，提高学生的学习，基于这个总目标，并形成不同的团队，解决其中不同的方面。例如，前面的章节提到，在印第安纳州哥伦布市新技术高中，全体员工开会制定与各课程标准相一致的学习项目。而在狼岭小学，不同类型的团队一起开会来深化教学的有效性。

虽然这些团队关注的重点不同，但富有成效的团队合作过程是一样的。（反之亦然：说出你和你的团队对会议不喜欢的十大事情，其中九个都是关于程序失调的，如窃窃私语的人，或者开会迟到的人）。

正如第五章所指出的，有很多可以方便高效率协作的工具。企业的首要任务是为团队澄清其本身的目的，这一步经常很容易就被跳过，但跳过的代价往往是团队的失败。在很多会议上，大家开始以为他们是"共同进退"，后来才发现，一个人认为这次会议如何改善了指导，而另一个人认为这次的会议是对教师的绩效进行了评估。双方都在类似的内容中，但其用途又各有不同。这里的假设是："我们已经知道我们为什么在这里。"但正如之前的章节说过的，如果你让10名教师来评判同一份学生作业，你会得到10个不同的分数。同样，如果你请10个人界定学校的前三个目标，或者实现他们的战略，你通常会得到各种各样的答案。如果不去定义团队的目的和每次会议所期望的结果，猜猜当你询问10名团队成员他们为什么在那里时，你会得到什么样的回答？

在学校层面，对目的的确定和认同始于领导团队并贯穿于学校的每个团队。团队本身的目的亦是如此。在第五章提及的其他工具能够帮助团队自己发展，确定他们将如何表现（协议、提供批判的技术等）以达到他们的既定目的。

讽刺的是，上面提到的一些工具和过程，当它们本身就是更大的共同体或团队的一部分时，团队的发展会更加高效。这就好比邀请家庭以外的朋友来参加一个节日大餐，会让家庭的互动变得更好。然而，在该网络结构中，如果团队基于上述改进方法增强会话的便利性，重新配置他们的期望，那么优势也会保持下去。（见资源9：FNO调整协议的进一步工具。）换句话说，它可以通过学校网络连接起以下各点：优秀的工具、流程和便利条件；正确的人在正确的位置；连续一致的接触以加强新的规范。

无论是在这里还是在学校，可持续成功的关键是你所创造的文化。

（2）学校文化的四种类型

正如弗兰和哈格里夫斯曾经描述过的那样，当涉及协作的时候，主要有四种类型的学校文化。

个人主义

在这种类型的学习环境中，在课堂管理方面，教师习惯于发展自己的实践和技巧，可能不会考虑同事的相关经验。事实上，在传统的学校文化中，教师往往把其他人闯入教室的行为认定为是对自己的侵犯。在这种文化里，一个人可能听到的是："我为什么要合作？我是名优秀的老师，我的学生们也都做得很好。"

分裂主义

这种文化的特点是小集团根深蒂固地存在于工作人员之中。在分裂的学校环境中，同一小拨人认同某个特定的技巧或意识形态，对持有反对意见的其他群体充耳不闻。

教师可能非常忠于自己的派系，并强烈坚持自己的意识形态，但他们对学校这个整体的忠诚度却可能并不高。独家派系的麻烦是互相之间特别难以打交道，因为他们一般都牢牢站在相互对立的角度。

> **分裂文化的内部**
>
> 在分裂文化中，团队成员经常把大量时间花费在偏袒一方，并争先恐后地实现主导地位，如下面的例子：
>
> **琼斯先生**：我昨天在邮箱里收到了最终成绩。看着它们，很容易地看到，我们哪些团队成员完成了某些技能，哪些孩子在某些方面还有所欠缺。作为一个团队，我们应该开始谈谈如何利用这些分数了。
>
> **罗德里格斯女士**：嗯，我认为不一定要把学生分成小组，一节课没有太多时间做那些事。应该根据他们自己的能力分组，能力差不多的学生分在一个组里最好。
>
> **汉密尔顿先生**：我同意——我想我们应该把他们放在单独的班级里。
>
> **琼斯先生**：听起来像要隔离他们一样。
>
> **罗德里格斯女士**：我认为这不是隔离，因为根据在某一科目的水平，他们随时可以进入其他班级。我们现在谈论的不是每一个科目——我们谈论的只是学生都在努力挣扎的事实。
>
> **汉密尔顿先生**：我同意这种观点。我想我们还是应该把它们放在不同的教室。
>
> **琼斯先生**：听起来还是像隔离。

做作的联合领导

在这种文化中，教师表面上看起来是互相合作的。他们可能会参加委员会和会议，但他们其实并不专注于与教学和学习相关的深层次问题。在这种情况下，学校的结构可能发生了某些变化（如现在开始召开会议了），但更深层次的文化（以在这些会议上发生的事情为代表）还没有改变。在这时，教师只是表面上合作，但并没有挑战彼此在教学和学习上的信仰或方法。在这种文化中，人们会听到，"你周末过得怎么样？"或者是"罗尼已经对我提出一些行为上的挑战。你呢？"或者是"总的来说，我们的测试成绩有所改善,这很好。那么,下一项议程是什么?"

协作

在协作的学校文化中,专业人士都积极采取措施,重点帮助学生成为主动的学习者。他们和同事在工作中不断改善自己的教学策略,更好地进行班级管理。他们意识到了协作在教育过程中的关键作用,知道只有通过与专业的同事共同解决问题才能直面他们所面临的挑战。身处协作文化中的教师,会具体分析各项数据,挖掘可改进的地方,并相应地改变教学实践。例如,一个人可能会听到这样的话:"我注意到,在这次测试中,你的学生在阅读理解上的成绩都比较高。我可以观摩你是怎么教课的吗?你能不能也看我上课,并提供点反馈意见?"换句话说,这种协作已经超出会议范围而延伸到了教室。在高度协作的学校(或学校网络),实践的透明度是一种常态,并且能够支持其结构——包括短暂的离开教学场地旁听别人授课——直接受到管理人员以及其他队员的支持。

总之,这些学校的合作基于四个因素:

• 关于个别学生、个别教师和具体教学领域(例如小数或语法)的具体数据;

• 围绕这些数据相互信任、层次分明、集中的谈话;

• 对行动做出的承诺(如有组织和经常性的观摩教学);

• 对行动结果的评估、实践的持续改善以及在评估基础上对目标的调整。

如果一所学校的文化是成功的,就会意识到并非所有的合作都是好的。只有当以学生为中心的时候,合作才会全面成功。该类型的协作,这些学校培养的合作类型是一个开放式的调查,对来自团队内部和外部的新思路都持接纳的态度。团队本身就变成了小小的学习社区,大家都积极从其他成员以及其他学校的最佳实践中寻找参照。 让我们来看看正在行动中的协作团队是什么样的吧。

（3）行动中的协作团队

为了证明团队的力量，印第安纳州韦恩堡的一位校长与其工作人员开展了一项名为"讨论会"的活动。校长找来一名工作人员，他有亟待解决的学生问题。在接下来的员工会议上，这位老师与其他6名来自教学一线的教师志愿者坐在一张桌子旁。老师讲出她的问题，然后小组询问十分钟，把问题澄清。

在团队彼此讨论情况的时候，这位老师需要保持安静，而且团队在讨论的时候不直接与这位老师讨论。之后，老师要对她所听到的讨论做出回应。随着这一进程的展开，大家的参与程度越来越深入。在会议结束时，要求工作人员发表评论。一位成员说，"如果这就是合作的力量，可以这样帮助我解决问题，那么我会非常支持这一切。"

如果上面的例子更进一步，团队之后会开展具体的行动。任何会议到结束时总会有一个"现在怎么办？"的问题。按正规过程，未来的会议将包括以下议题：

①尝试了什么新技术？

②结果是什么？你有什么证据？

③哪些是有效的？哪些没有奏效？你会推荐去做什么？

2. 协作领域

在建立协作团队时，选择合适的成员是非常重要的。团队成员应该分担共同的学生或常见的问题，他们处理的事情应该是所有成员都关注的问题。以下是一些可以进行合作的领域，注意了解每个团队的工作是如何与我们一再强调的其他五个原则联系起来的。

（1）专业实践论坛

在同一年级工作或者教授相关领域的教师应该共同努力。论坛上的同仁们可对他们的工作提出策略，分享忧虑，描述挑战，研究最佳实践方案，并规划新的战略。

（2）课堂观察

当同事在课堂上实验新策略或技巧的时候，其他教师可以旁听。通过观察，他们可了解新的策略，帮助评估创新工作的进展。同样，对有具体问题的班级，教师们也可以定期观察，提供建设性的建议和支持。

（3）课程规划

相关小组或委员会需要经常开会规划、监测课程的顺序并进行协调。他们可能会决定谁来教授什么学科、涵盖什么样的内容、教授什么技能给哪些学生以及按照什么顺序来教。他们将学生在某一特定的时间应该获得的知识和何时能掌握同步起来。他们也可以决定，如何衡量学生是否已掌握不同学术领域的核心知识和技能。

（4）垂直团队

垂直团队与同年级水平的团队不同，是由来自不同年级的代表聚集在一起协作的（例如，2—5年级的阅读教师与英语学习专家和图书馆及媒体专家一起工作）。这有助于消除努力的分散性（参见第六章的案例故事3）。

（5）专业研究小组

教师研究与专业事务相关的文章和书籍，并与同事分享成果，或者在研讨会上共享获得的信息。当然，他们也有可能偶尔就感兴趣的问题邀请校外的专家或嘉宾来演讲。

（6）同年级或学科领域的团队

这些团队可以识别课程的成果，确定评估学生进步的方法，选择教学材料，实施专业的发展计划来解决发现的问题，参与观察和检查方案，提供相互支持。

（7）跨学科团队

这样的团队处理的是同一学生群体（例如九年级学生的所有教师），专注于课程和学生的需求。在第一章的"案例故事1"中，有一个这样的例子，小组关注的是诸如体育和数学这种完全不同的领域中常用的阅读策略。

（8）任务小组

这些团队中的成员来自学校的各个领域，对涉及影响整个建设过程的问题进行研究和处理，例如研究处理学生迟到的最好方法是什么。当任务完成的时候任务小组也就解散了。

（9）教学策略小组或专业兴趣小组

对某项具体做法或创新（例如，合作学习）感兴趣的工作人员一起研究方法，接受培训，制定实施策略，并相互观察、审核和评估。正如上面的任务小组一样，这些团队也都比较短暂。

（10）领导团队

如书中反复强调的，领导团队像引擎一样带动整个学校的日程改善。

3. "好"是什么样的

在有些学校，协作已经变为一种常态，这些学校有非常明显的特点，包括：

- 工作人员致力于共同的使命、愿景、价值观和目标，他们认识到自己的责任，并共同努力去实现它们；

• 强有力的领导引导教师进行有意义的合作，并支持他们的活动和决策；

• 学校的特点是信任和尊重，允许有不同的方法和教学风格，有开放共享的思想和彼此尊重的文化；

• 根据数据做决策，不带个人色彩；

• 员工有真正的权力，在相关的教学和学习上可以做出决定；

• 会议组织井井有条，能做到真正的民主，按照既定协议来设定议程和做出决策；

• 经常讨论并重新评估团队的运作；

• 制订计划让团队进行有意义的会面和合作；

• 每队都有明确的目的和目标；

• 教育工作者在有效的团队合作策略中获得培训。

让我们看看行动中的跨部门团队又是怎样运作的。

行动中的跨部门团队

在七年级教师的每周会议上，一位科学教师向科学和社会研究教师提出了一个问题。她解释说，虽然在今年州举行的测试里会有科学和社会的研究，但课程表对这些科目的安排比数学和语言课程的时间要少。在这有限的教学时间里如何让她的学生做好参加考试的准备，她表示很担心。

团队负责人承认该问题的合理性，并欢迎其他老师提出解决方案。很快，一个协作战略就形成了：

语文教师1：我知道，你在科学和社会研究上有大量的阅读材料，而且这些材料并不简单。埃文斯先生和我会很乐意拿一些材料，在我们自选的阅读时间使用。

语文教师2：如果能告诉我们你在随后一周的打算，萧女士会与我合作，确保我们提出的问题会和州测试的问题类似。这样一来，你不仅能增强科学和社会研究技能，也能想想如何回答问题。

数学老师： 关于数学方面，艾特曼老师和我可以帮忙教一些算术的技巧。我知道在科学这门学科上有很多都需要算术——而且根据我的教学经验，去年有很多学生在这方面很需要帮助。另外，如果你有一组数据，我们可以使用图形计算器，让他们对数据做个描述。

科学老师： 好的……那么，让我们坐下来看看哪些想法合适。我们还需要确定，就学生学习方面而言，什么样算是"成功"的，怎么知道这方面的努力会成功。对这些问题都应再考虑一下，下周五再讨论。

以上场景展示的是真正协作的一个方面。教师为学生的学习承担共同的责任——跨学科，而不仅仅是在自己的教室里——共同努力，克服障碍。在尝试这种新方法并评估这种成功的努力之前，他们还需就如何定义"成功"达成一致。而在这次会议上，他们强调的是结构问题——而不是教学法上的问题；共同解决问题的精神非常明确。

教育的目标已被争论很久，对于它的定义也在不断更新。然而无论哪一种方法目的都是提高标准，缩小差距。

为标准化考试设定一个成绩目标从来就不是一个难题。然而，困难存在于如何由此到彼的细节中——这对从会议室到教室的无数教育工作者提出了挑战。几十年来，研究已经明确，有效的协作学习社区是进行持续改进的关键。因而，当其技术部件（团队、写作的时间、数据、目标、使命、价值观）纷纷到位的时候，学校和学区便骄傲地自称为"专业学习社区"（professional learning communities，简写为PLCs）。然而，在要求效果立竿见影的喧嚣下，更加困难和复杂的人性化的一面被边缘化了，其结果并未达到所期望的那样。要取得成功，专业学习社区（PLCs）必须有一个坚实的基础，这其中包括信任关系、对工作能够完成（也必须完成）的信仰、时间以及一种鼓励团队在屡次尝试和错误中将点串联起来的思潮。

在下面的例子中，密歇根州8个学区的学校之间展开了合作。"案例故事4"包括了前文所述的很多关键成功元素。从信任的基础开始，专注于MVVG，以及包括内部和各学校之间教学透明度和协作的实施。

> **案例故事4**
>
> 这个案例故事是由威廉斯顿中学校长克里斯汀·塞丽娜（Christine Sernak，个人通信，2009）分享的。威廉斯顿中学距离底特律大约一个小时车程，是密歇根州英厄姆县威廉斯顿学区区域服务中心区的一部分。在辛迪·安德森（Cindy Anderson）的领导下，该地区的七个学区成为同一学校网络的一部分，被称为勇敢的领导力学院（CLA），旨在促进区域范围内的知识和资源共享。系统方法以及本章的所有其他措施都在本案例故事中有所例证。
>
> 在这个项目启动的时候，克里斯汀·塞丽娜校长向区域的教育中心协调员南希法讷（Nancy Fahner）表达了她的担忧。"我们正在进行信任关系的建设，"她解释说，"但是，我们仍然需要外部的小组或某些人来帮助我们达到一个新的水平。"他们决定，下一步将开始采用协作会议并建立学校改进小组的方式。正如克里斯汀所说，"这可以帮助我们在同一个方向上前进"。
>
> 教师团队成员塔尼亚·杜普伊斯（Tania Dupuis）、安妮·麦金尼（Anne McKinney）、劳拉·希尔（Laura Hill）以及其他人已经开始用各种方式与学生们建立信任。例如，让学生在食堂形成新的联盟，老师要求他们从一个罐子里抽签来决定坐在哪里。然后，通过回答放在他们桌子上的问题，学生们彼此了解得更多。成人之间信任的建立始于对自我的评估。克里斯汀指出：
>
> "让领导团队回顾一下，就会发现我们在学校做的伟大事情带来的令人耳目一新的变化！然后，我们看了很多正在进行的活动：我们要继续或停止哪些活动，还有我们想要开始的活动。"
>
> "信任关系是有意深化的，"她继续说，"我们来了一个大杂烩——让来自不同内容领域的人在开会的时候坐在一起（例如，一位体育老师，一位八年级的语文老师和一名六年级科学教师），并让他们处理一些问题，诸如建设跨学科活动，或如何推倒小派系的墙壁。当把所有的想法都收集起来供我们选择时，它是非常强大的。"

专注于教学和学习，这是更加集约化、专业化关系的基础。建立关系也扩大到学区范围。克里斯汀解释说：

"在此期间，我们有时间与本区内和本区外的其他学校来建立关系。因此，我们派出了一个小组到另一个区的奥克莫斯，因为他们也正在创建自己的价值观。在对价值观的综合讨论之后，我们让大家每人在五个选项中投两个，最终达成共识。跨区的学习也变成了一种常态，我们派了一个小组到仅有15分钟路程的赫斯莱特中学，看看他们是如何对待学术实验室的，在霍尔特区的一所高中我们也做了同样的事情。"

（1）第一年的行动

"我们从一开始就将每个人都纳入流程建设中，并以此展开可持续的领导。"克里斯汀继续说道。领导团队是多元化的，对想要参加所有活动的人持开放态度，无论是家长还是董事会成员。在更大的SMART目标下，学校的工作人员围绕减少学生的违纪事件和推进学术水平制定了两个子目标（战略化和具体化、可衡量、可实现、以结果为导向、有时间限制）。

子目标1. 到年底，所有的教师将学会使用通用组织图、编辑工具和量规（译者注：一种结构化的等级量化评价工具，它是对学生的测验、成长记录袋或者表现进行评价或者等级评定的一套标准）。

子目标2. 我们将全面发展学生（包括身体、情感以及行为方面）。

为了解决这些目标，我们创建了相应的专业发展和评估。例如，在了解子目标1的专业发展目标之后，每个人都接受了一项调查，这项调查是根据肯·奥康纳（Ken O'Connor's，2007年）《等级评价的修复》一书而来。该调查询问的问题涵盖了从他们对会话的理解到对所学到的东西的意向用途，后面紧跟着的是在数据基础上决定的教学计划，其目的是将其嵌入到培训中并确保更改后的实践。

下一步是要鼓励教师使用调整方案（见资源9），分享他们的工作。这会让每个人都在专业的基础上加深彼此了解，从而建立信任。

老师们也分享了他们的课堂观摩技巧。起初，课堂观摩是由领导团队的成员提供的，而不是团队主导者。他们是在自愿的基础上完成的，以一种非主观和非评价的方式，成功的地方被大肆宣扬。下面是在第一年的一次课堂观摩之后发出的电子邮件：

12月11日周四，我观摩了雪莱（Shelley Kranz）在第一年的课堂，她所教授的课程是"造成19世纪中叶爱尔兰和德国移民到美国的推动（拉动）因素"。从布局来讲，雪莱课堂的设立方式比我的方式有更好的可用空间。雪莱和她学生的关系非常放松,整个过程中有很多微笑,但也能在需要的时候及时将他们拉回来。

要进一步细化在第一个子目标中列出的常用工具,克里斯汀·塞丽娜校长和一小部分老师决定,由两位科学教师、一位美术教师、一位体育老师和一位西班牙语老师试点跨学科的写作。克里斯蒂娜解释说:"我们让一位语文老师与他们合伙,帮助他们用我们之前开发的通用组织图和量规浏览了写作作业。"一名老师这样总结了他们的成功:"第一年的成功通过我们掌握自主权、找到自己的答案一点点体现出来。感觉一些事情都不再只是来自于克里斯汀了……我们才是领导学校的人,这与指示自上而下到来的感觉不同。每个人都投入到整个体系中。"

(2) 第二年的成果

课堂观摩在第二年继续蓬勃发展。克里斯汀指出:

"如果一名老师要使用组织图进行教学,就会发一封邮件。其他人将报名观看,办公室的人会坐满他们的教室。现在的期望是,每个人都会到别人的教室观摩,而且他或她自己的班级也对外接受观摩。我们能够做到这一点是基于在第一年建立的信任关系。"

为了保持一致性,员工会议往往专注于某个学生的学业。教师使用通用量规综合查看并分析其学业,然后围绕如何提高教学制定相应策略。这导致了更多的嵌入式专业发展和更多教学观摩,团队据此决定在同年级或跨专业会议上应该如何做。

"合作有所增加,愈演愈烈,"数学老师劳拉·希尔(Laura Hill)说,"我一直与一位老师共事,他负责学术实验室,但在写作和读写上非常优秀。我们会在午餐时间聚在一起,我会向她讨教在我数学课上使用编辑工具的想法。她给我一个好主意,我便邀请她做搭档。然后,我们向其他人发邮件,让他们观看并给我们反馈。"

教师和其他工作人员也开始带头不断地学习和改进。克里斯汀说,"他们在全体员工面前谈论自己的经验。这个效果很好,每个人都报名去看另一位老师教授写作"。

发展领导能力进行合作,重点关注教学中的学习,信任基础的建立都是这所学校成功的关键。这么做的结果是:在不到四年的时间里留级率降低了近25%;同一时间段,缺席和迟到的发生次数从119次减少到了11次。

随着团队的前进,这些数字还在不断改进。威廉斯顿学校的管理者纳尔达·墨菲(Narda Murphy)祝贺说: "国家刚刚发布了一份特殊

> 名单：成功的学生和不那么成功的学生之间差距过大的学校列表。威廉斯顿不在名单上，我将其归功于我们所做的工作！这是我作为一个教育工作者的最美好的经历之一。有重点、有目的、有道义!!! "

4. 实施指南

当学校形成团队并开展不同方面的教学工作之后，团队要形成惯例。理想情况下，相关决定应被记录下来，并经过每位团队成员的签署。有些事可能会在长期一起工作、相处轻松的朋友和同事间造成一些不自然，但事先说清这些问题有助于避免将来出现问题。（注：在继续之前请参见第五章的实施准则。本节基于该材料的理解之上。）

（1）团队组织

- 团队组织应该是什么样的？
- 有主席吗？如果有，是谁来担任？他（她）负什么责任呢？
- 如果没有主席，操作性的决策是怎么做的？考虑一下这些细节，诸如历次会议的时间和地点、会议或其他团队的记录责任等。
- 谁担当团队代言人？

（2）决策制定

- 团队的决定是通过民主投票做出的，还是经协商一致？是怎么解决冲突的？
- 对在辩论中失利或处于少数派一方的成员，团队可对其做出什么承诺？

（3）会议管理

- 如何对讨论和辩论进行管理或领导？

- 在团队中如何确保每个成员都有说话的机会但又没有人能主导或转移成员手中的任务？

（4）工作分担

团队如何确保所有成员均等地分担工作量，不会有成员负担过重？

（5）团队成员的承诺

起草一份声明（最好是书面声明，至少应是清晰的口头陈述），声明中每个成员承诺：参加所有团队会议；求同存异；彼此间公开和坦率，同时尊重不同的意见；确保征求和听取每位团队成员的投入和意见；当共识达成，支持团队的决定。

（6）通信协议

- 团队成员都在进行不同的任务，对遇到的问题、情况、事件、结果或其他事项他们是如何提醒其他成员的？
- 如果一个问题需要整个团队的讨论，怎样召集会议？
- 每次会议的会议记录、收集信息的副本、任务小组的报告、小组结果的调查、共同完成的工作表和计划表及其他相关文件等由谁负责保留和分发？这些是团队与其他学习社区的交流基础，必须仔细地留存。

（7）监测团队进展

- 作为一个团队，你是在什么时候以什么方式评估执行任务的效率的？
- 如果工作效率不是很高，你会考虑采取哪些步骤？

当以上的问题都尘埃落定，开始解决你分配的任务：

- 建立目标

在更大的目标下建立短期或中期目标。

- 将任务按优先次序分级并分配

决定是按顺序还是同时进行短期目标，如果是后者，每个目标由谁来负责执行？

- 决定任务的序列和时间表

实现第一个目标的第一步是什么？采取这些措施的时间表是什么？队伍（或团队中的小分组）应该多久见一次面讨论进展情况、调查发现或结果？

- 每个成员在下次会议之前应该完成什么任务？

（8）将成功维持下去并将其制度化

- 成功的制度化是如何超出团队范围的？
- 如何系统地缩小"执行差距"？
- 每个学校和学区都有高绩效的团队和个人。若能帮成绩不佳的学生取得成功，那么如何能使之成为一种规范，即使这个人退休之后也能延续这种规范？

与刚才提到的八个项目有关的其他协议也应定期审查并能及时获取。在会议中遇到的挑战约80%到90%都是结构性或程序性的（在一旁窃窃私语、没有准备的参会等），并非内容上的。消除这些问题有利于规范会议形式，可以在议程的首项发布本次会议的"预期成果（DOS）"，列出日程和协议，让所有人都可以看到并作为在会议期间的参考。

5. 挑战和解决方案

在传统的学校环境中，协作并非是自然或常见的。多年以来，教师都是把身后的门一关，成为自己领域的独家代理商，既不期望同事的监督，也没有同事的支持。一位校长曾说，他不得不用铁棍把门撬开，让他的一位老师出来接受膝盖手术。有问题的教师可能会经常觉得羞于寻求帮助，认为他们的请求将被看成混乱或失败。这种感觉和传统的学校文化对协作构成了挑战。

挑战："当然，不管怎么样……我会合作的。"

协作往往是一所学校阐述的一种理想，实际上，它并没有经过优化。当进行团队合作的时候，目标往往并不被当作团队成员经验和知识的汇集来认真对待。如果没有共同承诺来携手应对共同关心的问题，也没有制定解决方案的共同责任，协作便成为空谈。

解决方案：这需要学校文化的改变。仅仅有结构上的变化并不能促进教师之间真正的合作。文化需要转变，协作团队应被视为帮助学生学习最有效的方法。

挑战："我会去开会，但除此之外我真的不能承担更多责任了。"

认为只要出席会议便算是进行合作了，这种想法会破坏改进过程。会议实际上只是合作中的可见部分，每一个成功的团队都需要成员的思考、阅读、讨论、写作、打电话，或在会议之间做许多其他工作。如果一点都不做这类事情，不管开多少次会都只是换汤不换药。

解决方案：在一开始时便澄清期望。确保这些团队成员明白协作组队的真正含义以及期望他们在其中发挥什么样的作用。不要粉饰过程，也不要引导他们相信协作只是从上午9:00到上午9:50的一场会议。确保每队有足够的成员可以分配任务，当公平分担任务时，不会有任何一位成员的任务过于繁重。

挑战："我会去开会，但我不打算进行讨论。"

静默的阻力是团队之间的共同挑战，这种成员只是简单地拒绝加入到小组的对话或努力中。

解决方案：分解成更小的群体。将大的团队打破分散成几个子团队，让每位成员都承担收集信息或想法并报告给大组的责任。通过在会议上鼓励身体力行，也可以防止小组里的疲劳或自满情绪，这些动作能防止不满的成员变得更消极。也可以考虑举行经常性的书籍研究会议，发展团队共同的知识基础和凝聚力。使用了这些和其他类似的技巧后，如果还有抵制行为，那么可能存在需要解决的其他问题。

挑战："我愿意合作……但我们究竟要完成什么？"

如果要取得成功，合作必须以提高学生成绩为目标。团队成员若是缺少重点和方向，最终会收效甚微。

解决方案： 设置与团队整体工作大背景或目标相一致的结果并加以澄清。当老师明白，他们的合作努力以及每一个会议的最终目标都是促进学生的成功时，他们往往会更加集中精力和富有成效，提供"快速获胜"和短期目标的反馈和数据也会具有激励性。

挑战："为什么我们总要做这些修修补补的工作？我对自己班级的管理方式很满意，我的学生现在做得也不错。"

在第三章中，我们指出，人们可能会喜欢一个既定的变化，但往往不喜欢不停地改变。虽然这听起来具有讽刺意味，却是一种常见的问题——人们往往抗拒改变，特别是当这意味着他们自己必须改变的时候。

解决方案： 让人们看到可能的结果。在改变过程启动之前，请确保教师们明白要设计完成的变化是什么。如果你已经有一个引人注目的愿景陈述和明确的可衡量目标，利用这些工具来描绘一幅你将如何继续进行和为何这样发展的蓝图（附加策略参见第三章）。

挑战："我没办法这么做。我完全不同意。"

有时，无论团队内达成了怎样的共识，还是会有一位团队成员跳出来反对整个团队的决定。

解决方案： 以尊重和积极的方式来面对持有不同意见的人。去面对有所踌躇的团队成员，倾听他们的保留意见或对团队决定的负面答复，然后坚持，就算有个别人员反对，也必须颁布团队一致达成的决定。然后提出一个计划，计划中须包含对必须进行改变的教师的支持，以及对确保变化发生的监督。

通常情况下，正如第三章中所指出的，真正对协作的挑战——如时间不够——可能会成为完全放弃努力的理由。

6. 下一步

　　建立真正的协作团队是学校成功的艰难而必要的组成部分。本章提出了与协作相关的四种类型的文化,还提供了北美学校中有效合作的简短例子。

　　下一章将着重介绍收集和使用基本的资源进行富有成效的合作:与所有学生紧密相连的有意义的数据,也将详细讲述如何收集、分析、讨论数据,并为了学生成绩把这些数据转化为行动。

第八章 原则4：以数据为基础的持续改进决策

教育机构有很多数据，但大部分都没有得到很好的使用。
　　——劳娜·厄尔（Lorna Earl），史蒂芬·卡茨（Steven Katz）

我担心，基于数据的决策和基于研究的实践将会取代认真的思考。
　　　　　　　　　　　　　　　　　　　　——里克·赫斯（Rick Hess）

即使是面临数据这样的"硬"区域，决定是否能成功使用的也是那些"软"技能。正如序言中指出的那样，学校能想到的所有类型数据的收集、整理和发布的方式在过去十年里有一个爆发式的增长。单独测试数据现在已经是一个价值数十亿美元的产业。然而，要成功利用数据来获得不断改善，真正的挑战并不在等式的数据一面，而是在人性化的一面。考虑使用数据改善这四个方面：

- 收集、整理并以报告的形式发布数据；
- 创建对有效利用数据信任的氛围和文化；
- 数据分析能力建设；
- 承诺并持续实现基于数据的决策。

虽然在收集、整理和分发数据方面仍然有一些重要的事情需要考虑（本章后面将会就此进行讨论），但学校面临的主要挑战仍在于涉及基于高效的、基于数据的对话的一致性实施。

1.创建对有效数据使用信任的氛围和文化

已经发现的事情是,人们不会自愿共享信息,尤其是在这些数据并不惹人喜欢的前提下。除非他们感到在道德上有必要这样做,并且确信这些数据不会被用来对付他们自己……没有梳理关系的数据只会造成更多的信息过剩。换句话说,将信息转化为知识是一种社会过程,为此你需要清晰的关系[迈克尔·弗兰(Michael Fullan),2001]。

在最近的一次包括北美顶级的数据和评估专家的会议中,汤姆·加斯基(Tom Guskey)和肯·奥康纳(Ken O'Connor)分享了他们对成功评估很重要的问题的清单。两人都认为首要任务是让学校社区从数据的"目的"开始。 在本书中,第一章和第二章倡导个人从"目的"开始,第五章和第七章倡导组织和团队从"目的"开始。劳娜·厄尔将领导者和数据使用的本质结合起来,提出"擅长数据的领导者是那些……考虑目的的人。"

彼得·希尔(Peter Hill,2010年)的工作使他处于澳大利亚和香港教育评估行业的顶尖行列,他为我们建立了目的与信任之间的联系。

对任何项目来说,公开、透明和坦率的讨论是必不可少的,这样可以使处于台面上下的所有目的同步起来。这需要一种信任而不是误解和恐惧的氛围。

让我们把这一声明充分带入第四章中讨论过的信任关系的组成部分:
- 澄清并宣布"目的"可行,具有合理的同步行动和意图。
- "透明度"同样可以解决这个问题,还能建立对领导人能力的信任
- "开放"和"坦诚的讨论"提供了建立信任所需的专业部分 。

建立信任的氛围需要对谁评估谁以及评估目的进行一个公开的解释。

在下面的例子中,考虑一下,在山姆巴赫小学成功公开那些威胁性和私密性数据时,信任扮演了一种什么样的角色。

所有人的数据墙

为了强调以数据为基础的教学实践，校长肖恩·斯迈利（Shawn Smiley）在山姆巴赫小学的教师休息室设了一座数据墙。"这是超级大的一张牛皮纸，有约10英尺高，15英尺宽。"斯迈利说。数据墙是网格的形式，列标题是K-5年级，下面的行是成绩等级：最上面一行是高于年级水平，然后是年级水平、低于年级水平0-6个月和低于年级水平6个月以上。

每个学生的名字，最后一个字母和阅读的分数都被列在便条上，并被贴在数据墙的相应网格上。"虽然我们对这种做法已经有普遍共识，但说实话，一些老师开始并不喜欢这种做法，"斯迈利说，"在今年年初，他们在阅读低于年级水平的栏里看到学生名字时很生气。但是，我们希望每个人都知道这些数据，包括学生。"当那些持有保留意见的人看到这种公开的数据并没有被用做惩罚目的来使用，他们原则上也就同意了。

斯迈利报告说，学生们也理解这些数据：如果您在走廊上问他们的阅读水平如何，他们是知道的。他们也知道他们应该处在何种水平上。所以，如果一个学生应该有480分却只有450分，那么他们就会知道自己现在在什么水平上，他们应该有什么样的目标，以及如何达到目标。

数据墙的效果体现在实实在在的结果上。"如果我和别人谈论数字，那就只是数字，"斯迈利说，"但如果他们走进休息室，看到墙上巨大的绿色牛皮纸上有441张代表441名学生的便签，那将很真实。随着时间的推移，低于年级阅读水平的学生开始转移到网格的中部或上半部分，教师看到就会有成就感。"（个人通信，2009）

2. 数据分析能力的建设

有效地使用数据的一个最大挑战是：员工是否能对数据进行分析。事实上，学校团队往往寻求简单现成的解决方案——有大量的企业已经准备好并且愿意出售这些方案。正如学监珍妮·克劳德·伯瑞扎德（Jeane Claude Brizzard）指出，这些技术的销售员试图将他们的产品与你的状况进行"像钉马掌那样的强行匹配"。然而，这些方法削弱而不是增强了员工在这方面的能力。此外，外部提供的专业发展"通常代表了别人对有关所需技能和知识的想法，很少反映出教师对他们需要学习或如何去学习的反思"［麦克劳克林（McLaughlin），塔尔伯特（Talbert），2006］。

更好（也便宜得多）的投资是在协同变革过程中训练有素且经验丰富的促进者身上。在对基于学校的教师学习社区进行详细的研究后，麦克劳克林说道："取得显著进展的学校是因为有专家的指导……相比那些策略没落实好的学校，他们在学生学习成就的增长方面取得了大得多的成就"［麦克劳克林（McLaughlin），塔尔伯特（Talbert），2006］。

建设内部能力的一个方面涉及开发一个人为解决问题重新理解或定义一个问题的能力。这种深入分析通常需要来自学习型社区和领导者或领导团队的熟稔指导。思考如下例子：

> 我们让社区定义他们所面临的大问题，然后解决问题一个小（但很重要）的方面。宾夕法尼亚州匹兹堡外的克莱尔顿镇处在高速公路和街道沿线。镇上有经济问题，并且暴力在年轻人之间频繁发生，我们现在仍然在调查阶段。但当我们第一次询问学校人员，他们认为问题青年所面临问题的根本性质是什么，他们信誓旦旦地说是暴力。而如果你去问学生，他们中50%给的是另一个答案：由于迟到而被停课。这些停课导致很多愤怒的青年无所事事地在街上游荡（个人通信，布兰克斯坦，2011）。

正如奥尼尔（第一章的例子）经历的那样，发倔隐藏的应对挑战最省力的最有效的方式，通常需要来自多方面的数据和大量的时间、关注和深入理解。如上文所述，尽管初期工作人员将"问题"视为青少年暴力，那些更接近"行为"的人（学生）却有另外一种见解，这给出了明确的干预方向：改变导致逃学和校外停课的政策。因此，这就是改变青年暴力的手段。

这个例子表明，数据的有效分析需要几个要素：

- 澄清数据的准确性。
- 利用多源头的数据和软的"感知性的"数据。
- 了解数据告诉了你什么。在上面的例子里有将青少年逃学与暴力联系起来的解释。这些数据本身并不能提供这样的解释，但人可以。
- 了解数据意味着什么。这是至关重要的一步。例如，许多学校使用达到或超过"精通"的比例来代表测试通过成绩。然而正如彼得·希尔（2010）指出，事实证明"对于许多小型学校，学校表现（通常表示为符合特定标准的学生百分比）的不确定性或测量误差的程度往往较高，这与体系所声称的往往不太一致"。
- 选择有所成就且高水平的团队进行开放和坦诚的对话（见第五章），这种方法通常比与任何个体的讨论能获得更好的分析。

3. 兑现承诺

如果数据采集的目的是由那些使用它的人决定的，并且，精干的员工队伍形成一种信任与协作的文化氛围，这种文化会允许诚实和尖锐的对话，可以对有关数据和应采取的行动畅所欲言，这样的话，（对承诺）进行贯彻实施的机会就比较大。学习型社区内的利益相关者参与的越深越广，实施起来就越容易，也越广泛。

校长克里斯汀·佩尔策（Kristen Peltzer）提供了一个例子。这个例子讲述了，在应对不交作业的问题上，数据的使用是如何提供帮助的。

正如克里斯汀指出的，当她开始作为里奇伍德中学的校长助理时，"学校简直就是学区内其他18所学校工作人员的垃圾场。警察在那里十分常见，涂鸦和种族侮辱到处都是，而且只有7％的学生对数学还算是比较熟练"。

她和校长制定了一个愿景：让里奇伍德中学变成人人喜欢的地方，有声望，有服务学习基地，并且有顶级的学术表现……要做到这些，他们有很长的路要走。

克里斯汀看了数据后发现，总共500名学生却得了600个F。没有老师说这是由于学生能力不足，而是由于一种陋习：只要出现违规就给学生0分。克里斯汀认识到，从统计学上来说，如果一学期只有10个分数，一旦一名学生因为任何原因得了一个0分，那么这个学生要从F的坑里爬到A，就需要其他9门课成绩都是满分。事实上大多数学生只会选择放弃，这样就导致了更多的学科和学术问题。

于是，她开始引导教师停止给0分。现在，当学生们错过一次作业，老师会填表记录，学生则在午餐时间和老师一起完成没交的作业。这个计划在ZAP午餐时间实行，ZAP代表着不允许0分（Zeros Aren't Permitted）。

大多数时候，克里斯汀亲自监督这个计划，当她实在无法抽身时，会有其他人帮她。所以，现在如果有一个学生很多天都参加ZAP，她马上就会知道，她并不需要等到第一季度结束才发现谁会失败。她与这些学生单独交流，找出他们挣扎的具体原因。例如，问题可能涉及不利于学习的家庭生活情况。对此，她可以给他们配备辅导教师，让他们放学后留在学校，这样就有时间在安静的地方学习了。如果他们没有吃的东西，还会给他们提供食物。学校还为那些有需要的孩子准备了应急衣柜。

这项计划和方法的实施结果是，克里斯汀做到了让学校里没有一个学生失败。所有学生的成绩都及格了。数学成绩上升到了70分，语言和艺术成绩已经从30分猛增到70分。

克里斯汀还能够在使用数据制定全校规范的同时，建立全面参与和集体行动的制度。虽然她承认，在最初的三年里她施行"专政"来维持秩序并制定新的规范，她说："现在由员工和学生来维持学校正常运转。"让我们来看看这是如何转化为行动的。

克里斯汀办公室的门总是敞开的，她还提供了一些论坛，能与学生进行互动。有一天，学生们对她讲了有关作弊的担忧。为了从其他来源得到确认，她问工作人员，他们是否认为有广泛的作弊行为。当她听到回答说，他们不认为这是一个很大的问题时，她将权力交给了学生，让他们与指导老师合作来确定下一步的措施。

学生主导的声望理事会随后在所有学生中进行了更广泛的调查。数据显示，学生们普遍认为作弊成风，所以理事会利用内部会议编写和完善了荣誉法典，这项法典后来得到了一致的同意。

之后声望理事会有了一个想法。他们问："为教师也制定一套法则怎么样？例如，如何缩小'帮助了解测试问题'和'提供太多的方向'两者之间的差距？"接着又进行了进一步讨论，然后理事会共同创建了一个诚信承诺，这个承诺获得了教师和学生的集体认可。

这个例子描述了在本章和之前章节中讨论的关键因素是如何合并在一起的。克里斯汀鼓励员工和学生"由内而外"参与到定义自己核心宗旨的过程中，继而鼓舞了共同愿景。为了实现集体、全系统的执行并得到认可的结果，他们使用多源数据，这些数据是经不同团队公开且深刻分析过的。

本章的后半部分主要介绍了杰·迈克泰（Jay McTighe）近期完成的一些先驱工作。这些工作主要是基于他和肯·奥康纳的七种评估和打分方法，用以提高学习和教学。需要明确的是，一些关于数据收集和使用技术问题的基础工作是很有必要的。

4. 数据的可能用途

恰当地利用有效数据为学校及其利益相关方提供了多项优势：
- 促进学生成绩；
- 解决"孩子的整体"需求；
- 为学生的学业进展提供反馈；
- 筛选学生参与特殊计划；
- 告知家长学生的表现，并将优势告知较大的学校和学区；
- 告知教师关于提升教学指导的判断；
- 组织全校范围的学习帮助计划，以确保没有被忽略；
- 验证学生和教师为提升而作出的努力；
- 指导职业培训活动；
- 衡量方案的优势，并寻找改进方案的机会；
- 促进公众问责；
- 监测不断进步。

要成功地使用数据来推动持续改进，学校需要回答三个重要问题：
- 应该收集什么样的数据？
- 应该如何使用这些数据（包括确定随后报告的收件人）？
- 谁应该参与其中？

每个点都会在后面的章节中进行讨论。

5. 应该收集什么样的数据？

许多学校依靠州或省级、国家级标准化考试成绩作为学生学习的主要指标。这些分数可以提供全系统、全校和班级等级的成绩，并且，在正确分类的情况下可以帮助锁定那些需要额外支持和干预的学生（如第六章所述)。越来越多的学校开始追踪更多类型的数据，以便更全面地评估其进展情况。

一个最有力和有效的数据利用方式是，让垂直的或同年级水平的团队基于共同的评估对学生成果一起进行分析。这个过程鼓励所有教职员工共同承担责任。

结果导向的数据分析应该包括这样的问题：用什么标准来判断能力？这件作品是如何展现能力的？在什么领域学生做的特别好？弱点有什么模式？可以做些什么来解决薄弱环节？

有些教师习惯用严格的数据作为评价或总结工具，以确认学生是否学习了要求的内容。这些教师可能需要培训和鼓励才能将形成性评价添加到自己的教学实践中。随着教师之间信任的增长（见第四章）和团队会议规范开始略见成效（见第五章和第七章），教师之间的数据共享将变得更加容易。这是通过同事间共享内部最佳实践来实现的。这从来没有被用来进行排名或指责个别教师表现不佳。

其他数据来源包括以下内容：

（1）学习成绩

- 全国规范考试的成绩；
- 学区或学校级别普通评估的学生成绩；
- 学生作业，尤其是那些在全校整个年级都很普遍的作业；
- 单元测试或学期考试的成绩分布，并与之前结果相比较；
- 为确保与州和国家标准一致的课程与课程表分析；
- 高中的毕业率；
- 继续教育水平，如毕业生参与更高等教育的百分比或进入普通或示范高中班级的学生百分比（在初级高中或初中之后）；
- 州或省级成绩测试的结果，并与前些年以及其他相似体量的学校进行比较。

与学生成绩的相关性；

• 学生的课外活动参与水平；

• 性格、社会和情感学习；

• 出勤人数，包括每年注册和退出课程的人数，以及每小时或每节课的出勤数字；

• 纪律行为，如校内或校外停课的数量，重复发生次数以及他们发生的时间和场所。

（2）描述性数据

• 用普查、登记和午餐补贴申请等来分析整个学校的人口组成；

• 留意没有出现在任何类型的正式记录中的日常活动、事件和情况；

• 对学生、职员和家长进行调查，了解他们对学校的满意度和态度。

数据超量是普遍现象，锁定必需的数据以及如何最好地利用数据则是一个挑战。下面的例子演示了一所学校对软数据是如何采取硬办法的。

对待软数据的硬办法

在得克萨斯州曼斯菲尔德的艾森豪威尔中级学校，由多个同年级水平的学生成功小组（SSTs）共同构成了一个整体。他们使用共享电子表格来跟踪学生的行为、被叫到办公室的次数、学术水平、参与程度、出勤情况和其他数据。"你可能会认为某位学生在课堂表现出色，"一名教师评论道，"但是当你看电子表格上的数据，你会发现这个学生在其他方面有极端缺陷。而且即使你整天看着那些孩子，你可能也不知道他们在其他课上的痛苦挣扎"。

六年级辅导员雷吉·莱那斯（Reggie Rhines）指出，学生成功小组成员认为他们自己是促进者：

我们记录他们正在做什么，他们过去在不同的学校做了什么。因此，如果他们来找我们时已经充满挣扎与风险，我们会参照丰富的数

> 据来判断具体情况。我们不断观察，并与他们的父母交谈，尽量进行改正以帮助他们取得更大的成功，或许是每天增加他们的练习时间，也可能会因为他们已经如此挣扎而减少他们的任务量。当然，之后我们将它们安排进辅导小组和其他部门，在那里他们也可以得到额外的帮助。
>
> 将人口组成与正式评估等硬数据同参与度和行为等软数据结合起来，同时还要保护学生的隐私，这是一项复杂的任务。杜安·瑟斯顿（Duane Thurston）校长评价道，"你不能将这一切浓缩成一个答案，现实情况比这要复杂得多。然而，由一批专业人士对巨量数据进行审查还是有帮助的"。

利用来自多个来源的数据和良好的根源分析对解决特定问题或更好地了解孩子的需求而言是必不可少的。相同的元素在决定学校有效性的时候也同样适用，下面会对此有一定概述。

6. 数据质量指南

学校是否有做出改进计划的能力直接依赖于它的数据质量，如果没有关于学校当前状态的明确、可量化的信息，领导者会发现，制订改进计划非常困难。来自不同来源的数据指导着学术改善计划的每一个步骤和实施规划。至少，有用的数据应该是多来源的、相关的、及时的、一致的和分类的。

（1）数据的来源

数据应该有多种来源，以提供学校进展的全景画面。数据应包括人口组成和社会经济信息、缺勤率、辍学率、停课和处分率、报告单成绩以及不可或缺的州和国家规范测试的成绩。

然而，一所学校远非一组数字所能描述，学生、教师和家长对学习社区的看法也是其成果的重要组成部分。探寻和记录这些看法是改进过程的基本组成部分。这需要各种各样的"软"数据和信息收集战略的应用，如调查、问卷、访谈、焦点小组、头脑风暴或圆桌讨论。

（2）数据的相关性

有用的数据必须与学校的目标相关。例如，有的学校将他们的课程进行了改造，以便与新标准更紧密地结合，这些学校将发现，仔细查看有关测试的结果是很有帮助的。比如，一些学校的目标是通过跨学科的写作项目提高学生的写作水平。他们可能会发现，学生的写作提供了最佳进展的指示。

因此，相关的评估数据要与课程安排和学校的总体SMART目标一致，也要足够具体地展示所有学生群体的成就和进步，推动有针对性的干预措施，还要揭示需要建设的问题领域和强势领域。

（3）数据的时效性

由于每年学生组成变化很大，去年的测试结果可能难以反映今年新生的长处和短处。课程目标和重点也随之变化，而他们并不总是符合国家测试标准。因此，对教师和学生最有用的数据是从形成性评价中得到的更直接的反馈。

在许多学校，最及时的数据都是由内部评估和衡量产生的。教师不能仅仅依靠测试的结果来指导他们的日常决策。他们每天日常教学决策所依靠的数据必须是从课堂测验、作业、课上学习和观测中得到的。教师们的另一个重要数据源是行政人员的反馈。

（4）数据的一致性

为了让评估显示趋势线，相同评估工具的结果是在不同的时间点上被察看的。今年的数据（无论是考试成绩、缺勤率还是每个学生完成的写作练习的平均数）需要与往年收集到的同类型数据进行比较才有意义，只有对几年间的数据进行比较才能显示学校的趋势。

（5）数据的分离性

所有数据都应基于学校内可辨认的种族和社会经济群体的角度进行分析。虽然从中央办公室得知的区级招生信息可能没有透露孩子的文化、种族、语言或社会经济地位，为得到信息，改进团队可以关联测试结果、成绩，以及补贴午餐名单、英语语言学习（ELL）课的招生、住址以及其他有记录的信息。

他们还可以要求教师将他们课上的学生与预先设定的类别（如英语能力有限、初来乍到、住在廉租房等）进行关联，然后将这些学生群体的成绩与学校整体成绩进行比较。这种分析允许学校设立目标，并对那些最需要预防和干预的孩子们进行优先级排序。

7. 数据使用指南

一旦数据被收集和分析，教师和行政人员就可以想办法将他们对数据探索而来的成果应用到日常学生行为上。下面提供了一些有效地使用数据的方法。

（1）使用数据来推动决策和设定目标

一个学校对于目标、教学实践、材料、程序和政策的选择，需要得到优质数据优质信息的指导。例如，如果一所学校的数据显示，纪律问题和学校每天特定时间或地方之间有很强的相关性，那么可以考虑对工作人员的时间表进行相应调整。

数据首先可用于确定需求所在，需要确立的目标类型，以及目标是否实现。必须选择一种测量方法（或规程）来指示是否已有所进展。例如，一所致力于提高学生数学成绩的学校需要决定如何衡量进步的表现：什么测试或可观察到的表现可以展示学生做得有多好？学校如何知道达到沿途的目标和里程碑的时间？这些措施和目标分数的选择最好在一开始就建立起来，并阐明其为目标的一部分。

（2）使用数据进行干预

数据越有时效性，就可以更好地用来建立对挣扎中的学生群体的现场干预。现在，教师可以利用白板和其他监控设备得到学生的实时表现数据，再也不需要等到年度打分来识别和帮助有困难的学生了。干预可以立竿见影。

（3）使用数据支持改革举措

改革是非常困难的（见第三章），使用相关可信的数据来向教师们和其他利益相关者寻求对改革的支持，这是符合学校领导利益的。例如，如果一幅条形图展示的是学生的成功随着时间推移而不断下降，那么这便可以成为行动的强大动力。

（4）使用数据指导持续改进并重新定义成功

虽然看起来似乎数据最有效的利用方式是用来识别学校内的问题领域，但它其实也可以被用于发现强势领域并让这些领域变得更强（参见图8.1）。

持续改进可以在学校各个层面发挥出来，改进的方法之一就是使用一组设计标准对教学计划、课程、单元设计和评测进行定期评估。这种方法迫使管理人员和教师将相同的标准应用到自己的工作中。

（5）使用数据监测进展

任何教学实践的价值都应根据其结果来判断。在实施新的教学策略如因材施教或干预响应时（RtI），教师必须用数据定期多次监测结果，以确定新的实践效果。

（6）使用数据来指导专业发展

在内布拉斯加州格兰德岛，学区开发了一个基于课程安排的评估系统，包括各种性能评估、常见规程和基于地区和国家标准的高中考试。除了向教师队伍提供评估结果，学区也利用这些结果来明确员工为发展所要付出的努力。

图8.1 在你的学校里收集和检查数据

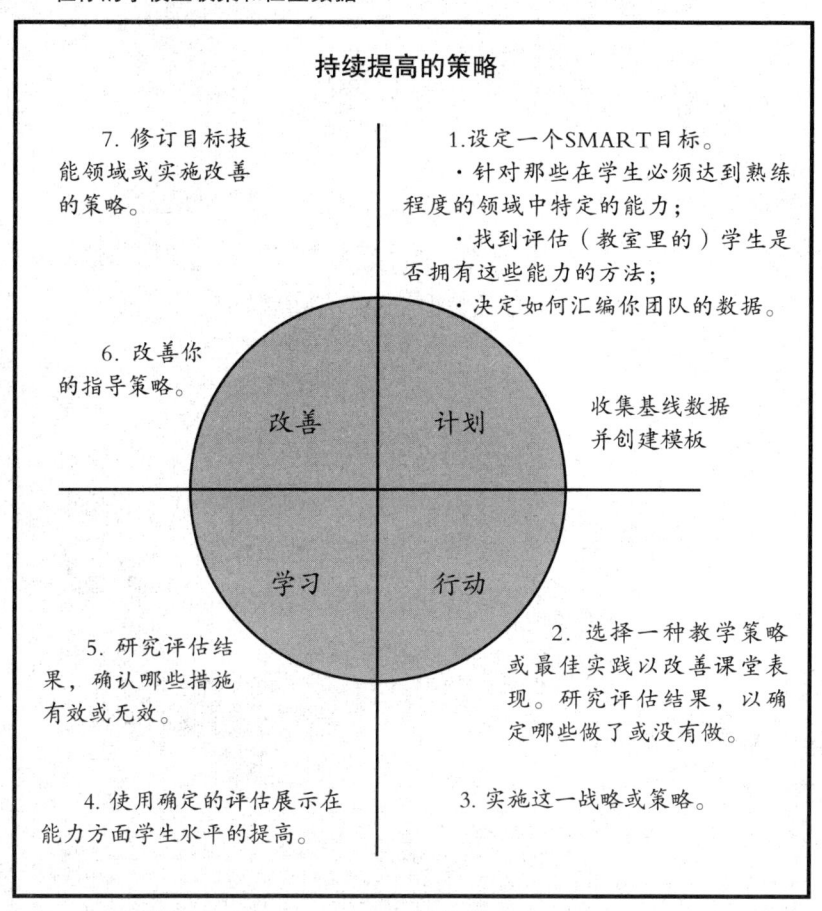

来源：经琳达·阿魁斯托（Linda D Acquisto）、帕特金（Pat King）和HOPE基金会的许可。

杰·迈克泰是一名作者和顾问，曾在内布拉斯加州地区工作。"相比每年随意地进行，项目更多是由数据驱动的，"杰·迈克泰说，"如果成绩表明，学生在创作性写作方面的表现比评论性写作更好，则表明发展重点需要放在教授评论性写作的策略上。"这种基于课程表的系统在全年内提供了多个评估点，使学校和教师注意到当年的进展，并在前进道路上做出必要的调整。

杰·迈克泰接着指出，这种做法与一种体育教练模式兼容。"我们不能等到比赛在眼前时才审视自己是如何做的，"他说，"我们进行训练比赛并寻找问题所在，而我们事实上正是这么工作的。"

8. "好"是什么样的

高水平学校的领导和教师们并不将"数据"视为展示是否达到目标的信息，也不认为数据是抽象的、与上下文无关的信息。他们与数据以更个人化的方式进行交互，使用各种数据做出关于教学的日常决策。

请看下面的例子：

克服对数据的恐惧

纽约托纳旺达马伦小学（Tonawanda Mullen school）的校长约翰·E.麦肯纳(John E. McKenna)（2009年b）是2012年的纽约州年度管理人员，他报告说他的学校"依托数据、数据和更多的数据……以确保我们对学生的成绩保持绝对的专注"。年级的水平团队和语言艺术、数学、科学、社会研究、技术集成的垂直团队都会利用运行记录、定性阅读库（QRIs），以及来自阅读指导课上的日常轶事笔记。团队频繁的开会进行数据审查：

每天： 上学前30分钟的共同规划期；

每周： 按照指标进行评估；

每月：讨论教学目标和数据；

每季：评估上季度的数据并制订本季度的指标和行动计划。

对实施新协议至关重要的第一步，是麦肯纳的意识，他知道必须建立信任关系来帮助教师征服他们的担心——数据可能表明他们不是好老师，或者会被学校管理者用来对他们进行惩罚。"我不得不停止使用自上而下的、评判性的方法，开始使用非评判性的、自下而上的方法，这样我们可以共同协作并承担让我们学生成功的责任。"麦肯纳说。

麦肯纳推荐了一些具体的方法和策略，可以帮助那些想要让教师们学会信任数据的校长。这些方法和策略包括：

直接参与。 那些管理学生评估并纠正教师的校长们需要"亲临战场"。这将自上而下的、指令型的数据对话变成了联系和协作型的。

要积极主动。 制定一个概述全年所有形成性和总结性评价的评价图和时间表，帮助教师知道会发生什么，以及心中有数的进行准备。

定期审查。 同步团队会议，以年度评估计划来分析和讨论数据。进行有关数据的对话越多，老师们面对数据越感到安心。

设定具体和实际的目标。 以小的渐进的步骤来衡量目标，构建成功。

制定一个长期计划。 提前三到五年明确数据目标。每次教师实现增长目标，校长可以提醒他们距长远目标更近了一些。

将分析的责任转移到教师身上。 那些初期直接参与建模数据分析并领导数据审核会议的校长，可以在员工能力达到后将责任转移到他们身上。

给教师领袖权利。 有些老师会比其他人对数据把握的更好。事实上，很多人的知识会超越校长的，因为他们每天都在应用这些知识。给予这些教师引领数据会议并在教师会议上进行展示是非常重要的。它们可以作为其他教师和新员工的全套教练和导师"当我在会议上很少说话的时候，我就知道我在教师身上已经成功了"。麦

> 克纳说："老师知道自己的长处和短处。他们习惯与数据为伴，并为他们的成就而感到自豪。这时候，数据实际上就成为教师的朋友了。"

9. 关注学生评估

杰·迈克泰和肯·奥康纳建议教师主要关注七个评估和打分的做法，以提升学习和教学质量：

- 使用总结性评价来拟定有意义的表现目标；
- 提前展示标准和模型；
- 教学之前先进行评估；
- 提供适当的选择；
- 尽早并经常提供反馈；
- 鼓励自我评价和目标设定；
- 允许成就的新证据取代旧证据。

在指导前期（诊断性评价）、中期（形成性评价）以及后期（总结性评价）应用这些做法确保及时、相关和多源头的持续数据流，这将在整个学年赋予学习者与教师动力（见图8.2）。

（1）诊断性评价

诊断性评价工具被用在教学之前，用来制定适合的指导策略（迈克泰，奥康纳，2005），它们允许教师做这些事情：找出学生们知道什么，不知道什么；了解学生的误区；了解学生的兴趣、学习风格、学习偏好和多元化智能；告知学生的学习目标和表现考核标准。

理想情况下，诊断性评价很简短而没有打分。学生们可以享受这些评估，评估不应该在同龄人中贬低任何学生。预评估策略可能包括概念图、从想要到学到（K-W-L）的图表、真假测验、图纸、调查、头脑风暴等。

图8.2 摘要：诊断性、形成性和总结性评价

诊断性评价（预评价）	形成性评价（反馈）	总结性评估（综述）
"诊断性评价对教学的重要性与体检对开出处方的重要性相同。"（杰·迈克泰和肯·奥康纳）	"形成性评价可能是最重要的评估……在学习发生时的评估……它为教师和学生做出调整提供了信息。"（肯·奥康纳）	"教育工作者应该在期望的表现方面制定标准和指标，并确保成绩尽可能真实……然后，在一个新的单位或课程开始时将总结性表现评估的任务呈现给学生。"（杰·迈克泰和肯·奥康纳）
特征 教学前使用； 基于简短、不打分的工具； 有助于发现学生们知道什么，不知道什么； 可能揭示误解； 可能会显示学生的兴趣和学习方式。 **注意事项** 告知学生学习目标和表现评估标准（提供模型）； 预评估策略不应该在同龄人眼中贬低学生。 **一些策略** 概念图； 从想要到学到（K-W-L）的图表； 真假测验； 图纸； 调查； 头脑风暴。	**特征** 持续并持久； 使用正式和非正式不打分的技术； 为教师提供学生的学习进度信息； 指导教师进行教案修改； 帮助学生看进步和提升空间； 教育学生自我评估。 **指南：良好的反馈必须要……** 及时； 具体； 易懂； 允许自我调整。 **一些策略** 测验； 观察； 技能清单； 口头提问； 个人白板； 个人通信； 手势信号； 退出卡； 图形组织者。 **自我评估的提示** 你工作中的哪部分最有效？有什么证据？ 你工作中的哪部分效率最低？为什么？ 什么样行动会改善你的产品或表现？ 你会做出怎样的变化？	**特征** 与学习目标一致； 真实（知识和技能可以被转移）； 为学生展示学习提供选项； 针对明确的标准进行评估。 **注意事项** 选项应该解决和展示学生对于学习目标的掌握； 任务应该值得学生花费时间和精力——不要过于繁重的工作； 现实点，你自己的时间和精力也有限——没有必要提供种类太多的选项。

来源：布卢明顿，HOPE基金会，2009年。

（2）形成性评价

形成性评价为教师和学生提供了对学习进展的持续反馈，他们专注于对学习过程的评估而不是对学习结果的评估（总结性评价）。形成性评价的策略可以是正式的或非正式的、打分的或不打分的、每天的、每周的，或根据需要而定的。工具包括测验、技能清单、个人白板、个人通信、口头询问、观察、手势信号、表决器、退出卡、图形组织、规程等。

> **学习的规程**
>
> 杰·迈克泰建议在整个学习过程中都使用规程：规程能帮助学生看到他们在几个标准上的表现水平，这使他们能够做出明智的决定，在需要的方面继续努力以取得更高成就。当学生可以设置个人学习目标时，他们更有可能会付出努力去实现这些目标。
>
> 迈克泰还强调，规程让学生们了解学习的重要性以及教师如何对他们的作用进行评价。"他们需要预先知道高水平表现的特征，以及将要用于判断他们的工作的标准。"迈克泰说，"一个有效的规程明确了被评估的产品或表现的关键元素，描述了每个关键元素的不同质量水平的标准"。

教师可以使用形成性评价的数据来进行差异化指导，修改教案，以及选择适当的干预措施。卡罗尔·汤姆林森（Carol Tomlinson）评论说："形成性评价让我将学生在哪里与什么才重要联系了起来。然后，最重要的是问自己明天该怎么办，需要做什么调整。"

杰·迈克泰强调了这对学习者的好处："形成性评价帮助学生看到了自己的学习进度，并认识到通过检测自己的成长而成为一个主动学习者的重要性。高效学习者的思维模式包括目标设定和自我评估。"对学生的反馈必须及时、具体、易懂、并允许学习者进行自我调整。针对学习者的有效自我评估可以包括这些方面：你工作中的哪部分最有效？有什么证据？你工作中的哪部分效率最低？为什么？什么样的行动会改善你的产品或表现？下次你会做出怎样的变化？

（3）总结性评价

杰·迈克泰和肯·奥康纳（2005）建议教育工作者使用总结性评价来构建有意义的表现目标，并允许用新证据取代旧证据。教师们在开始教学之前成功使用诊断性评价，在教学中使用形成性评价，而总结性评价的结果应该是学生们已经掌握知识的证据，是值得庆贺的。

有效的总结性评价应与学习目标保持一致，并按照明确的标准进行评估。理想情况下它是可靠的，即学生可以将学到的知识和技能转移到真实世界的问题中，而且它应该为学生展示自己的学习成果提供多种选项，诸如作品集、论文、视频和表现等，而不仅仅只是通过测试来体现。肯·奥康纳说："有效的总结性评价为学生提供机会，让他们知道、理解并可以做到任何学习目标……理想情况下，它涉及从总体上的知识理解和技能概念到具体的任务之间的转化。"

10. 挑战和解决方案

挑战："我们的测试成绩非常好，为什么还要去把这样的成功搞乱呢？"

解决方法： 制定评估认识和转化的任务。这样情境化的评估往往更具挑战性，但也比典型的州和国家的标准化考试更贴近学生。它们的开发和利用可以帮助学校或学区从优秀走向卓越。应考虑加入新的目标和指标来衡量学生的成功，如社会情感成长、健康和全面发展以及事业的成功。

挑战："测试数据定期用来确保路线正确，这很不错，但我不依靠它们做日常决定。"

解决方法：通过对团队领导进行合适的培养，可以帮助教师了解如何分析相关及时的课堂数据。一旦团队建立了起来，他们可以与其他小组开会，边看边学。

挑战："数据分析只是欲加之罪的别名罢了，管理者真正需要的是找出所带班级成绩不高的老师。"

按不同班级进行数据分离的做法会让一些教师警觉起来。他们可能觉得，如果学生的分数都很低，那么他们就会受到不公正的责备。

解决方法：使用下列方法之一：

- 让教师们一起查看那些已经被"去个人化"的数据，这样教师们就无法知道学生的具体教室、特定水平或其具体的教师了。例如，管理员可能会抽调一个团队来一起了解学生的测试或作业成绩，但这个过程中会使用代码，避免在评估工作中将学生成绩与特定教师联系起来。教师可以为匿名的学生成绩打分，然后在本次会议的剩余时间寻找有针对性的模式，并设计适当的干预策略。

- 将垂直班级的（跨年级）老师聚在一起，讨论学生应该知道和能够做什么，如何判断他们已经达到熟练程度，以及为确保所有学生的成功必须做什么。

- 在教师之间建立普遍的信赖，并以具体行动支持它。至关重要的是，老师知道管理人员不会用学生成绩数据来对他们进行排名。在达到高度信任之前，这些信息也不能在任何公共论坛上使用。（在我们工作的几所学校，工作人员决定使用数据墙来公开共享学生和教师的表现——这都是为了能让社区里100%的学生成功。）如果不做这个承诺，要收集到准确数据将是非常困难的。另一种方法是对老师进行形成性评价（仅用于指导目的），帮助在最后的总结性评价中得到更好的结果。

11. 下一步

本章介绍了针对那些关注确保学生成功的指导团队们的高效数据使用指南，同时也涵盖了其他诊断性、形成性和总结性的工具和战略。下一章展示了成功的学校是如何尽力带来有意义的学生、家庭和社区参与的。

第九章　原则5：从家庭和社区获得积极的参与

让家长参与到学校中和让家长参与到学习中，这两者有一个很重要的区别。尽管让家长参与学校活动具有重要的社会和社区功能，只有家长在家里参与到学习中，才会到学习成果造成积极影响。

——阿尔玛·哈里斯（Alma Harris），珍·古道尔（Janet Goodall）

研究是十分清楚的：没有什么比学习被学校和家庭/社区合作共同认可更能激励孩子的了……这些参与形式不是偶然发生的，他们来自明确的战略性干预。

——迈克尔·弗兰

下面的对话听起来熟悉吗？
教师1：最近怎么样？
教师2：不怎么样。我班上的孩子们似乎根本不在乎学习。他们没有动力，拒绝学习，他们中有些甚至不在乎失败。
教师1：太糟了，但你知道，这都是从家里开始的。
教师2：如果家长不在乎的话，我们又能做什么呢？
上面的场景往往发生在那些"直升机父母"（过度关注孩子的父母，像直升机一样在头上关注孩子的一举一动）的家庭里，他们都几乎想要直接管理学校了。不管情况怎样，很明显，恰当的支持以及学生家庭和总体社区的参与对学生的成就是至关重要的。美国约翰霍·普金斯大学的乔伊斯·爱泼斯坦（Joyce Epstein），耶鲁大学的詹姆斯·科默（JamesComer）和埃德·齐格勒（EdZigler）以及罗格斯大学的莫里斯·埃利亚斯（MauriceElias）都就家长的学校参与度这个话题进行公开发声。他们的研究总结到，较高的家长参与度将带来更高的学生成就水平和改善的学生行为，与诸如社会经济地位或种族背景的因素无关。还是这个研究，也表明学生学术成就最准确的预测指标是学生家庭是否能创造一个鼓励学习的家庭氛围，传递一种高要求但仍合理的成就预期，并持续以有意义的方式参与到学生的教育过程中［科默，乔伊娜和本·阿维（Ben-Avie），2004；埃利亚斯(Elias)，阿诺德(Arnold)，2006；爱普斯坦(Epstein)等，2009］。

此外，大多数教育工作者都知道他们成绩好的学生来自那些父母参与度高的家庭。这并不一定意味着他们会在学校的会议和活动中出现。相反，这意味着他们在家里很主动的强调学习的重要性以及他们孩子受教育的价值。鉴于这种参与明显对儿童发展和学生成绩有着重要作用，我们该如何让更多的家长在其子女的教育中发挥积极和支持的作用呢？

在一些学校中，提高家长参与的质量带来了一系列的巨大挑战。在学生成绩一直很低或者学生成绩模式存在很大差异的社区里，学校、家庭和社区之间的关系经常是十分紧张的，这将导致误会和分歧。此外，那些表现最差的孩子们的家长往往参与度最低。这就是为什么一些研究人员认为，缩小家长和学校之间的鸿沟必须被重视起来，因为那是缩小学生成就差别的一个重要组成部分［博伊金（Boykin），诺格拉（Noguera），2011）］。

在那些家长参与较少的学校里，教育工作者有时会以为家长根本不关心孩子的教育。然而，许多研究显示，大部分家长都希望看到他们的孩子在学术上取得成功，许多人都真心想参与到他们孩子所上的学校中［马克思（Marx），1996］。这就提出了一个重要的疑问：如果家长和老师都希望同样的事情——学生的成功——发生，那为什么在家长和学校之间建立强有力的伙伴关系这么难呢？

当我们仔细查看那些成功地在家长与学校之间建立了强有力的合作关系的学校时，我们会发现，与父母的联系是基于共同的利益和共同的目标：学生的成功。无论是在学术上还是在生活中，这看起来是显而易见的，但在许多情况下并非如此。在那些父母没有参与的学校，教育工作者经常在一些概念上进行假设，而父母通常对这些概念缺乏关注。同样的，那些在学校有负面经验的父母们会经常假设教育工作者不关心他们的孩子。这就是为什么建立牢固的关系需要很多的互相了解，为合作关系抽出时间很有必要。教育工作者愿意与家长进行有效地沟通，并向家长保证，作为教育工作者，他们确实为孩子的成功付出了努力。

不幸的是，在一些学校里，还是经常可以听到教育工作者因为学生的低成绩而责怪父母，并抱怨父母没有尽到自己的本分。正如我们在本章开头的小对话里看到的，经常听到教师抱怨说父母送孩子上学迟到、没吃饭、没做好上课的准备。显然，肯定有父母在支持他们的孩子或者解决在学校发生的行为问题等方面做得不够。然而，即使这些抱怨有理有据，将这归结为父母不关心或者他们不希望自己的孩子成功也是不正确的。

事实是，许多家长只能勉强维持家庭的收支平衡，养育孩子使他们不堪重负。工作了一整天后，有些家长过于劳累，无法监督功课，更不用说出席他们孩子学校的会议了。此外，那些没有大学学位和正规教育经历的家长可能根本不知道该怎么做来支持他们孩子的教育。这就是为什么共情和尊重是如此的重要。共情是基于认识到大多数父母都在尽最大努力抚养他们的孩子，尊重则植根于对其父母所面对的挑战的理解。 虽然我们从来没有想为那些疏忽的家长找借口，但共情和尊重仍是必不可少的。特别是如果我们想要创建根植于信任的合作关系，来强调学习的重要性，并使在必要时开展针对学生行为的谈话变得可行。

如何确保家长参与到学校中，责任到底在哪一方？目前为止并没有共识。 根据1994年的一份调查，90%的受访教师认为，家长在学校的参与很有必要，并且支持让家长来做志愿者的想法。 然而，只有32%的教师认为他们有提出这一建议的责任，50%的教师表示他们没有足够的时间来做到这一点。鉴于这些统计数字，很多家长感到自己在学校可能并不受欢迎。更有70%的受访家长说，他们从来没有被邀请去学校做志愿活动，那么，出现这样的情况也就不令人太吃惊了。

这些研究中显示的趋势在今天仍然存在，即使有些研究已经是十多年前的了。如今，家长的压力比以前都要大，学校可以做什么来创建一个有利和支持的环境，以让家长们想要参与呢？特别是在那些贫困现象集中发生的所谓的"失败学校"中，教育者可以做什么来确保家长在教育过程中发挥支持作用呢？在这类学校，孩子家长可能对教师发展出不信任甚至敌视的态度，这种不满往往又会导致很低的家长参与度，加剧家长与教师之间的敌对关系，而这又造成了负面强化，埋怨和不信任也变成了恶性循环。

表现不佳的学校需要与父母建立强有力的伙伴关系，他们必须想办法克服不信任和猜疑，以发展与他们所服务的家庭的积极关系。由于要培养更高成就的学生，家长的支持必不可少，学校要想方设法争取家长成为教育过程中的真正伙伴，这非常重要。

尽管这项工作看起来很有挑战性，事实上一些学校已经找到了让家长参与进来的方法，并随着时间的推移维持合作关系。成功的学校在整个学年制订了各种计划，策划了各种活动，好让家庭参与进来。他们要确保家长和学校之间的第一次通信是积极愉快的，绝不谈学生的缺点，与家长建立起信任关系。这样，当需要进行有关学生行为的艰难对话时，彼此的沟通就可以避免互相指责。在这样的学校里有一个一致共识，即与父母的关系对学校和学生的表现是如此重要，那么这种关系的优先级一定比较高。

有些学校跨越了这一路上的许多障碍，并在塑造与家长和社区成员之间密切和富有成效的关系上取得了成功。在下面的内容里，让我们来看看这些学校共有的做法和原则。

1. 构建积极的家庭和社区关系

那些已成为真正的专业学习社区的学校为应对家长与学校之间的差距以建立积极的家庭关系采取了三个关键原则：基于共情和共同利益的相互理解；让家庭和社区参与到有意义的各种学校活动中；定期与家庭和社区取得联系并进行沟通。

（1）相互理解和共情

建设或修复家庭学校关系的第一步就是获得一个共同的认知，并以同理心与学生家庭相处。这意味着学校的工作人员需要意识到许多家庭面临的实际困难，正是这些困难让他们很难支持自己的孩子学习。这包括许多家长有与学校打交道的负面经验，并且不敢再次参与其中。家长可能被无知和不确定的感受吓到，并且他们可能会认为他们的孩子将经历的困难与他们自己在校期间遇到的一样。此外，很多家长都在努力维持家庭的经济状况。有些人有多份工作，因此很少有时间来监督功课。其他人在与裁员、住房止赎以及缺乏健康福利等问题做斗争。与惩罚孩子并批评他们的父母迟到或无法出席或没准备好相反，高水平学校的教师们会与家庭合作来帮助他们克服困难和障碍。

那些致力于学生成功的学校制订了创造性的方式回应学生面临的困难。一些学校可以进行理解和支持的地方包括：创建课后作业中心，使家里无人指导的孩子不会因为他们没有完成任务而受到惩罚；创建将学生家庭生活中的挑战考虑在内的计划，政策和项目；提供可以与那些非英语家庭进行沟通的翻译，并依据服务家庭说的语言发布重要的学校公告和通知；为家长和其他访客在学校创建等候区（有咖啡和茶），让他们在等待与工作人员交谈时不必站在柜台前；为参加课外活动的学生和到学校参加活动的家庭安排交通；为那些没有电话的家庭设置沟通的替代品；当到学校的交通是个问题时，在公共图书馆和社区中心召开家长会。

同理决策

南卡罗来纳州格林维尔市佩勒姆路小学的校长南希·布兰特利（Nancy Brantley）讲述了孩子的家庭生活所面临的挑战是如何蔓延到学校的故事。在佩勒姆路小学进行全州测试的第一天，校车从郊区开来时迟到了。当校车终于到达时，上面的学生明显不安烦躁：前一天晚上在附近发生了一起枪击案。

一个小女孩尤其失落，所以布兰特利与她私下里进行了对话。学生解释说，枪击就发生在她的公寓楼里。因为没有电话报警，她和她的家庭没法做任何事情，只能"躲起来哭"。

小女孩想知道她是否必须在那天参加考试。在意识到学生面临的个人问题远大于学术问题后，布兰特利为她请了假。"虽然考试非常重要，但在那天，这个孩子能来到学校甚至都可以称为幸运。"布兰特利说，"孩子永远都不应该在这样的情形下生活——那些我们希望永远也不会经历的情况"。

布兰特利在这种情况下的决定是非常符合佩勒姆路小学的政策的，例如对迟到的政策。当学生上学迟到后，他或她并不会被惩罚。在大多数情况下，孩子只会被允许入校并送到班级上。即使对总是迟到的学生，学校也不会寻求惩罚或谴责。相反，学校会寻找方法来帮助家长解决问题，当然它同时也会强调准时的重要性。布兰特利说："如果它真的是个大问题，虽然这种情况很少，我们会把父母叫到学校来看看我们是否可以提供帮助。因为有时他们只是无法发动一辆旧汽车，没有办法到学校，错过了一班巴士而已。所以，这就是我们作为一个社区学校介入并进行帮助的时刻。"

（2）家庭在学校里的有效参与

据芭芭拉·伊森·沃特金斯所说（Barbara Eason-Watkins），确保家长和社区参与的最佳办法就是欢迎人们走进学校。虽然这似乎是显而易见的，但在社区学校关系中，却是一个最常见的绊脚石。伊森·沃特金斯说："在我与家长和社区成员的多次交谈中，他们认为大多数学校不希望他们参与进来，不希望他们成为学校的一部分。"这些不受欢迎、被拒之门外的感觉有时是由家长自己在学校的经历造成的，那些在自己的学生时代不顺利的家长可能对和学校互动感到别扭甚至焦虑。

连接学校与社区

当德博拉·沃瑟姆（DeborahWortham）接受在一个小学区做学监的新职位后，她决定通过家访来将学校和社区联系起来。她解释说：

这些访问历时五个星期，包括了多位社区领导，使我能够与学生、家长和纳税人（他们最初对在星期六清晨看到一个学监站在他们家门廊感到十分震惊！）进行会面。我也从评估数据和与董事会成员、管理人员、教师领袖、中央办公室员工以及一些后勤员工（包括辅助人员，秘书，食堂和信息设施的工作人员）的访谈中获得了信息。问题被提前送了出去，这样能够让对话更轻松地进行。一些与会者写下了问题的详细回答。这里有一些我用于与家长、商人和社区成员讨论的问题：

- 请给我自己一个非常简短的自我画像。
- 你对学校系统的总体印象如何？
- 学区必须面对的三个最大的问题是什么？

我也用这些问题来与教育董事会与其他人一起讨论，包括：

- 描述你希望在未来看到的那种领导力。

> - 当你回忆董事会是如何作为一个群体工作的时候,想想,什么方面做的效果很好?而哪些方面让你失望?有什么是你希望改变的?
> - 我怎么能帮助你成为一个更好的董事会成员?
>
> 到了夏末,我已经采访了400多个利益相关者。我收集到的信息非常宝贵,并且我能够用这个数据作为整个学区内学校改善的框架。

在其他情况下,语言和文化的差异造成了家长参与到学校中来的障碍。在一些地区,许多家长无法流利地用英语说或写,有些甚至根本不会英语,这让家长参与到学校活动中变得很难。不会讲英语的父母可能会犹豫要不要联系学校,他们也不确定如何更好地与学校工作人员沟通。在许多文化里,教育工作者被当成是权威人物来尊重和对待,他们的崇高地位让家庭不太愿意提问或抱怨。对于非法移民来说,这个障碍可能会更加显著。担心被认出来可能使父母不愿意参加学校的活动,并不愿意与学校官员打交道。

像这样的障碍很清楚地表明了如果文化、经济、政治或种族隔阂得不到解决的话,家长在学校的参与度是不会自然而然地发生的,学校必须刻意培养与家长的伙伴关系。专业学习社区可以让家人和其他成年人以一种有意义的方式分享他们的专业知识才能,以及创建家长对家长的支持网络,这会吸引家长参与到学校中来。这些学校承认来自家庭成员贡献的价值,并认为这有助于学校教育使命的实现。

鼓励有意义的家长参与的方式包括:

- 建立一个家长对家长的宣传网,与所有的家长取得联系,看看他们是否可以为学生学习做出贡献;
- 邀请社区内的家长和社区成员提供的语言课程和/或族群文化课;
- 根据特殊需求,邀请家长和社区成员来领导课外俱乐部;
- 培训教师和学校接待员如何迎接家长,并举行富有成效的家长会。

一种让家长参与到学校的方法是使他们了解自己的孩子正在学习什

么。如果需要的话甚至要为家长们提供讨论会以达到这个目的。许多学校通过给家庭邮寄或者在网上张贴每周的课程表来解决这个问题，这样家长就可以准确地知道学生们每周都学了些什么。在波士顿，一所中学使用季度报告卡的方式邀请父母来庆祝学生的成就。音乐礼堂里乐队演奏，食堂里有食物供应，体育馆里举行友好师生篮球比赛。

其他学区正在采取类似的方法：

• 得克萨斯州曼斯菲尔德市的艾森豪威尔中级学校，为家长们提供了"文化之夜"。学术团队选择一个世界上的区域，并邀请相应的父母和家人来品尝音乐、美食、艺术、服装和每个区域的地理知识。

• 伊利诺伊州205区的桑顿小镇高中在它的每一个内部空间都提供"家长学院"，为家长提供从文字处理、西班牙语到游泳成人班等各种课程。这些课程不仅是家长和社区成员参与的，许多课程甚至也是由家长义务教授的。

• 鹰隼学院是纽约市布朗克斯区的一个男性公立学校。学校提供周末家长学院，开展各种帮助学生申请上大学、谈论有关性和毒品的青少年，以与家长保持牢不可破的积极关系的研讨会。家长们踊跃参加这些研讨会，因为他们十分重视这些会议提供给他们的信息。

• 韦恩堡社区学校在周四的故事时间有一个"真男人阅读计划"。成年人给学生们读一本书，然后孩子可以保留这本书。志愿者在这项活动中的努力是如此成功，校方甚至增加了夏季学期。

家长或社区成员可以担任翻译，以方便学校和非英语家庭之间的沟通。他们还可以做演示——讲座、幻灯片或有关时事的视频，以及正在研究的领域和课题等。那些缺乏语言技巧的校长和教师也可以同当地的教堂和社区组织开发合作关系，以帮助与家长的沟通和为移民家长提供翻译。

> **利用父母独特的能力**
>
> 在南卡罗来纳州格林维尔市的佩勒姆路小学,父母利用自己的能力和经验,通过特殊兴趣小组和俱乐部来丰富学生的生活。两个双语家长自愿与课外西班牙俱乐部每周见面两次。其他拥有文学兴趣的家长则与学校的作者俱乐部合作,引导学生尝试写作和出版一本书的过程。为了满足厄立特里亚移民的需求,奥克兰的一所中学聘请了一位曾在厄立特里亚教学的教师来学校做助理教师。

让父母以更正式的形式参与到学校活动中,可以提供积极经验,扩大合作关系,并鼓励父母与子女之间进行有意义和有益互动。能将家长教师合作效果最大化的教师智慧包括:要求父母指导和教育那些需要额外帮助的学生;要求父母在课堂写作、科学实验器材等方面进行协助;请求他们导演或协助戏剧作品,进行诸如木偶戏、音乐剧、话剧或者戏剧阅读等的展示[舒比茨(Shubitz),2008]。

与家长交流并邀请他们到学校——尤其是进入教室——会引起教师明显的变化。请记住,绝大多数富裕社区的学校都有强烈的要对家长负责的感觉。当低收入父母与学校接触并且明显的感觉到他们的孩子被认为是学习者,当他们提出关于他们孩子接受到的教育质量的问题时,学校必须负责。当然,家长在课堂上必须得到明确的指导,他们必须知道做志愿工作时要如何参与,以防止对教师造成妨碍。但是,父母的参与对提高学校质量很重要,认识到这一点对改变学校的文化绝对必要。拥抱和重视课堂志愿者是有效的家长志愿者计划的先决条件。如果教师不接受在课堂上有父母出现的想法,这是行不通的。

(3) 深入到家庭和社区中

在高绩效的学校里,教师和管理人员尽力与那些充分参与学校活动的孩子和家庭进行沟通。常见的做法是让教职工更多地在附近出现，诸如在快餐店、商场等学生和家人都有可能光临的地方。

加里·伯吉斯（GaryBurgess）表示，你在哪里见到家长——无论是在理发店、健身房、教堂或社区中心——哪里就变成了你让他们走进学校的谈话场地。换句话说，关注父母并不限于特定时间和地方，它是一个稳定的、持续的过程，是学校运作的中心。伯吉斯建议使用"山不动人动"的做法来向社区提供关于学校活动和努力的相关信息。在他的学区内，学校校长在当地的教堂和其他公共集会场所定期举办信息交流会。他指出，这些会议有时比那些在学校中举办的会议更好，因为家长和社区成员认为它们更没威胁、更方便。伯吉斯还用教师日志来记录所有与家长的接触，然后同教师一起对这些信息进行评估。通过总结、重视和监控这些接触，他已经能够改变教师的教学行为。

2. 作为社区中心的学生

国内外越来越多的学校领导开始向外看［索斯沃斯（Southworth），2009］。一些人回归到了由詹姆斯·科默（JamesComer）、埃德齐格勒（EdZigler）等人在20世纪80年代发明的"环绕"方法（例如，启蒙与合作学校，与科默博士的学校发展计划相结合的提议[SDP]，齐格勒博士的21世纪的学校）（科默，海恩斯，乔伊娜和本-阿维，1996年；齐格勒和明肖，1994）。

这些学校实际上在为儿童提供支持网络，以弥补家庭压力过大的影响。由于社区服务往往是脱节的，这些学校领导协调执法部门和社区机构为他们的学生在社会、情感和学业上的成功保驾护航。例如，可能会设立一个项目来确保无家可归的孩子全年都不必转移到新的学校。再举一个例子，在布鲁克林，当地的基督教青年会在学校里运行一个课外项目，并让从赖克斯岛释放的青年来修缮学校，作为他们义工工作的一部分。

与当地机构合作

弗吉尼亚州纽波特纽斯市的纽波特纽斯学区曾与地方机构合作，为那些脖子上挂钥匙的孩子打造"家庭作业俱乐部"。该区在整个城市12个不同的位置建立了安静、安全的地方，包括住户家里、救助中心和其他社区中心。每个家庭作业俱乐部都配有电脑和教材，并且有一名受过训练的家长做老师的助手。该区还与住房项目合作在贫穷社区创建了方便家长和学生使用的4个电脑实验室。晚上，计算机是供学生使用的。白天，当学生在学校时，实验室被用来训练成人计算机技能，教员有偿教授一切从电脑维修到软件设计的技能。这些社区资源的部分资金是由国家拨款的，可以同时让家长们更好地为工作做准备，并帮助他们成为他们孩子更好的老师。同样，纽约布鲁克林的贝福德史岱文森区已与当地机构建立了伙伴关系，为家长提供职业培训和ESL课程，并为学生提供课后扩展学习的机会。这些伙伴关系使学校能够为学生提供丰富的教育，包括美术、音乐、舞蹈和游泳课。尽管当地有超过40％的学生无家可归，这依然是从地区和纽约州获奖无数的高水平学校。在解释学校是如何在面对如此不利的局面仍获得这么多成就时，校长赛迪·斯维尔（Sadie Silver）自豪地说，"家长是我们的合作伙伴。没有他们，就没有今天的我们。"

当接触到当地商业界时，作为社区中心的学校也可以从中受益。本地企业受学校毕业生的质量影响很大，因此他们往往很愿意贡献时间、专业知识、指导和资金支持。每年秋季亚特兰大的一所中学会收到蓝色牛仔裤、背包和运动鞋的捐赠，让孩子们在学年开始时有新的装备。俄勒冈州波特兰市的大卫·道格拉斯高中与当地企业有广泛的合作关系，来为学生提供实习和就业培训的机会。其中一些人会成为企业未来的全职员工。在旧金山湾区，7所高中、两所社区学院和一所四年制大学已经与一些技术领先的生物技术公司已经建立了15年的合作伙伴关系。合作为它服务的数百名学生创造了高薪的初级工作和上大学的途径。

3. "好"是什么样的

下列每一种情景都提供了学校如何与家长和社区成员进行互动的例子。你能想出改进的办法，让双方以更具建设性的方法来解决问题吗？

场景1：

老师： 玛丽莎，这是你这周第三次没做家庭作业了。前两次，我给了你第二次机会，但你似乎根本没有尝试去完成。

玛丽莎： 对不起。我昨晚还是没有时间，因为在妈妈工作的晚上我要帮忙照顾我弟弟。

老师： 我知道你有责任，但我不能继续无视你没有完成作业的事实。从现在开始，如果你在该交作业时还是交不上，我就不得不给你零分了。

场景2：

家长： 对不起让我女儿晚了几天到学校注册，我们刚刚搬到这里，我在明白需要做什么方面遇到了一些麻烦。我知道我的女儿会在秋天进入这个学校。不知道你是否介意带我们参观一下学校。

校长： 我们在学期开始前安排学校参观。现在你女儿已经迟了。这可不是一个很好的开始学年的方法。

家长： 呃，我并不想让她推迟开始，但我不知道怎么做。因为她初来乍到，我担心她会在适应方面遇到一些困难。

校长： 我们学校是非常棒的，有优秀的孩子和极好的员工。重点是让她在学习方面跟上来。我希望今年可以指望你完成你该做的那部分，这样你女儿就不会落后了。

场景 3：

教师：米格尔，我注意到你母亲没有在你的周作业试卷上签字。你有没有按我的要求把作业给她看，让她帮忙检查你的作业？

米格尔：我的确问她了，托菲夫人。但她说她的英语不够好，没法检查我的作业。她说我作业的大部分她根本不懂。

教师：对不起，米格尔，也许你可以为她翻译。真遗憾，我们的工作人员没有一个人会说西班牙语。

你是如何看待这些场景的？ 在之前的章节中我们已经提供了分析，现在让我们拿掉那些"辅助轮子"，享受其中的乐趣吧！

4. 实施指南

国家PTA列出了家庭参与项目的6项国家标准，以及相关做法：

标准1：欢迎所有的家庭到学校社区来。家庭是学校生活的积极参与者，能让学生感觉自己被欢迎、受重视，家庭也与学生在课堂上做的事情相关联。

标准2：有效的沟通。家庭和学校的工作人员要针对学生的学习进行常规的、双向的、有意义的交流。

标准3：支持学生的成功。家庭和学校职员要持续合作以支持学生在家庭和学校中的学习和健康发展，并经常创造机会让他们加强自己的知识和技能。

标准4：为每一个孩子撑腰。家庭有权支持他们自己的和别人的孩子，以确保学生被公平对待，并获得支持他们成功的学习机会。

标准5：分享权力。家庭和学校员工在影响儿童和家庭的决策中平等协作，共同告知、影响和制定政策、做法和计划。

标准6：与社区合作。家庭和学校工作人员与社区成员合作，学生、家庭和员工要参与社区服务（全国家长教师协会，1998年）。

5. 挑战和解决方案

在加强学校和社区的联系工作中，教师和管理人员面临着众多的挑战。下面是其中的一些挑战和我们解决这些问题的建议。

挑战："我有试着接触部分家长……但其中大部分，特别是那些学困生的家长似乎并不关心，而有些则是彻头彻尾的敌对。那些关心孩子和学校的父母往往表现不错，但有些太过头了，开始猜测我的一举一动。"

在许多学校，那些在学术方面表现最差的学生家长通常也是参与学校活动最少的。所有的研究都表明，接触这些父母是改善这些学生表现的一个重要步骤。

解决方案：家长和管理人员，以及指定的家长协调员，需要积极接触那些还未与学校建立联系的父母和家人。第一次沟通时不要给家长打电话讨论学生的不良行为或不佳的学习成绩；在问题发生之前建立接触；对那些努力维持收支平衡的家长展示同情和理解；让他们知道你重视他们的支持，而且你真的相信如果携手合作他们的孩子可以成功；在他们感到舒适的地方见面可以促进沟通；培养学校专业人士的同理心。

挑战："我们学校在与家长沟通上不存在问题！除了学年开始时我们给每个学生家庭送去一整本材料，我们还发送每周时事通讯和近期日程安排。每位教师都维护当前的'功课热线'，所以家长可以打电话检查孩子的作业。我们把所有的信息都发布在网站上，并且每两个星期更新一次。"

许多学校错误地认为沟通只有一个方向——只要他们将信息传递给家长，那他们的工作就完成了。然而，有意义的交流必须是双向的，在通知和听取之间不断交替。

解决方案：深入理解沟通的交互模式，包括但不限于语音信箱、位于学校办公室和周围社区关键位置的建议箱、家长调查，甚至也可以直接打电话来得到家长的反馈和建议。

挑战："我们有一些很棒的父母，我知道他们希望参与到他们孩子的教育中，但他们似乎并不知道如何去做这件事。"

显然，当学生在家里得到功课上的帮助时，他们的成绩就会提高。然而，并非所有的父母都知道如何帮助，并且他们可能觉得自己没有资格在他们不熟悉的主题上进行指导。

解决方案：建立以社区为基础的家庭作业支持。利用全国荣誉社会中的学生、获得社区服务信誉的学生以及其他同龄人导师。放学后和周末在学校、社区中心或当地的图书馆进行辅导。邀请父母参与并向他们展示如何更好地帮助孩子做作业。请记住，那些最需要帮助的孩子的父母经常是那些没有准备好如何提供必要帮助的父母。

入门指南

当你开始准备建立与家长和其他社区成员的沟通线路时，先花点时间来评估学校目前在社区和家长参与方面的处境。

- 有多少社区成员以团队一员的身份参与到学校活动中？
- 你的学校有多少家长志愿者？
- 这些志愿者的能力被使用得如何？
- 那些组成学校人口的重要种族和文化团体中，有多少参与了学校团队？是以家长志愿者的形式吗？
- 有什么已经采用的招徕社区成员的沟通提议？
- 已经组织了什么论坛或会议来解释与学校相关的问题，并回答家属的问题？

考虑这些策略与家长达成真正的伙伴关系：

- 更改初中和高中的手册，将对毕业生的采访和故事作为专题。少强调违规违纪，但要展示那些确实有助于建立学校积极认同的规章制度。

- 培养积极的反馈系统，以显示对社会情感知识、少量的进步以及学业成就的认可。创建有关各类进展的报告，更改报告卡，将父母能理解和欣赏的生活技能指标都添加进去。
- 为家长提供多媒体格式的指南，解释并指导家长如何在家里支持学校的工作。
- 创建有关文化和种族差异的对话论坛，为那些可以帮助不同族群的新家庭快速适应的教育工作者、家长和社区居民创建通信网络。
- 为社区服务创造更多机会，建立更有意义的、广泛参与的学生会组织。公布在学校发生的事情，让父母看到学校正在做什么，以便更好地了解他们孩子的在校表现和实际能力。
- 针对多种培养方式、家庭压力和亲子交流等可能发生在青少年身上的问题，为家长提供讨论和互相支持的论坛。

6. 下一步

本章展示了让家庭和社区参与到学校中的多种策略和一个框架。我们提供了许多例子，描述了如何催生广泛的支持并在这个过程中强化整个学校社区的做法，还提供了许多成功学校的具体做法。这些例子的重点是向其他教育者证明这是可以做到的。

如何维持效仿本章和之前章节所述做法而达到成功？下一章回答了这个至关重要的问题。在所有层面建立可持续的领导能力可以使学校社区保持专注，并在承受巨大变化的同时继续进行改善，下一章也介绍了这是如何达到的。

第十章 原则 6：建设可持续的领导能力

越来越多的证据表明，如果学校领导希望优秀的教学不仅仅在教师范围内传播，他们需要建立高度运转的教学团队，将权力分散到学校工作人员（包括教师领导）之间来实现愿景，然后为帮助他人运用共同的责任改进学习提供支持。

——华莱士基金会

支持有效的教学和学习，这是通往学生可持续成功的路线，也能培养充满活力、自我更新的学校文化，这种文化能够承担无数的挑战并要求"彰显特色"。

——安迪·哈格里夫斯，迪恩·芬克

最后一章着眼于学校取得长期成功的三个关键词：领导力、能力、可持续性。合起来说，这些词强调的是，持续发展学校社区共同体的人力资源，使成功远远超出学校改进工作的最初实施范围。

这意味着对改变坚定不移的信念——这个信念的深度来自整个学校共同体对影响学校文化的长期愿景的承诺。当在小心翼翼和深谋远虑中发展的时候，可持续的领导力能使学校的文化繁荣壮大，足以应对各种挑战，包括领导力的过渡。

下面的部分将回答"为什么"的问题——特别是，我们为什么要在教学人员中培养领导能力？这里包括对校长和教师目前现实状况的描写、改变的障碍以及针对每个问题的解决方法。

接着会有对领导力的定义。研究摘要引导我们提出一种领导形式，这种形式是持久的，且比任何单一的领导要持久。

接下来，是我们处理能力的问题。在各个层面培养领导能力——包括学生自身、家庭和社区——是理想的。但在这里，我们将教师作为领导人。这意味着什么？教师领导者将扮演什么样的角色？有什么样的例子？如何系统地培养教师领导力？所有这些问题将在本节得到解决。

最后，哈格里夫斯和芬克通过使用芬兰、加拿大安大略省和英国的多年项目的案例研究强调了持续性，这些案例都关注"学习的领导力""分布式领导力"和"领导力的继承性"。这些应用案例深入地体现了持续领导能力的关键组成部分。

1. 为什么要培养领导能力？

（1）工作量太大，无法独立完成

我们所提出的教育目的是维持学校的高绩效表现，因为失败对任何一个学生都不是一个选项，而是一项艰巨的任务。做出所有儿童都会成功（或达到高学习水平）这样的宣言令人充满激情。而作为学校的唯一领导者，试图实现它则会令人精疲力尽。第二章中讲到，加州管理者2012年的调查标明，在构筑领导力方面，理想与现实之间的差距往往是巨大的。

校长觉得他们工作中最重要的方面是建立一种学习气氛，处理一些像招聘和评估这样的问题，并提供课程领导力。然而，他们每周平均工作62小时，只有约23个小时是花在这些活动上。其余都花在家长问题、纪律、社区关系和学校管理上（希夫，2002）。

简单地将其放在今天的背景下，"学校领导有很多天的时间远离学校最重要的核心工作"。对教育领导的要求和他们实际上能够做到的事情之间有一道鸿沟。通常情况下，教学的重点相比学校的组织纪律似乎不是那么迫切和明显。换句话说，尽管会有家长抱怨教学质量太差，但电视台关注的可能仍然是街头暴力、警察是否有重大行动等新闻。基于这些原因，加之那些传统的领导力培训，以及缺乏专业知识（在一所优秀的高中，校长会是多少学科领域的"领头羊"？），"教学领导"自上而下的指挥也是可以理解的。

近年来，一些报告描述校长处于危机之中，这主要是由于两个令人不安的因素：学区都在努力吸引和留住高素质的校长、校长候选人和现有的校长往往准备不够充分，难以在组织学校改善教学的同时狠抓其他管理工作（纳普，科普兰，塔尔伯特，2003）。

校长的工作太庞大、太复杂，无法独自完成。此外，想要尝试"单飞"的校长经常会感到孤独，而且往往会把自己累得筋疲力尽。真是高处不胜寒！

然而，放弃对传统角色的控制权是困难的，不容易做到。这项任务需要勇气（如第二章所述），要冒着放弃一些控制权的风险，需要充分相信工作人员，让其主导教学决策（如第四章所述），而且，为了让工作人员获得自信，放开手脚，你还要谦虚地向他们学习，承认你自己并不是什么都知道。

（2）分享领导力有助于达成承诺并产出更高成绩

据雷斯伍德（Leithwood）和詹兹（Jantzi）所说，教师领导力对学生成绩的影响比校长的领导力更大。教师领导的其他好处包括教师的教学效能、教师素质、优秀教师的保留、更高的成就标准、学校改革中在课堂上的责任以及延伸的校长能力。

当教师们不愿意承担坦诚反思带来的风险时，就没有很多机会聚在一起。如果在学校缺乏领导力或者专业知识，那么社区建设的举措就会受到掣肘。在领导力过渡时期，原本的承诺也会受到侵蚀［麦考林

（McGlaughlin）和塔尔伯特（Talbert），2006］。

玛丽德斯（Merideth，2007）使用缩写REACH来概括教师领导力的价值：冒险、实效、自治、共治和荣誉。得克萨斯州曼斯菲尔德的布鲁克斯韦斯特中学教师领袖迈克·普林格尔（Mike Pringle）说："我们学校的决策首先是由孩子们驱动的，其次是教师。我们的管理是我们工作的重要组成部分，我们在这个过程中有发言权，这给了我们最大的动力。"

2. 挑战和解决方案

虽然经验和研究清楚地支持教师作为领导者，但现实是，很多教师都不愿意扮演这一角色。他们的犹豫源于以下三个方面。

挑战：教师可能觉得自己难以成为"领头羊"。他们一直没有在这个舞台上接受过训练，他们也从来没有试过将自己放在这个角色上。这些教师可能会问，"你究竟想让我做什么，我又该怎么去做？"。这个请求再次把老师限制在跟随者的角色上，似乎这样能尽量减少失败的风险。

解决方案：觉得无法面对挑战的教师需要通过在学校扮演积极的角色来理解他们在学生成绩上的积极作用。

与老师谈话，告诉他们，在课堂之外，他们能在很大程度上影响学生成绩。具体而言，校长可以使用前面所提供的数据，还可以参考用来建立组织使命、愿景和价值观的步骤。

觉得自己不能领导的教师也需要鼓励和同伴的支持。在学校内，鼓励最初的跃跃欲试者大胆模仿领导者的角色，用他们的初步成功来说服其他人，这是最有力的战略。在伊利诺伊州的马顿，教师现在自己设计并领导"专业发展日"，以自己的发展方式互相学习（见第七章）。

成功最重要的是信任关系问题，领导对教师展示的信任、信心和与教师愿意承担的风险之间存在较高的相关性。

挑战：教师固守自己作为追随者的传统角色。

解决方案：管理员必须认识到，对于接受新的角色来说，制定和负责决策需要思考上的转变，这种思考随着时间的推移而增加。当学校采取自上而下的方式时，应采取措施来帮助踌躇不前的教师。特别是，没有比来自同行的支持力量和共同承诺更能产生动力的事物了。而创造这种前进动力最好的方式就是让教师们在共同感兴趣的领域一起工作。

如果这样做，结果是无价的：

一旦我们在威廉斯顿有了CLA（勇敢的领导学院）队伍，很多事情都不是来源于校长了。团队成员和他的同事正在对我们的会议进行管理。我们在那里指导人们浏览规范、谈论价值观、查看我们的使命。比起你的校长或管理者总是自上而下给你下达命令，每个人作为整体的一部分投入到系统中是一种完全不同的感觉〔劳拉·希尔（Laura Hill），个人通信，2009年〕。

我们校长给予我们责任，让我们觉得我们是所发生的事情的重要组成部分。之前，我只是做告诉我的事情……我只是留在我的课堂……但不觉得我在学校层面能产生任何影响。现在，我觉得我们参与得更多了 (霍夫曼，希普，2004年)。

虽然老师可能不想做"教学领导者"，但他们却普遍想要带头指导！让专业人士开始工作是他们的激情——让他们借此机会领导工作是发展其他领域的领导力的一个很好的切入点。成功的要素是：

- 激发人们的兴趣和激情；
- 设置一条成功之路并以快速的胜利作为开始；
- 让团队共同努力；
- 提供反馈回路，让大家看到自己的成功；
- 添加能让其他人也可以进行炫耀的庆典和方式；
- 将文化里的过程制度化（参见下文）。

我们在工作中最大的成功就是经常听到："我曾经在这里工作，现在我能帮忙管理学校！"

挑战：许多教师不希望成为领导者，至少不是传统定义的那种领导。有魅力、充满活力、高调公开的领导者的概念相比于集中在课程和教学上、谦虚又勇敢的领导人，前者对很多教师并没有多少吸引力。

解决方案："领导"的新定义对许多这样的教师很有效——他们可以在这个定义中看到自己，从而感到充满热情。在某些情况下，很多教师会寻求能发挥领导作用的机会，做出有意义的决定。许多与我们合作的专业人士说，"我想成为能决定我们教什么和如何教它的人"。这个愿望是可以理解的，它为开发领导力和落实责任提供了一个很好的切入点。后面"能力建设"的章节里列出了许多对教师有吸引力的领导者角色。

3. 定义领导力

传统上，领导者的角色一直是一个勇敢的、以行动为导向的形象，能解决大部分问题，并在努力中将他人吸引到自己身边。想想老西部片中的约翰·韦恩、威尔·史密斯、布鲁斯·威利斯等人，还有其他无数枪战片中的英雄角色。

虽然今天对这种领导风格依然有些呼吁，特别是在危及生命的情况下，但越来越多的研究者在学校中呼吁一种参与型方法。具体来说，校长"必须是（或成为）学习领导者，可以形成一支提供有效指令的团队"（华莱士基金会，2011），它包括"五大主要职责"：

- 立足于高标准，为所有的学生塑造学业成功的愿景；
- 为教育创建舒适的氛围，使合作精神和其他富有成效的互动流行起来；
- 培养他人的领导力，使教师和其他成年人在实现学校愿景上承担自己的部分；
- 改善指令，使教师尽其所能授课，学生尽其最大努力学习；
- 对人员、数据和流程进行管理，促进学校的改进（华莱士基金会，2011）。

这五个主要职责与本书所描述指导学生成绩的六项原则是相互协同的。此外，他们并没有像清单或"还有一件要做的事"那样发展，而是集中于目前正在进行中的举措的一种方式，并增强那些需要注意的地方。

在吉姆·柯林斯（Jim Collins，2001年）描述的领导体制中，最有效的领导者能够协同建立并维护变化，通过"强烈的专业意志"和"谦卑"的结合来维持成功。同样，当领导者在组织的各个层面的发展起来后，成功的责任将从一两个人身上转移到整个学习社区。这并不意味着每个人都发挥同样的作用，但是，每一个角色的作用都是重要的，而且大多数角色都需要某种程度的领导。本章接下来的部分将集中讲述教师在高绩效学校发挥的特有的领导作用。

4. 能力建设

要将教师向领导的方向培养，我们就必须摆脱对领导力的狭隘定义和它包括的角色最小数量。定义领导角色并鼓励教师追求这一角色的校区，已经准备好建设重要的领导能力了。

员工的发展传统上一直是由外部专家进行的。目前，有一种趋势，即领导力应嵌入学校文化中。这种情况是通过教师的导师演变而来的，教师被认为是某一内容领域的专家，教师领导课程的编写团队、标准化开发团队以及专业的发展计划。事实上，以来自外部的"专家指导意见"开始，打好研究的基础，并进行与学校焦点相一致的实践，在"我们发现的所有有效的学校文化变革案例中"（第40页）都至关重要。

（1）通过将过程、惯例和习惯制度化进行能力建设

制度化、系统化的能力建设是很有必要的。通过对"基本习惯"的关注，领导者可以在组织里用培养新习惯的方式引起广泛变革。这些习惯也

会引起无数行为的连锁反应，例如，"进场一起吃晚餐的家庭所抚养的孩子，往往能更好地完成家庭作业，成绩更高，能更好地控制情感，也有更大的信心。"

形成关键的习惯和惯例也解放了个人和集体的"精神空间"，使决策成为一切已知的模式，从早上怎么开车到铃声响起的时候每个教室会发生什么。这反过来又为那些需要更深层次思考的项目提供了更多的时间和心智容量，同时也放入了对高绩效学校而言重要的惯例和习惯。

选择从哪项习惯开始既是一门科学，又是一种艺术。学校一天的基调或是重要的活动是从哪里开始确立的，又是怎么确立的？对于上学的孩子来说，这很可能来自公交车司机的问候。如果是这样，这可能是一个非常高频率的习惯，其形成涉及公交车车程是如何开展的。这包括许多因素，诸如问候、就坐、行程本身、司机对"公交文化"的导向以及从公交车到学校的过渡。

习惯的形成包括三个要素：一是引导，如教师休息室里咖啡的气味；二是惯例，如每个人都急忙拿一个杯子，讨论他们对学校的感觉如何；三是回报，如在这个例子中，既是友情，也是咖啡因、糖和脂肪在血液中的加速流动。

评估生活习惯的关键是保留引导和奖励，但审查惯例！要记住，共同确定所需要的变化是至关重要的，因为作为团队的一部分，当你越致力于改变，你对成功的把握就越大。信仰是必不可少的，它产生于共同的体验。

在大多数地区，生活习惯已经存在于你的学校。例如，当课程结束或钟声开始响起的时候，人们会表现出他们的习惯。问题是：这些习惯是以促进学习文化的惯例为中心吗？如果不是，则干预便是在改变程序。

比方说，当钟声响起，学生们尽可能快地跑向目的地，而教师则会躲进教室，躲避这时候的混乱。

下面是一个假设的干预：保留铃声响这条引导线索。能量释放和学生发出的笑声是回报，也需要以某种形式保留。像疯子一样跑到隔壁班是惯例,但是,如果学校社区共同决定,这会引起走廊里更多的打闹,这种管理也会改变。取而代之的可能是他们到达隔壁班之后的"欢乐时光"(能量释放和笑声回报)变短暂了。在这种方式下,由于引导和回报保持不变,新的惯例最可能有持久力。

惯例也同样存在于学校的其他微观方面:小组会议、教师是如何或者是否检查学生的作业等等。将管理制度化来支持学习文化,最理想的结果就是每个人都遵守制度。当铃声响起的时候每个老师的课堂上会发生什么(例如,黑板上是否有功课来提醒学生开始上课了)?当工作人员看到一个上学的学生看起来很不开心时会发生什么?是否有一个集体商定并采取行动的标准惯例?

当学校在价值观、行动框架以及惯例都建立起来后,将成员添加到可能取得成功的员工中将变得更加容易。这种清晰性既能变成筛选的手段也能变成招募潜在求职者的手段。新员工也将获得成为一个学习型团队一部分所必要的期望和支持,以及能够挖掘他们激情和兴趣的项目。

例如,在得克萨斯州曼斯菲尔德艾森霍尔学校,校长杜安·瑟斯顿(Duane Thurston)期待教师这样参与学校的聘用过程:

> 在我们面试任何人的时候,都是一个团队在努力。我们需要的人要有一颗为学生奉献的心,我们会询问是否希望这个人成为我们工作人员的一部分。如果他们心中没有六项原则,他们不会被聘用到这里任教。

在伊利诺伊州的马顿,类似的学习社区实践已经导致他们被远远超出该地区常态的众多申请人淹没。在下一节中,安迪·哈格里夫斯和迪恩·芬克对可持续性做了定义,并提供相关事例说明一些学校是如何将其构建到他们的文化中的。

5.可持续发展的领导力

(1)安迪·哈格里夫斯和迪恩·芬克

在本节中,我们将可持续发展的概念与教育领导力的相关文献相互关联,并概述了相互关联的不同原则,这些原则加强了"持续领导力"的想法和实践。我们借鉴了《随时代变换》(*Change Over Times*)里的研究成果(哈格里夫斯和古德森,2003),也就具有上述预期的国家和地区采用了非常新的材料,还有对来自三个国家继任管理研究的初步调查,这三个国家是加拿大、英国和美国。我们用三个正面和三个负面的事例集合来说明我们对可持续发展领导力的分析。具体而言,我们重点关注学习的领导力、"分散式"的领导力、领导力的继承以及集成化的领导力。

(2)可持续发展的背景

多年来,理论家和变革推动者一直在关注如何超越变化的实施阶段的问题,在这方面,首次尝试了新的思路和做法,在制度化阶段,当新的实践成为教师的技能,便开始影响到很多教师,他们的数量可不小。"制度化指将改变组织生活中一个正常的、应有的一部分,需要调用无可争议的时间、人员和资金以供支配。"

我们有许多长期存在的做法,比如按年级分的学校;按区域划分、具有等级体系并官僚化的中学;根据学生能力的分流以及填鸭式的以教师为中心的教学。这些做法都是很长时间以来已经被制度化了的,都已成为学校教育的"语法"了。这种语法的存留,以及每个人对学校作为机构应该如何运转的想法,使得新的变化、创新和改革变得非常困难,这意味着不同的甚至离经叛道的制度化表象(泰益克和托宾,1994)。

挑战学校传统"语法"的创新往往会在一段时间内引起参与者强烈的兴趣,在得到良好支持的试点项目中,在有专门人员和有领导魅力的学校里或者少数非典型的学校或教师之中,它们会繁荣和蓬勃发展,但一般而言，创新终究会褪色，灯塔学校也会失去光泽。然后，他们便会尝试在更广泛、更不可知的系统中传播这种主动性，但收效甚微。即使为数不多的几个创新设置侥幸存活下来，也会被当作特定的例外［洛尔蒂（Lortie），1975; 萨拉森（Sarason），1990］。

面对学校教育的传统语法以及那些兴趣倾向于抽象学术的人，绝大多数的教育变革深化了学习，让每个人都能从中受益，但既不能扩散开，也不能持续下去。在更深层次上，可持续发展提出，政策制定者的当务之急是短期的成功而非长期的改善，是让它们表面看起来更好，而不是确保学生学习的持续变化，是强调普及选举周期的时间轴而非持久性的变化周期。

当今对教育变革可持续性的讨论一直在老调重弹，反复强调随着时间的推移如何保持持续的变化。但是这么做往往使可持续性的理念变得琐碎，将其弱化成了可维护性——针对怎样让变化持续得更久——但并没有让我们对变化的理解有所增加。然而，现在我们已经学会了如何将变化维持一段时间。

它也会反对维持和扩大学校重大改进所需的系统变化，学校的历史上都散落着那些没有持续下去但有价值的创新，这些创新还从未被复制过。当然，这也有财政上的考虑，但广为流传的"项目思维"也应当受到责备。要让学校有实质性的改善不仅仅需要一些示范。改进的方法相当于一个学区在其所有学校平等发展并将其制度化的能力。这个过程通常被称为扩散、复制、铺展或扩大规模。

在维持创新上的频繁失败，以及在学区增加创新规模的失败，让越来越多的人开始意识到，整个教育行政系统需要发生变化。

我们对系统性变革的关注已经进行多年，一直在不断示范，致力于将其制度化并扩散到更多的地方。现在，我们完全相信，推进这个工作需要脱离"项目思维"，也需要在促进系统性变革上变得更成熟 (阿德尔曼和泰勒，2007)。

弗兰强调，最需要的领导力是"促使人们接纳困难变化的复杂性和焦虑性"(弗兰，2005年，引用阿德尔曼和泰勒，2007年)。

（3）可持续发展的意义

可持续发展不仅仅是关于耐力的问题。它涉及的不仅仅是一个从头至尾的过程。莱斯特·布朗（Lester Brown）是世界展望机构的创始人，在20世纪80年代初，他首次在环境领域对"可持续发展"下了定义。他描述了可持续发展的社会，这样的社会能够满足其自身需求，而又不会对后代满足自己的需求造成损害。

对于可持续发展领导力和领导力的改进来说，能在现在和未来保留并发展深度学习，同时对我们无害并确实为我们创造了价值。对这一点，我们是有争议的(哈格里夫斯和芬克，2005)。

可持续领导的特点是学习的深度和真正的成就，而不是肤浅的绩效测试；从长远来看，影响的长度通过有效管理的继承超出了个别领导者的范围；从影响的宽度来讲，领导力是一种分摊的责任；其正义性确保领导的行为不会伤害学生，并对其他班级和学校的学生产生积极的影响；其多样性替代了标准化，并与网络化和凝聚力对齐；其丰富资源能够节省教师和领导者的精力，避免了殚精竭虑；其可保持性建立在过去最好部分的基础上，能创造出更加美好的未来（哈格里夫斯和古德森，2006）。

根据我们理解的可持续发展的意义，领导们能为可持续的改善做出什么贡献？ 我们认为，这种可持续领导力的达成，是通过领导者在学校如何着手处理、投入、保护深度学习；通过他们如何维持周围的人来促进和支持学习；通过他们如何维持自己在这样做，从此可以坚持自己的愿景，避免透支；通过他们如何努力确保终于带来改善，尤其是在他们自己离任之后（哈格里夫斯，芬克，2005）。现在，我们将看看我们称之为"可持续领导力"的三个特别的环节，说明可持续性（和nonsustainability）的不同组成部分：领导学习、分散式领导力和领导力的继承。最后，我们从一个地区和一个国家引入了一些材料，来证实可持续的领导是如何超越了学校范围，在其邻近社区内外整合领导力的。

事例来自我们的研究报告，详情可参见《随时代变换》（哈格里夫斯和古德森，2003年）一书，这本书是《教育管理季刊》的特别版。与四所（之后变成六所）中学合作五年以上的直接经验，帮助他们实施了一系列主要的合理变革，变革方式与成功学校的改善原则和自己作为教育者的专业价值观是相一致的。

所有的学校都位于加拿大安大略省的大型城市和郊区学区，这个学区与安大略省教育和培训部合作资助了此项目。最近的两个例子，来自世界上许多国际测试中表现最好的国家芬兰以及英国进步最快的城市学区。

加拿大项目的设计使学校之间以及学校与项目团队之间产生了信任关系，彼此能坦诚表达，相应地，在其他主要的变化也影响着学校的同时，对教师和领导者在这五年期间如何经历和适应改革产生了一种真正的理解。

现在，让我们来看看，在项目学校中可持续和非可持续的三对例子。

（4）可持续与非可持续的例子

例1：领导学习

所有学校领导的主要责任都是保证学生的学习成绩，领导者将学习放在他们所做的所有事情的中心：以学生的学习为先，其他人的学习都是为了支持前者［格利克曼（Glickman），斯托尔（Stoll），芬克（Fink）与厄尔（Earl），2002］。当他（或她）的学校面临破坏性（分散人们的学习精力和注意力）的现状或政策时，领导者才遇到了最强的挑战。

高风险的测试对教师施压有更好的结果，但不一定对学生的学习有更好的效果。在这种情况下，教育者应该如何做取决于他们对学生学习的投入和他们对自己学习的态度。2001年，加拿大安大略省在十年级引进了一个高风险的读写测试。这个测试被应用到几乎所有学生，他们只有通过测试才能毕业。高风险，高压力！

高风险测试的两种方法

艾弗·梅格森（Ivor Megson）是塔利斯曼公园中学的新校长。梅格森是从学校的校长助理提拔起来的，作为领导者，他在自己的工作上兢兢业业，但不喜欢大刀阔斧。他的大部分工作人员已经在学校工作了很长时间。他们喜欢在自己的学科上创新，但对更大规模的改革议程持怀疑态度，经常冷嘲热讽。一些有怨言的工作人员每天早上在喝咖啡的时候碰面，抱怨政府最新的（几乎是每天的）举措和公告。像许多校长一样，梅格森认为他的责任是保护他的员工，避免他们被突降的改革洪流淹没。他觉得，这是他能帮助他们的最好方法。

梅格森与工作人员一起想到了一种方法，能以最小限度和最少的破坏性来应对十年级测试——这个方法能以最少的精力产生最好的结果。很快，梅格森和他的同事开始找出这样一组学生，在预备测试中，这些学生的成绩在及格线之下一点点。学校会训练他们，或帮他们在读写测试上进行集中辅导，这样，在真正的考试中，他们可以争取及格。理论上讲，这一战略是奏效的。学校的效果看起来也还不错。

但是教师的精力是有限的，工作人员将精力放在了及格线附近的学生身上，那些成绩更低的、真正需要在读写上得到帮助的学生就被忽略了。在塔利斯曼公园中学，针对所有学生的读写和学习——尤其对最需要的学生——牺牲给了表面文章。

夏尔曼·威廉姆斯（Charmaine Williams）是维文中学的校长，她的学校也快和塔利斯曼公园中学一样了。那是一所具有多元文化和种族的学校，对那里的很多学生来说，英语是他们的第二语言。维文中学在读写测试上的失败例子更多，然而威廉姆斯的学校的目标是培养读写能力（他们的主要改进目标之一），而不是培养读写测试的能力。

威廉姆斯让她的工作人员探讨，如何提高读写能力才能让学生从长远来讲真正受益，而不是专注于如何在短期内的测试得分上投机取巧。大量的工作人员聚一起，跨越学科，借助研讨会培训的支持，同时维文中学审查了课堂上现存的读写实践，研究了对培养读写能力有帮助的有效战略，并进行了差距分析，以便查看什么样的改进是必要的。

教师跨越学科，分享了他们的读写能力战略，然后将整整一个月的时间高调投入到学校的读写能力学习中。他们还延续了一项已经取得成功的读写行动，在学校的每个人每天都一起阅读15分钟。威廉姆斯利用她员工的学习来支持学生的学习。结果并不立竿见影（可持续的变化往往是这样的），但工作人员和家长都有信心，认为长期的改善是最重要的。维文中学的老师们相信，在未来几年，随着学习和成就的累加，考试分数会慢慢上升，这是在测试上投机取巧所难以达到的（尼科尔斯和柏林，2007）。

一项改革，两位校长，两所学校，但结果大不相同！尤其是在最不利的情况下，当校长是学习型领导者的时候，才能为自己的学生创造最持久和具有包容性的改进。

（5）分散式领导力的例子

卓越的领导力不仅是个人的彰显，在复杂、快节奏的世界中，领导力不能只担负在少数人的肩上，因为担子实在太沉重了。高度复杂且以知识为基础的组织，需要每个人的力量来帮助组织做到收缩自如、快速反应、重新部署，并在不可预知的、有时异常庞大的需求面前快速重建。

将所有决策都锁定到领导者个体上会产生不灵活性并增加错误的可能性，但当我们使用布朗和劳德（2001）所说的"集体智慧"（智慧是无限的而不是固定的，是多层面的而不是单一的，是属于大家的而不只是几个人的）时，学习的能力就被无限放大了。由于这些原因，在分散领导力取代独立领导人这方面有越来越多的投入和努力。在分散式领导力系统中，领导力变成人们、结构和文化（包括内部和跨组织边界的文化）之间的关系网络，而不仅仅是一个基于角色的功能。这个功能被分配到组织里的每个个体，这些个体能利用自己的权力来影响他人行为。领导力被看成一个依赖于相互关系和连接的有机活动（莱利，2000）。

例2：不同的领导风格产生不同的结果

马克·沃恩（Mark Warne）是北首岭高中的校长。退休三年以来，沃恩有着敏锐的智慧，对有关规定的变化及其影响有深入的了解；他更看重也很善于看到改革的大局。当改革的立法揭晓后，沃恩很快写出了细致周到的方案，制订了实施时间表，并将它们发给员工，征求他们的意见。但得到的回答是令人失望的，沃恩透露说，他的工作人员普遍对卷入变革中表示冷漠。他的力量源于他了不起的智慧，但他却无法在自己员工之间分享他的愿景。大局的变化只属于沃恩自己，而不是大家。他的办公室里堆满了政策阐述、资源和材料，而如果能在学校周围分发这些材料也许会更好。

沃恩通过线性管控各部门负责人的方式来控制学校的发展方向。各部门负责人在各自的领域相当自治，因此，工作人员的参与程度依赖每个部门头目的领导风格。他的一位副校长（也快要退休了）执行传统的纪律和管理角色，另一位正在痛苦地与绝症作斗争。

沃恩授权给他的下级部门负责人，并接受他们更加专业的建议。部门的负责人一般用"支持""富有同情心"和"用心良苦"来形容他。然而，大多数的工作人员却被排除在决策之外，在重要问题上知之甚少。他们认为他们的校长"优柔寡断""前后矛盾"并且"缺乏个人愿景"。在与全体员工一起召开的学校改进研讨会上，他们是六所学校中唯一认为自己是处于"巡航"状态的（斯托尔和芬克，1996）——他们大部分的学生都拿到了较好的成绩，但学校缺乏目的和方向。员工在研讨会上认为需要强调的主要问题是"与管理层沟通"。

在这之后不久，学校开始发生巨大的变化，但不是通过校长的变化产生的，而是任命了两位新的副校长。是他们一起为学校的管理注入了新的热情、乐观和焦点。黛安·格兰特（Diane Grant）的运动才能和充满感染力的风格给她带来了复杂的课程知识和针对改革问题的课堂评估。没多久，她就能巧妙地引领员工分析课程差距，或在员工野餐时将他们的座位交叉安排，让他们在桌布纸上涂鸦写下自己的想法，分享课堂评估的成功经验。同时，比尔·约翰逊（Bill Johnson）是另一位副手，他利用自己的咨询技巧，在工作人员之间开展了有效的沟通。格兰特唤醒了教师的激情，约翰逊则平复了它们。作为一个团队，他们能够为学校设定一个共同愿景，创造一种更加开放的沟通风格。在这种新的风格中，工作人员集中在协作学习、探究和解决问题上。沃恩的优势是，恰到好处地将与课堂改变相关的重要领导力分摊给他的副校长，而其副校长又将领导力重新分配到领导层人员中，使他们学会分辨和过滤政府的指令，而不是单纯的只知道实施。

（6）领导力继承的例子

可持续的领导力会超越特定的个人，当领导离开时它也不会消失。有证据表明，模范学校、灯塔学校原任校长的离开或早期领导人的任期届满是走下坡路的首要征兆［芬克，2000; 萨拉森（Sarason），1972］。麦克米兰观察到，在一些学区，学校之间领导轮岗的做法会让教师更排斥改变，因为在他们看来，学校的校长就像建筑里的旋转门，而他们自己却是里面永久的居民。无论校长轮岗与否，领导力的继承总会对持续改善构成威胁。

例3：两所学校如何处理领导力继承

比尔·马修斯（Bill Matthews）是一个高大而威风凛凛的人，他的角色带来了愿景、活力和理性的严谨。作为一名警官的儿子，他认为学生是第一位的，并凭借明确的预期和不懈的决心奉行这一信念。一些工作人员非常尊重他，因为他能致力于为儿童工作，愿意采取行动，时刻为孩子们着想。校长之前的经验支撑起他的自信，并且，在充满论证和辩论的教师文化中，他那带点对抗性的风格能鼓励并娱乐那些理由充分的反方支持他的想法。这使他在相当数量的工作人员中非常受欢迎，也让员工会议气氛非常活跃。在既定的期望和明确的榜样下，马修斯以他生气勃勃的论证和幽默带领斯图尔特高地学校。最突出的例子是他亲手解决了80名学生的日程问题，证明了为学生提供更好的服务确实是可行的。

马修斯通过让工作人员有意识地分析数据，并在他们所学的基础上制定行动计划，能够很快地采取行动。他综合了几个改进小组，相较于之前处于主导地位的部门领导理事会，这允许教师对学校的工作有更大的发言权和参与度。在这个多元文化的学校，马修斯鼓励员工发起了一系列的改变，使学生能感受到参与，家长感到更受欢迎。以自己的人际交往和他在学校周围的知名度为后盾，结构、规划和启动是马修斯带来变化的方式。他的果断和方向感令许多工作人员（包括在学校成功团队里的大部分人）都充满干劲儿。工作人员称他是"有远见的人""变革推动者"和"高效的经理人"。但其他人——尤其是女性——表示她们尊重他，但质疑他这种有点"专制"的风格。

两位副校长提供了互补，与马修斯团队中的方法确实形成了极大的对比。一位领导像个消声器，更加内敛，比起他的"直爽"校长，是将阳刚之气程序化的版本。另外一位则对学生、课程和员工发展更多地使用以关系为中心的方法，在这种方法中，关爱、勤奋和很高的期望发挥了重要作用。他们以截然不同的风格也极大地促进了教师对学校各项工作的参与。

比尔·马修斯（Bill Matthews）认为，为提供一个"给孩子们和社区"的服务已经在努力改变学校文化。然而，他向员工展示的调查数据显示，95%的工作人员对学校是满意的，但只有35%的学生和25%的家长对学校满意，这带来了一个需大家共同努力才能解决的问题。

马修斯和他的团队拿出更多的时间来帮助工作人员过滤他们的疑点和难点，这样一来，应该已经能够将短期创新转化为持续改善。但是，到他上任的第三年年底，学校系统内的不断变化使他被调到一个监管者的职位，他的一位副校长成了校长，另一位成了第二任助理校长。斯图尔特高地的新校长对学校和角色都还不太熟悉，需要慢慢摸索。与此同时，改革议程的步伐迅速加快。最后的结果是，员工和他们的新校长将所有注意力转到执行而不是改善上。对学校会议的观察表明，随着上一任校长的离开，原来以学生为中心的政策现在让位给了更加传统的行为准则。学校改善所取得的早期成就很快就变得黯然失色。如果想让学校的改善具有持续性，保持发起者任期的持续性或者至少有较长的任期是必要的条件，其继任者的理念也要与其相一致。

蓝山学校创立于1994年，是一所创新模范学校。相比之下，蓝山学校从一开始就规划了其领导的继任。大多数创新学校的命运都是在创始校长离去之后就开始走下坡路。蓝山学校的校长预料到自己迟早会离开，便努力创造了学校的一套组织架构，能保证在他离开之后政策还能存在下去，还能"继续未竟的事业"。他对领导接班所带来的不利变化特别警惕，因为新来的校长可能带来不同的理念。因此，他非常强烈地提出他的副校长必须是他指定的。四年后，系统将创办学校的校长调到一所更大的学校，将他的副手提拔到了他的位置。对此他说："我们谈到如何能够保持学校朝现在的方向发展，我们担心，如果有新的管理者过来当校长，他（或她）持有的理念不同，信仰不同，那么事情往另外一个方向发展也是很轻而易举的事情，但我们并不希望这样的事情发生。"

蓝山学校的例子是罕见的。一般情况下，有计划地继任是学校领导理念和实践中最容易被忽视的方面，也是在我们确保学校改进可持续性的努力中长期缺失的部分之一。

（7）可持续领导力作为综合领导力

来自芬兰的案例

无论是在数学、科学和语言知识的应用还是竞争力的国际评级，芬兰在国际学生评估项目测试中的结果处于世界领先地位。它避免了国家标准化考试造成的目光短浅和不可持续性，通过良好的工作环境、高度的专业信任和鼓舞人心的使命吸引高素质的教师，达到高水平的教育成就和经济上的成功［根据国际货币基金组织（IMF）评估，它的经济竞争力超过美国，排名世界第一］。

与团队的同事一起，我们中的一员为经济合作与发展组织考察了芬兰的系统。我们发现，校长们能够带领高素质的教师队伍，这些教师能在广泛的国家标准范围内发展自己的学校课程设置。

他们在一种信任、合作和有责任感的文化中工作，把自己看成专家中的一员，与其他专业人士和邻近学校一起努力实现振奋人心的目标，重建自己的共同体和具有包容性和创造性的国家、社会。事实上，在坦佩雷市，高中校长告诉我们，当他们都同意社区的一项重要举措时，如果一所学校的资源不足，校长可以给其他人打电话，其中一人会说，"我们有一些多余的，你需要我们的吗？"芬兰教师所考虑的不仅仅是"我和我的班级"，芬兰的校长的考虑和行动也超越了"我和我的学校"。不只是教师需停止作为独立承包商的行为，校长也要如此。

来自伦敦的案例

如果感觉芬兰压倒性的"白色"文化似乎与美国和其他地方的中心城市不太相干，伦敦的陶尔哈姆莱茨区在可持续领导能力作为综合领导力方面是一个同样有说服力的例子。陶尔哈姆莱茨区很不合时宜地坐落于玻璃和钢铁铸成的办公楼对面，2009年，在这座楼里20国集团完成了全球经济结构调整。

自治市原为自耕农的居住地，这些自耕农守卫着伦敦塔。20世纪的大部分时间里，这里都是码头工人的社区。伦敦的港口产业在20世纪70年代崩溃时，油轮和集装箱船再也不能在泰晤士河的急弯里航行，移民浪潮席卷了这个新的贫困地区——许多移民来自孟加拉国，这是世界上最贫穷的国家之一。尽管伦敦码头区的一部分进行了重建，变成了金丝雀码头——时尚的全球金融和媒体中心，那些在高科技新线路来来往往的白领几乎没人意识到他们中间的移民社区。

陶尔哈姆莱茨区的孟加拉语社区饱受高失业率和一些贫穷问题的困扰，这里享用免费午餐的孩子几乎比其他任何地方都多。教育者对学生成绩的期望值低得令人吃惊，这里有全国成绩最差的小学。1997年，陶尔哈姆莱茨更是被宣告为全国表现最差的地方教育当局。

十年后，陶尔哈姆莱茨区学校的转变巨大。这里附近的一些学校，成绩高于全国平均水平。在标准化测试、高中考试成绩和学生上大学的比例上，自治市被评为英国进步最大的地方当局。有特殊教育需要的孩子、来自少数民族文化的孩子和那些享用免费午餐的孩子，他们与富裕社区学生的成绩差距已经显著降低。

（8）全系统转变

如何解释这种整个系统转变的现象？在与阿尔玛·哈里斯（Alma Harris）共同指导的一个被称为"超越期望的表现"研究项目中，我们中的一员研究了陶尔哈姆莱茨区成功的秘密(哈格里夫斯和雪莉，2009)。故事的中心是以下组成部分，与可持续发展和整合的领导力相关：

- 富有远见的领导力。新的主管自认是工作狂，认为"贫穷不是不良后果的借口"，志向应当高远，满足这些愿望需要不断努力，而且所有人都应该向这个方向共同前进。

- 成功地继任。第一任领导者之后有成功的继任者，也是位教育家，更加重视发展，同样执着。在交接中只有很短暂的不稳定期。

- 共同目标。学校领导共同提出一项承诺，制定并实现共同目标，使"每个人都拥有它们"，这比政府规定的目标更加雄心勃勃。

- 积极的信任和尊重。应该做到"我们的很多学校与当地政府非常紧密地合作"，监察员的报告中提到"员工们充满热情，士气高涨"。

- 对学校的了解和在学校中的存在感。所有利益相关者提供支持，就建立信任而言，直接沟通比最终出现在电子表格中的数据更有效。

- 跨学校合作。要致力于跨学校合作，当接收来自附近难民家庭的索马里学生后，一旦当局的13所中学之一落入到失败的学校群体中，其他所有的中学轮流提供帮助。

- 加强社区关系和参与度。正如社区也影响着他们那样，陶尔哈姆莱茨学校影响着他们的社区。他们与宗教组织一起工作，并与来自这个穆斯林社区的伊玛目们达成一致，共同应对学生们在学校长时间缺席的问题。在参加过家庭活动（例如孟加拉国传统的葬礼）之后，学生们会在家停留更长的时间，他们的应对方法是将擅自延长缺席时间作为旷课。陶尔哈姆莱茨还将它们的一些学校发展成综合社区中心，学校从上午8点至晚上10点，为学生和社会各界的成年人提供文化资源和娱乐活动。最后，大量的课堂助理和社区的其他工作人员支持教师在专业人员和社区成员之间建立强大的信任关系，并鼓励一些社区成员通过进修成为专业教师。

在陶尔哈姆莱茨和在芬兰的情况一样，领导人具有强大而又有弹性的目标感，投入到成功、综合和可持续发展的系统领导力中。这种领导力与学校紧密相连，也在学校中得以实施，这与学校帮助学校以及强者帮助弱者的理念共同发挥作用。这些领导者的思维和工作范围都已经超出了他们自己的学校本身——与其他学校以及周边社区共同发展。

（9）所涉问题的讨论

我们对教育可持续发展的定义和层面，以及在实践中的演示，在发展可持续的领导力上有很多值得深思的地方。

领导力的未来必须植根于多数人的心中和头脑中，不能停留在少数人的肩膀上。

在学校的领导上，我们需要全心全意的专业人员，而不是管理的殉道者——将全部都奉献给工作，以牺牲他们的家庭、生活、健康为代价。

学校的领导力不是领导者个人能力的总和，更不是各独立的校长。学校领导力是一个系统，也是一种文化。学校是校长、教师、学生和家长共同领导的地方。为了保持有质量的领导，学校系统必须考虑领导素质、资历和发展的延续——并非仅仅制定共同标准和准则，而是将系统思考运用到所有举措中。领导必须是综合素质的培养，而不仅仅是共同特征的总和。

正如我们在第一章中所讨论的，学校管辖范围应该将领导力看作跨越水平空间的系统，领导人可以在校内和跨学校的同行支持小组、网上对话、学校及其校长活动中互相学习（斯托尔和芬克，1996），联合研究和开发项目等等。正如我们在学校改善工作中所体会到的，学校领导一贯最看重的部分之一，是经常见面并与对方公开交谈分享职业经历（偶尔也会谈谈个人问题）的机会。

教育系统应该将领导力看作跨越时间的纵向系统

所有领导人的努力都受到前辈的影响，也会对他们的继任者产生影响。从时间上看，任何领导人都不是一座孤独的岛屿。

校长和他们的系统往往把全部精力投入到所谓"入门知识"（改变一所学校所需要的知识），改善它，并印上自己的印记，或者将它翻转过来。很少或根本没有注意到的重点是"出门知识"（保留过去的成功，或者前任领导者离开后还能保证政策会延续的知识）。从校长获得新任命的那一刻，他们便立刻开始专注于自己的新学校，他们的下一个挑战，或许就是如何确保他们现在的成就在他们离开后还能继续。

在教育中，很少有什么东西比领导接班更加不堪一击。勇敢的领导人一般不会为自己的离开做打算，变革的重点已经磨灭了连续的重要性。在市内学校，教师看到自己的校长不断地来来去去，他们很快便学会如何抵抗、忽略每一个新的领导者的努力（麦克米兰，2000）。其结果是，学校的改进变得像一组上下浮动的软木塞，许多学校随着一组领导人的上台而提升，在下一组领导人上台时沉沦。如果既想要可持续发展又想要成功的领导，我们便一定要高度重视领导力的继承（芬克，2000）。领导者必须要问自己这些问题：我的遗产是什么？我离开后我的影响如何继续存在？领导者要在一开始的时候便提出这样的问题，而不是在他们的任期接近尾声的时候。

教育上取得持续成功的希望在于在整个学校社区创建分散式领导力文化，而不是训练和发展个别的领导精英。

面对当今环境下的现实——极高的期望、迅速的变化、处于21世纪的第一个十年中的年轻职业——教师不能仅仅被单纯当作其他人领导力的目标，在自己职业生涯开始时就必须把自己看作是或鼓励自己成为教室里和同行中的领导者。

分散式领导力不仅仅意味着委托。委托包括将较小的或者往往不需要的任务传递给他人。领导者个人决定要委托什么和委托给谁。分布式领导力意味着创造具有主动性和机遇的文化。在这种文化中，各类教师都可以提出新的方向，开始进行创新——也许有时甚至会为了学生和学校的更高利益而给他们的领导人提出充满挑战创造困难。当它完全发展的时候，分散式领导力的范围延伸超出了工作人员、学生和家长。分散式领导给领导力的实践带来了深度和广度。

招聘新的领导者意味着专注于自己的潜力，而不是回收其现有的专业技能。

乍一看，西方世界大多数辖区面临的这种领导继承挑战，可以看作是人数数量落差的问题——婴儿潮一代到了退休年龄，由人数较少的下一代接替。但比起供需问题，更多的是政治和教育理念的问题。华莱士基金会（2003）的报告指出，"校长职位并不缺乏合格的候选人，只依靠增加更多候选人的策略是毫无道理的。领导继承的真正挑战是找到合适的人，并在合适的时间出于合适的理由把他分配到合适位置。时间和位置或许并不总是可控的，但出于合适的理由雇用总是可能的。教育领导者无论扮演什么样的角色，必须把自己看作学习的领导者——他们自己、他们的教师和其他工作人员，当然还有他们的学生。他们必须"充满激情、富有创造性、坚定不移地致力于加'深'所有学生的学习——为了理解学习、终身学习、为了知识型社会学习"（芬克，2005）。从这个角度看，继任挑战在大多数西方国家若隐若现，拥有承诺、价值观、气质和智慧的新领导者取代正在消逝的领导者，将学生的学习和成就推到新的高度。

华莱士基金会（2003）的报告表明，学校辖区需要超越这种旨在以有资格的人填补空缺的替换规划策略，将更多重点和资源放在改革政策和实践上，以调整激励机制和工作条件，使非竞争性学校和学区吸引合格的候选人。同时也可以在当地的聘用活动中与对校长绩效的更高期望一致起来，重新定义本身的工作方式，让校长专心致力于学生的学习。

渐渐地，这个建议流行起来。在过去几年，我们看到一些教育决策者的思维发生了微妙但重要的转变。过去，用于领导层的征聘和发展的资金被认为是损失，现在被看作是对未来的投资，这样做的结果是，一些学校当局和地区已经将重点从"替代规划"转移到"继任管理"。在"替代规划"中，某些具体的人被认为具有填补某些工作的专业技能，通常是以公开方式竞争。而在"继任管理"中，"一组为当前和未来的角色选定的高潜力人员的加速发展"替代了"雇用和希望"，这些学校当局现在采纳的是"发展自己"的理念。

可持续领导需要整合整个学校的系统和网络，而不只是个人准备的发展战略，可持续发展领导力是系统化的领导力。

它强调了在学校里，领导力是如何通过分散式的领导展开的，其中也包括教师的领导，因为领导力不是单纯地停留在校长的肩上。它注重的是随着时间的推移，领导力是如何从一位领导到下一位领导传递开来的，使学校的成功并不以其领导离开而结束。最后，它考虑学校和他们的领导人如何在校内和社区内互相影响，强调如何将这一点变成共享的优势。可持续领导力的这种积极的相互关联发生在以下几个方面。

• 在鉴定和评估网络中。在罗德岛州和伊利诺伊州，"学习与教学的学校责任"项目让学校参与到自我评估的发展中，这种自我评估又与外部其他学校同行组成的团队管理评估相连接——不仅提高主人翁学校的能力，也提高了评估他们的团队的能力。

• 在学习和改进的网络中。在英国"提高成绩/转变学习"项目中，超过700所高中已经以全国平均水平的两倍的速率提高，通过与同类学校联系，或者自己选择指导的学校，与他们交流和发展那些关系到学生的成绩变化的短期和长期战略（哈格里夫斯和芬克，2005）。类似这样的最好的网络和伙伴关系经常开始于不会陷入直接竞争的学校之间。

  • 在基于区域交叉学校的合作中。专注于共享社区的更大利益。由于受到基于宗教基础或种族相关的居住方式的区域分割，或受到市场无情竞争的对立，或是因担心将机密泄露给敌人而变得孤立，在同一个城镇或城市的学校往往是最可能联结到一起的。但在芬兰和陶尔哈姆莱茨区，当强大的学校在类似的人口状况下帮助较弱的同行，会有很多受益。激励机制的领导人可以诉诸对未来社区的共同承诺。拨款规则可以和鼓励激励区域内部或跨各区的合作。学校和他们的领导人还可以学到，帮助别人能提高自己的信心和能力。

6.关于你的可持续的10件事

可持续性听起来很有哲学味道，它实际上是什么意思呢？这里对在你的系统或学校中发展可持续领导力有10个实用的理念：

  • 重新聚焦你的课程、对材料的使用和学校设计，将生态可持续性作为教学和学习的一个核心方面。在可持续发展教育的课程理念上可以咨询教科文组织或世界野生动物基金会。看看已经采用这一重点提高成绩的学校，他们关注地球的未来。

  • 展开对成就的讨论，反思如何利用谈话以及有关成果的学习来巩固成就。把学习放在第一位，要放在测试甚至成就之前。只要学对了，其他元素自然就有了。

  • 坚持所有的学校改善计划都包含领导力继承计划。这并不意味着指定继任者，但它意味着关于学校或学区的未来领导力的需求，有社区共享的持续的对话和计划。

  • 让每一位老师和领导者成为那个地区一个学习型团队的一部分，根据安排的学校时间及课余时间定期见面，使之成为专业工作的一种状态。学习小组的这一重点应该是自导，而不是从管理上强行施加。

- 写自己的专业讣告。它使你好好想想你离开时要留下的遗产,以及怎么有意地让其存活下来。
- 形成一个三方的合作伙伴关系,其中一方是自己国家表现更好或者更差一点的学区或学校,另一方是欠发达国家的学校或学区,如此三方互相学习、互相启发,每一方都需要也都会给予帮助,没有哪一方在所有事情上都是优胜者。
- 在你的城镇或城市建立学校间的协作,要跨越区域界限,致力于超越学校利益共同体的发展举措。
- 建立一个系统,成功转型学校的校长和领导团队可以接纳第二所甚至第三所学校(包括他们自己)—为管理者发展他们的行政事业而不必放弃他们的学习,为处于挣扎中的学校提供同行的帮助(而不是自上而下的干预),减轻地方行政管理者的负担,从底层开始支持内部和整个地区更多互相联系的领导力(英格兰已经开始这样做)。
- 训练看起来领导能力不是很强的老师—而不仅仅是那些看起来已经具备领导力的人。所有的领导力都是习得的,只是可能有些人学习起来会比其他人吃力一些。如果领导者们还不放宽眼界,不将那些还没有领导意向的人容纳进来,就难以有分散式的领导力。
- 把更多的时间花在学校(如果你在该学区工作)或教室(如果你是一所学校的校长)里,不仅仅要旁听(这种管理方式已经被过度使用了),也要作为一种方式来发展对教师和学生正在做的事情的兴趣和了解。首先要了解你的人,第二才是检查数据和电子表格,而不是反过来。

附录资源

资源1　创建一个通用的标准来定义优秀的行业

第1步：集体讨论形成教学质量的观测指标列表

1. 想一想你教授过或观察到的一节在参与和结果方面都非常成功的课程
2. 想想这些类别：教师行为、学生行为等指标。
3. 每个类别中，为这堂课的成功做出贡献的关键属性是什么？
4. 分别列出老师的行为、学生的行为，和当质量指令出现时你期望看到的其他指标。

第2步：以小组来规范教学质量指标

1. 在团队或小组中分享您的个人列表。
2. 合并并细化列表，形成一个完整的列表。
3. 继续组合和提炼，直到在每个类别（教师行为、学生行为等指标）都有三到五个指标的列表。

例如，可能的指标包括学生的参与、学生的想法、思考或反思的时间、问询、明确学生的期望等。

第3步：教学质量的考核指标

确保你已经区分出质量指令、课程设计和教学策略的指标。例如，指标可能是"学生参与"，而老师利用实现参与的一个策略可能是"合作学习"。

注意：以研究为基础的战略来自《有效的课堂教学：以研究为基础的策略提高学生成绩》（马扎诺，皮克林和波洛克，2001年），书中解释了一些经证明能使学生学习状况改善的策略。您的列表中不应包括这种具体的战略，而应该是你认为有用的部分。

第4步：通过描述教学质量的每一个指标检查了解

每个指标应该有一个说明，当寻找高质量的指令时，没有一个人会迷茫"寻找什么"；当描述教学质量的指标，用观察的语言。每个指标看起来和听起来是什么样的；学生参与指标说明的例子；学生被鼓励参与并表达思想；学生正在寻求理解并提出问题；设定预期指标说明的例子；学生们了解了关于目标、标准以及所教授的概念；学生对他们要学习的东西、如何学习、为什么学习有一个清醒的认识；教学学习观摩。

第5步：聚焦原则：

原则1. 共同的使命、愿景、价值观和目标；

原则2. 确保所有学生的成就——预防和干预系统；

原则3. 关注于教学中学习的协同团队；

原则4. 依靠基于数据的决策进行持续改进；

原则5. 从家庭和社区获得积极参与；

原则6. 建设可持续的领导能力。

注意，此会话的目标在于参与者将在定义教学质量指标的过程中建立对教学质量的共同理解；通过指导型的学习观摩，学会定义、描述、辨识优质教学的指标；了解什么是优质教学以及它是如何促进学生成功的。

第6步：制定团体规范

HOPE 的会议规范	合作的七个规范
• 每个人都有发言的权利 • 理念、想法和建议由积极意愿产生 • 需尊重启动和结束时间 • 避免私下交谈 • 每个人都专注于小组活动和方向 • 手机处于振动状态	• 中止 • 意译 • 探测特殊性 • 将想法放到桌面谈 • 关注自我和他人 • 假设积极意愿 • 践行调查和宣传的平衡

目标

教学学习观摩有助于通过定义优质指令指标的过程建立专业学习社区内对优质教学的共识。教学学习观摩过程有助于定义、描述并确定教学质量指标。学习优质教学是什么样子的，将这些做法纳入教学计划以促进学生的成功。

参与教学学习观摩是一项专业发展活动。观察和定义质量指标有助于通过确定教学质量指标的存在和优质教学指示的频率促进专业团体的工作。课堂名称、老师的名字、具体的学生对这项任务而言并不重要。

集体讨论形成教学质量的观测指标列表

- 想一想你教授过或观察到的一节在参与和结果方面都非常成功的课程。
- 想想这些类别：教师行为、学生行为等指标。
- 每个类别中，为这堂课的成功做出贡献的关键属性是什么？
- 分别列出老师的行为、学生的行为，和当质量指令出现时你期望看到的其他指标。

以小组来规范教学质量指标

- 在团队或小组中分享您的个人列表。
- 合并并细化列表，形成一个完整的列表。
- 继续组合和提炼，直到在每个类别（教师行为、学生行为等指标）

都有三到五个指标的列表。

例如，可能的指标包括学生的参与、探索学生的想法、思考或反思的时间、问询、明确学生的期望等。

通过描述教学质量的每一个指标检查参与者的了解情况

每个指标应该有一个说明，当寻找高质量的指令时，没有一个人会迷茫"寻找什么"；当描述教学质量的指标，用观察的语言。每个指标看起来和听起来是什么样的；学生参与指标说明的例子；学生被鼓励参与并表达思想；学生正在寻求理解并提出问题；设定预期指标说明的例子；学生们了解了关于目标、标准以及所教授的概念；学生对他们要学习的东西、如何学习、为什么学习有一个清醒的认识；

准备教学学习观摩

- 审查优质教育指标和组里每个人的描述清单。
- 找出优质教育指标的实例并与你的小组对标。在你要寻找的事情上确认与大家位于同一阵线。
- 在观察表上记录你团队的优质教学指标。

执行教学学习观摩

- 以小组进行30分钟的教学学习观摩。
- 分散开并尽可能多地去观察不同课堂，带着观察表。
- 观摩的每个课堂上寻找优质教学的指标。（此活动不需要识别是老师还是学生。）
- 在你观察到的每个指标旁做标记。

汇报教学学习观摩

理清你观察每个优质教学指标的次数，先自己统计，再在小组中统计。以数据的形式考虑以下问题：哪些指标被观察到的次数最频繁？哪些指标被观察到的次数最不频繁？哪些指标在观察过程中会偶然出现？

对于上述每个问题（上述1、2和3点），同时要考虑：关于学校的教学质量，你可以得出什么样的结论？对观察到的事物你会有什么样的问题？你最想赞美的是质量的哪些方面？在对观察的交流中，你对"下一步"有什么意见？

观察表

若该行为在教室（CR）中出现，请做标记。

指标：教师行为	CR1	CR2	CR3	CR4	CR5	CR6
合计						

指标：学生行为	CR1	CR2	CR3	CR4	CR5	CR6
合计						

来源：艾伦·M.布兰克斯坦（Alan M. Blankstein）。

资源2　挤出时间的策略

- 分享教室。计划、安排团队的教学和跨学科的上课时间。
- 调整每天的日程安排。教师同意在课程开始前提前到达教室，使会议有足够的时间。每周中有一天课程可以开始得晚些，给常规的早会增加15到20分钟时间。
- 将课程放到一起。在互惠的基础上进行课程交换互访（例如，五年级学生参观一年级的阅读课或与年龄较小的孩子一起学习，下次一年级学生参观五年级学生），只需一名教师监督，从而释放了另外一名教师的时间。
- 使用装配释放时间。安排教学楼或全校范围内的活动（电影、集会等），在此期间由辅导员、辅助人员或管理人员监督学生，任课教师可会面。

- 布置共同作业。给同一年级的（或参加同一课程的）不同班级学生同时布置相同的作业或项目。在同一时间给所有的班级安排视频时间、文库时间或其他相关活动。由助手、志愿者或其他人监督，教师可共同会面。
- 利用家长或企业的志愿者。让家长作为助手或伙伴参与适当的活动。邀请当地企业代表分享他们的特殊专长同时也监管了班级。
- 空出第五天。将所有学术类课程在每周安排4天，空出第五天作为团队会议时间，而学生可以参加艺术、音乐、体育、科技、图书馆等活动。
- 减少全员会议的次数，以更小的团队会议替代，可以根据小组需要讨论话题。
- 利用辅助人员、学生教师和助手定期看管班级。
- 在课堂教学上分配更多的员工岗位，而不是将教学和/或支持的角色撤走。
- 实施相关计划，使学生的参与时间尽量长，而辅导的教师尽量少。
- 将教师从非专业活动（例如，操场管理、公交车值日等等）中解放出来。
- 利用团队协作专业发展的资金和时间分配。

来源：艾伦·M.布兰克斯坦（Alan M. Blankstein）。

资源3　自我评估

你学校的文化规范是否能促进学校改进？

	从不	很少	有时	经常	总是
1. 共同的目标。 "我们知道我们要达成什么目的。"	1	2	3	4	5
2. 成功的责任。 "我们必须成功。"	1	2	3	4	5

续表

	从不	很少	有时	经常	总是
3. 联合领导。 "我们一起努力。"	1	2	3	4	5
4. 不断提高。 "我们可以做得更好。"	1	2	3	4	5
5. 终身学习。 "学习是每个人的事情。"	1	2	3	4	5
6. 冒险。 "我们从尝试新事物中学习。"	1	2	3	4	5
7. 支持。 "总有人会提供帮助。"	1	2	3	4	5
8. 相互支持。 "每个人都做出自己的贡献。"	1	2	3	4	5
9. 开放性。 "我们可以讨论我们的分歧。"	1	2	3	4	5
10. 庆祝和幽默。 "我们自我感觉良好。"	1	2	3	4	5

来源：改编自《改变我们的学校》，路易斯·斯托尔和迪恩·芬克1996。

你的学校效率多高？

	从不	很少	有时	经常	总是
1. 教学领导力（坚定且有目的性，多人分担的任务，领先的专业人员）	1	2	3	4	5
2. 共同的愿景和清晰的目标（目标统一，实践具有一致性）	1	2	3	4	5
3. 共同的价值观和信念	1	2	3	4	5
4. 学习环境（有序的氛围，有吸引力的工作环境）	1	2	3	4	5
5. 教学和课程重点（学习时间最大化，学业重点，注重成果）	1	2	3	4	5
6. 高期望（适用于所有人，对期望的交流，对所有人提出智力上的挑战）	1	2	3	4	5
7. 积极的学生行为（纪律和反馈都清楚明了，保证公平）	1	2	3	4	5
8. 经常监测学生的进步（不断监测，评估学校的表现）	1	2	3	4	5

续表

9.学生的参与和责任（高度的学生自尊，责任定位，控制工作）	1	2	3	4	5
10.学习氛围（积极的物质环境，赞誉，奖励）	1	2	3	4	5

来源:改编自哈顿教育局，1988。

学校类型

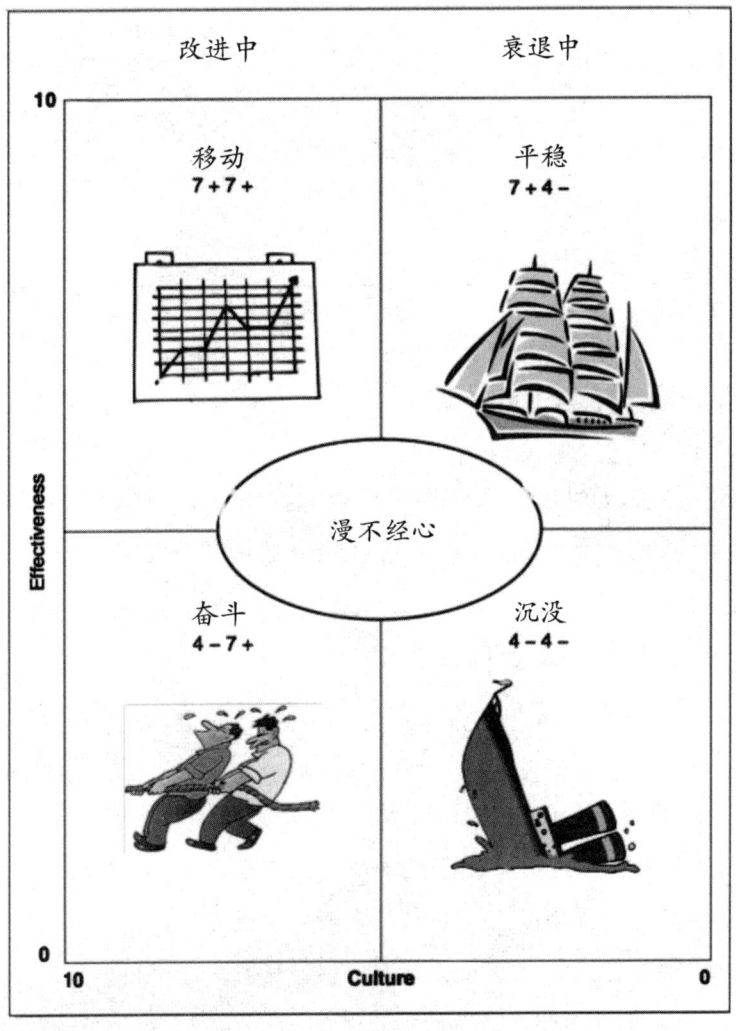

来源:改编自《改变我们的学校》，路易斯·斯托尔和迪恩·芬克，1996。

学校发展的三大策略

三、好学校→	二、比较有效的学校→	一、失败的学校→
让好的学校保持效率，并不断给予激励，使之变得更为有效		
建立能力 注重教学与学习 在现有的领导和支持下工作 一些外部压力/支持 更宽裕的课堂时间来促进课堂的创造力 拓展教师的领导力 倾听学生，并给予回应 激励醒悟的员工 工作人员专注于目的	广泛的干预和支持 通常换新一届的领导班子 目标优先放在有明显改善的地方，如着装、考勤 建立教师在教学策略上的能力和信心	外部伙伴关系 访问网络 接触新的思想/实践 巩固合作 庆祝成功 最少的外部压力

来源：大卫·霍普金斯（David Hopkins），《真正的学校改进》，2001。

资源4 应对阻力的策略

当遇到阻力的时候，很多人都会感觉受到挑战，他们认为，必须克服阻力才算胜利。这种求胜的本能实际上会导致适得其反的行为。一些无效的行为包括：

- **使用蛮力**。以硬碰硬来克服阻力。
- **操纵这些反对的人**。寻找微妙的方式施加压力，或提供虚假的印象或部分信息。
- **运用理性的力量**。用事实、数字和流程图压倒对手。
- **忽略阻力**。对这一问题置之不理，期望它会自行消失。
- **玩弄关系**。利用友谊作为杠杆来获得别人同意。
- **做交易**。提供一些东西来换取协议（交换）。
- **杀死信使**。摆脱或绕过阻力。
- **太快让步**。在探索阻力真实水平或共同理解的可能性之前就让出自己的立场（多伦多大学安大略研究所教育研究，2001）根据多伦多大学的研究，这些通常的反应实际上增加了人们的反抗。即使它们在短期内是有效的，也不值得以长期的破坏来换取这场短期的胜利，服从与承诺相对，或选择退出实施阶段。

我们可以通过记住一些核心行为或者试金石来更好地处理阻力。当我们为应对阻力制定战略时，以下每个策略应该与这些试金石一致。

- **保持清晰的焦点**。不要让阻力的迷雾遮住了你原来目标的愿景。然而，尽管从未忽视长期目标，还必须保持对当下工作的警惕。通过保持一个清晰的焦点，你可以将注意力在现在发生的事情和最终想要完成的事情之间来回切换。

- **接纳阻力**。虽然这似乎有悖常理，阻力实际上可以为你努力建立共识的积极目的服务。如果你要克服异议，你必须知道它们是什么——而只有阻力才能给你提供这些信息。

- **尊重那些反对的人**。虚心地倾听你的反对者;不要想当然地认为他们是无知、没有道理或纯粹被自身利益所驱动。尊重他们，并真诚对待他们。

- **放松**。当受到别人挤兑的时候我们会本能地进行反击。但是，正是这种本能使我们没办法放松和接纳阻力。通过放松——而不是反击回去——你可以让你的反对者说话，告诉你他们的想法。一旦你了解他们的想法，你便可以通过它们来求同存异。

- **加入到阻力一方**。通过以开放的心态倾听和探索反对者的想法，你可以开始辨别你们一致的地方。当你发现共同基础的时候，就可以为你的想法建立支撑——这需要融合利益和关注点。

来源：改编自《应对阻力》，OISE/UT(2001).

资源5 PLC责任清单

	日期						
期望							
建立协议,并在会议期间遵守。							
PLC团队定期会面,并保持下去。							
列出会议议程,并在会议过程中遵守。							
若要讨论不在会议议程上的项目也有相应策略。							
保证会议记录对所有人可见。							
所有团队成员都到场。							
所有团队成员都积极参加讨论。							
在团队工作上大家有共同的愿景。							
团队的使命支持学校的使命。							
共享的数据包括分数、行为、小测验、考试、出勤率或是指导策略的影响。							
为有效性审查指导策略。							
定期审查课程/关键技能的共同评估。							
来自评估的数据推动再次教学。							
将阅读策略融合到讨论的课程中。							
讨论参与程度,着重强调促进学习、教学、课程重点和高期望的学习环境。							
以批判性思维问题的百分比来衡量评估。							
衡量评估,使关键技能相一致。							
创立/评估对关键问题的量规。							
有针对跨课程水平结合(英语/数学/科学)的固定会议。							

续表

在部门内有针对垂直结合的固定会议。									
在每次定成绩阶段过后,团队都审查失败和近乎失败之处。									
将时间的使用最大化。									
对即将到来的会议有日程议题,也有终止点。									
每个月都审查/讨论前五项PBIS数据。									
与员工分享PBIS跟踪工具,用于每季度的审查。									
每季度共享/讨论团队成员使用有效行为策略。									

来源:艾伦·M.布兰克斯坦(Alan M. Blankstein)。

资源6　制定学校改进计划工作表

独立或以团体为单位实现:

列出你学校所有已经到位的预防和干预策略,将它们按照下列类别分组,分别对应下面的金字塔里的各项。

- 针对后进生策略(进入九年级的学生)
- 针对九年级学生的策略
- 针对后进生的策略
- 针对少于5%的后进生策略

仔细评估每一个策略,确定其是否与学校的理念结构(即,使命、愿景、价值观和目标)相符。

- 在每一个理论上稳定、不需要改变的策略旁边做上标记。
- 在那些需要修改才能更好地融入学校林结构的战略旁用"C"做标记。

现在,将你的干预金字塔作为一个整体来看,识别出这个结构中需要填补（如支持某一子组的战略）的空白。将这些战略添加在上述第1点中建立的列表，在这些新加的策略旁边用"N"进行标记。

阿德莱·史蒂文森高中的干预金字塔

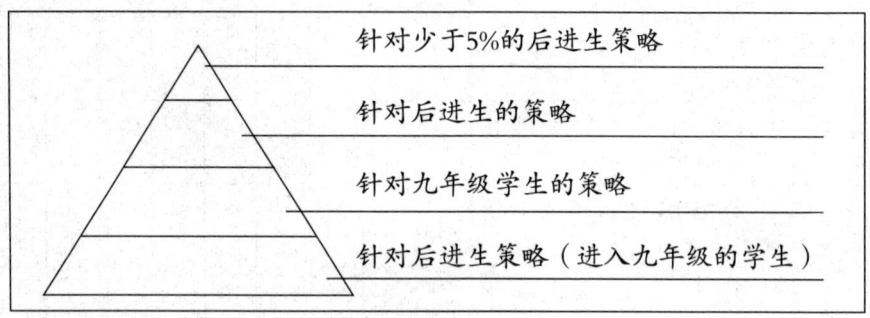

资源7　狼岭小学的支持金字塔

目标：在不同的层面确认更多的支持系统，让学生发挥他们的学术和/或行为潜力。

1. 绿色等级：无需其他支持

学生达到了设定的水平。

2. 黄色等级：强度最低

个别教师

- 查看之前的记录和评估信息，确定学生的长处和需要帮助的地方；
- 与以前的老师进行私下交谈；
- 每年与家长正式会面两次；
- 如果需要额外的会议可以联系家长；
- 如果成绩在C以下（根据不同年级）的话，就向其提供期中考试成绩；

- 如果学生表现不佳，就向家长提供额外的相关报告；
- 利用教室或同年级的志愿者辅导一个小组或个别的学生；
- 持续评估学生的活动，例如，跑步记录、区域阅读评估、音韵意识读写，基本的阅读清单，数学盒子，书写量规；
- 完成并实施读写能力成就计划；
- 与管理者见面，寻求支持和建议；
- 会见专家（体育、音乐、艺术、技术、教师图书管理员）寻求支持和建议；
- 咨询特殊教育专家的意见；
- 在教室里利用"伙伴系统"；
- 使用第二步课程；
- 实施语音发音治疗；
- 使用非正式职业治疗和物理治疗策略；
- 建立一致的规则和预期，并将其带入到课堂预期中—教授、加强、增强，发表；
- 利用教室"成功契约"；
- 利用教室和教学楼的宣传识别作用，强化一些相关活动如"本月狼岭之星""狼嚎明信片""积极办公室引荐"等；
- 在整个教学楼实施狼岭3（一个积极的行为系统）；
- 在学校日一天之内基于学术的需要利用小组（基于需要重新配置学生分组）；
- 根据单元测试的相关数据识别特定技能和观念，重新配置学生分组，进行审查和再次教学活动；
- 利用分区指导，构建学生成绩指导，或有天赋的课程协调者模仿课程或利用差异化战略帮助计划课程；
- 对于表现不佳的学生，填好课堂数据表格，与管理者进行讨论

3. 橙色等级：强度略高

接受黄色支持，并考虑以下几点：

- 跨年级、专家和志愿者的支持；
- 利用特殊教育的工作人员通过最佳实践（例如，多感官）来补充（不是取代）指导；
- 为那些在基本概念上挣扎的（三年级和四年级）学生，提供数学俱乐部；
- 让学生有机会在相应水平的年级接受相匹配的指导（即，四年级到二年级，幼儿园到一年级）；
- 利用经过训练的志愿者，在不同内容领域支持小团体或个人；
- 在小组指导上，利用有文化的课程协调或干预者，一些最佳实践，如成功为导向的成就实现（Success-Oriented Achievement Realized，简写为SOAR）或基本早期读写技能的动态指标（Dynamic Indicators of Basic Early Literacy Skills，简写为DIBELS）；
- 提供或支持暑期学校或辅导的机会；
- 短期间隔会见辅导员；
- 参与"一起学习"同伴辅导阅读计划；
- 其他：气泡小组（在及格线上下浮动10分左右的学生）、上学前或放学后的"作业俱乐部"、大学生/高中生辅导额外的小组或个人、占用课外时间少于21%的个性化教育。

4. 红色级别：强度最大

提供黄色和橙色的支持并针对导师系统考虑以下几点：

- 提供短期一对一辅导，加上学校社工或心理学家辅导；
- 基于功能行为评估实施强化的行为支持计划；
- 实行一对一干预；
- 利用学生/职员伙伴系统，工作人员与学生每周碰面，检查学生的进度；
- 学生可被推荐给特殊教育团队，并考虑对其进行测试；
- 与外部治疗师/医务人员的协作；
- 其他：课外个性化教育计划（IEP）的时间超过21％；

注意：特殊教育、英语学习者、有天赋的人、第504节以及并大量支持需求的学生可能会是支持金字塔中的任何颜色，必须根据支持的金字塔任何颜色的确定和实施所提供的支持。

对于实施IEP计划的学习，将他们放在金字塔下时要考虑以下几点：
- 对IEP支持的时间（认证和分类的e工作人员）；
- 提供者的数量；
- 外部支持（家庭治疗，外部语音/语言，视觉治疗）；
- 正式的行为计划；
- 医疗需求（由医生确定）。

来源：经卡利可可泽拉（Kari Cocozzella）允许。

资源8　发展预防和干预体系

与你的同事合作，分别在不同的纸张上绘制计划或程序，包括：识别需要额外支持和关注的学生;集中监督这样的学生；为这些学生提供导师、"好朋友"或者其他成人的支持；建立干预方案。列出已经存在的方案，并注意它们是否需要进行修改或扩展，如果是的话，要怎么修改。对于新方案，列出具体的目标，然后回答下列问题。

1. 识别
- 用什么样的标准、数据或信息来识别需要格外注意的学生？
- 谁负责收集和评估这些信息？
- 这件事什么时候完成？

- 需要面对什么障碍？

2. 监督

- 对识别出的学生收集了什么样的即时信息或数据？
- 信息多久收集一次？
- 输入和传递信息的载体是什么？
- 谁要求提供的？
- 谁收集和评估？
- 如何及时复查？
- 需要面对什么障碍？
- 克服这些障碍的策略有哪些？

3. 指导

- 在我们学校需要什么样的指导方案？
- 我们如何才能确保每个学生都有一个"最好的成人朋友"？
- 招募谁来填补这些角色？只有持证人员吗？文员？保管人员？厨工？家长和社区志愿者？此外，这些导师要接受什么指导方针、方向或训练？
- 谁提供或领导培训？
- 导师与学生配对的程序是什么？学生和导师之间的会议应该是有组织的还是顺其自然？
- 导师意识到问题，与谁交流？
- 都需要面对哪些障碍？
- 克服这些障碍的策略是什么？

4. 干预

- 我们打算落实的每项预防或改善计划，它们的合理和具体目标是什么？
- 哪些资源可用于这种方案（资金、人员、空间、时间等等）？
- 选择学生到这个项目是基于什么样的标准？
- 这个项目是强制的还是自愿的？
- 我们希望什么基准或标准，以满足每个跨域？
- 在每项干预中，我们希望达到一个什么样的标准，以及哪些评估和评价数据能确定项目的成功？
- 干预方案多久被评估一次？
- 需要面对哪些障碍？
- 克服这些障碍的策略是什么？

来源：艾伦·M.布兰克斯坦（Alan M. Blankstein）。

资源9　FNO调试协议

1. 什么是调试协议？

这个调试协议是工作人员发明的流程，它与一名老师在课堂上做的或者一位教育工作者在学校里做的相一致。一群同事聚到一起来检查彼此的工作，表彰在工作中发现的好事情，并且通过正式的演示和反思程序来进行微调（伊斯顿，1999年）。

调试协议为我们从工作中学习专业对话提供了结构和流程。此过程使用协议，帮助我们在支持性的、解决问题的小组里检查我们的工作，以帮助略微调整教育实践行为。

2. 合理性

四个使用调试协议的理由是：（1）调试提供了比测试成绩更高的可信度。我们需要从各种不同的数据中得到不同的信息，而并不是简单地在一组学生中进行比较（平均参照测试），或者直接与一个标准进行比较

（标准参照测试）。我们需要所有的组成部分。我们还需要不像测试那么有针对性的数据来源。（2）调试提供了在课堂上有用的信息。通过直接观察学生的作业，我们了解到他们在真正的工作背景中，学生们究竟知道和能做些什么——以及为什么要这么做。我们还了解到了学生不知道和不能做的事情。这些是任何教育年轻人的重要见解。（3）调试建立了学习型社区。它们的内容丰富，因为它们专注于学生工作和教育实践。由于这些原因，它们保证了一定程度上的可应用性。

3. 调试有效性：

- 这个过程是相对无风险的。该协议不允许攻击——反击，优点——缺点，攻击——防守，或陈述——反驳等行为。
- 这些结果是比来自一个典型讨论的更丰富。互相争论的个人让整个小组跑偏，并阻碍了深层次的对话和讨论。
- 每个人都从调试协议中学习。调试协议允许大家深入思考学生工作和教育实践，想到创造性的解决办法，并与同事交流（借鉴自伊斯顿，1999年，2004年，2008年改编）。

4. 设置调试协议

每个团队做如下任命：

- **演示者**。演示者带来的样品，设置背景，并介绍了教学/学习状况。
- **圆桌主持人**。该主持人确保与会人士关注任务，在讨论中途检查"通话时间"，确保适当的、非评价性问题的提出。
- **计时员**。计时员确保对每个部分保持时间限制。
- **反馈监控人**。反馈监控人负责检查反馈的热情或冷漠，如果需要则提出调试建议，并确保反馈是专注于过程，而不是对演示者的批评。
- **关键问题监控人**。关键问题的监控人观察关键问题得到处理的程度，如果需要的话提出调整建议。

调试协议过程的规范：通过提问和阐明你的思想来充分参与；积极倾听，以明白你同事的观点；管理你的个人需求。

调试协议的假设：我们希望改善我们作为教育工作者的工作；我们想要善良，礼貌，周到，有见地和主动；我们"同舟共济"，这是一个合作的过程。

5. 调试步骤

步骤1：演示者角色

演示者设置背景，并介绍教学/学习状况；与会者倾听并记笔记，不能打断演示者；与会者有时间来理解正在讨论的学生工作的副本；将与会者提出的一个或两个关键问题记录下来。

这些学生工作的组成部分告诉了我们下列什么？指令、设计、策略、决策、个性化。

步骤2：澄清问题

与会者针对演示提出非评价性的问题。例如，X之前发生了什么事？你之后做了些什么？Y说了什么？

参与者必须警惕不要提出评估性问题。例如，你为什么不尝试Z？

步骤3：个人写作

回顾有关好的和坏的反馈的信息和例子；与会者，包括演示者，写下对演讲的反馈意见，解决关键问题；这部分协议有助于帮助每个参与者在与会讨论中专注于说些什么。

步骤4：参加讨论

- 回顾圆桌主持人，反馈监控人，以及关键问题监控人的责任；
- 演示者做笔记的时候要完全保持沉默，甚至转过身去以避免眼神接触；
- 与会者描述或解释什么将要被调整和完善，演讲者的倾听；
- 与会者讨论了在演示过程中提出的问题，以加深他们对情况的了解，并寻求关键问题的解答；
- 与会者需要努力达到"热反馈"和"冷反馈"的平衡；
- 与会者应努力贡献实质性的话语。

步骤 5：演示者的反思
- 在演示者反思的时候，与会者保持沉默并记录笔记；
- 演示者大声地反思与会者讨论，用提出的问题加深理解，考虑问题的可能答案；
- 演示者预测关于未来的行动、问题和困境。

步骤 6：汇报调试协议

增加和变化活动（课堂评价技巧），包括：什么很有效？你学到了什么？你将如何在你的专业合作和指导学习中使用这些？你将如何改善在调试协议中参与者的参与程度？下一步，记录三个来自调试协议的指导提示。

最后是结束阶段，在向与会人员作出简短汇报后，房间主持人感谢演示者和监视人员挺身而出充当这些角色。

5. 自己调试的关键方面

- 参加者和演示者认为他们的工作可以帮助学生学习时，调试协议最为有效。
- 保持警惕注意时间。一定要完成整个协议来确保流程有效。不要让一个人包办协议的任何部分。
- 每次实施协议的时候尽量聚集一组人员。
- 如果演示者来自一群他们自己会完成协议的人中，那么他们会在共享和/或他们的学生正在做的事情时少一点害怕。
- 该小组也应对演示者有保护措施——通过公开了他们的工作，演示者将自己置于批评的风险中。
- 房间主持人应该帮助参与者重述或撤销不适当的评论。房间主持人也可以问演示者希望参与者如何"强硬"。

• 与会者还应该礼貌、周到和主动,主动说出实质性的话语。很多演示者可能习惯了一般的赞扬,但如果没有好的问题和意见,他们不会从调试协议的经验中获益。演示者经常说他们会喜欢更客观的反馈(库什曼Cushman,1995)。

• 考虑增加一个外部主持人,他至少在第一次调试时不参与这个过程。

• 主持人应该确保进行了所有的步骤,把控时间,确保团队根据假设进行行动,监控通话时间,检查冷热反馈的平衡,并确保该组解决了演示者的关键问题。如果没有主持人,考虑让与会者中的一人来承担这些角色。

6. 热反馈与冷反馈

要素学校联盟的乔·麦当劳,使用了术语"热反馈"和"冷反馈"。如果与会者只是赞扬,那么没有任何收获,但赞扬应该是协议的一部分:什么有效?如果与会者只是批评,那么也不会有任何收获,但批评应该是协议的一部分:什么将帮助学生更好地学习?

• 热反馈由让演示者知道什么是有效的陈述组成。热情反馈的形式是赞扬那些有效的事情。

• 冷反馈由帮助演示者进步的陈述或问题组成。它们比针对工作的批评更温和一些。它们是用来改善工作和工作环境的。冷反馈从来也不是针对演示者的,而只是关于演示者带来需要调整的东西。最好的冷反馈通过"如果……"这样的问题,比如"我好奇如果……会发生什么呢?"。

来源:专业学习的有力设计,第二版,路易斯·伊特森,NSDC,2008。

资源10 使用诊断性（教前）评估的检查清单

如果你没有使用过诊断性评估，使用下面的清单可以帮助你开始。

• 我努力了解学生的兴趣和学习风格，最理想的情况是在一年或学期的开始。

• 我使用了下面的方法（例如，调查，观察，谈话）：

方法	日期

• 我记录了我的结果和意见（在哪里？）。

• 我试图确定我的学生对我将要教授的话题的知识范围。

方法	日期

• 我试图找出我的学生对我将要教授的话题的错误观念。

方法	日期

• 我采取了以下教学计划和调整来应对我的发现：

_____

_____

- 我的学生们了解这个主题或单位的学习目标。
- 我的学生知道我用来总结这个教学单位的评估和标准。
- 我的学生看到我期待的他们的表现的例子或模型。
- 我使用的方法都是不打分的,并不对学生的自尊心造成不利影响。
- 使用诊断性评估使我的教学计划有了以下更改:

_____

_____

- 我使用诊断性评估如下评价我的经验:

_____

_____

来源:《有效的学习效能评估》,布卢明顿,HOPE基金会,2009年b。

资源11　使用形成性评估的检查清单

如果你没有用过形成性评价,以下清单可以帮助你开始。

- 我在整个教学单元里都经常向学生提供反馈。我打算于_____ _____开始教学单位,在_____进行总结。在此期间,我将通过以下方法提供反馈:

日期	是否打分?(是/否)	策略

- 我确保我提供的反馈意见是非常具体的。
- 我确保学生清楚地理解我给他们的反馈。我获得的信息使我以下方式修改我的教案:

_____

_____

- 我的学生有机会证明他们可以纠正并调整他们的工作质量。
- 我的学生开始学会自己评估自己的工作。

证据和意见：
_____
_____

我对自己使用形成性评价体验的评测：
_____
_____

来源：《有效的学习效能评估》，布卢明顿，HOPE基金会，2009年b。

资源12 使用总结性评估的检查清单

我的学生将在_____（日期）总结评估_____（教学单位名称）。

- 从该单元的开始，我的同学都知道我期望的总结性表现是什么样的了。这些评估与以下学习目标一致：
- 该评估是真实的。学生们展示的知识和技能可以通过以下方式转化：
- 我提供的这些选项（两个或更多），以让学生展示他们的学习成果，适应不同学习方式，并针对不同的学习目标：

任务	学习方式	瞄准的学习目标
1.		
2.		
3.		

- 我的学生都知道他们的工作或表现的评估标准。我用下面的标准来评估学生的工作：

任务	量规（标准）	值（百分比成绩）
1.		
2.		
3.		

- 我以如下方式评估每一项考核任务：

任务1：_____

任务2：_____

任务3：_____

其他评论：_____

来源：《有效的学习效能评估》，布卢明顿，HOPE基金会，2009年b。

资源13　图书小组讨论问题

全国各地的许多学校已经选择FNO体系作为专业发展讨论小组的重点。大多数小组在会议之前会读一到两个章节。本节包括了可以被用来指导讨论的问题清单。

破冰

用不超过两句话完成以下声明："我决定成为教育工作者是因为……"。然后分享并讨论你的回答。

1. 第一章要讨论的问题

- 本章重点介绍了从这个领域的先驱者身上学到的六个教训。当你读本章的时候什么使你最受启发？它是如何应用到你的具体情况的，以及接下来你想看到什么改变？
- 在案例故事1中，韦恩堡社区学区使用了各种方法来保持协作文化，同时试行一种新的方法来对教师评价。什么样的挑战是这种情况下固有的呢？你的学校或学区是如何应对这些挑战的？基础专业学习社区（PLC）的存在是如何帮助韦恩堡小学决定他们的行动方向的？

• 请问这种情况下体现了本章前面介绍的"经验教训"吗？它们使用了哪些将有助于解决你学校社区棘手问题的流程？如果你将韦恩堡想出来的策略"移植"到你的学习社区，它们在没有案例中创造的那种文化的情况下是否还能生效？

• 大多数学校有一个"领导团队"。本章中描述的团队角色与传统的领导团队有什么区别？

2. 第二章要讨论的问题

• 回顾高度可靠组织（HROs）三个引用的原则，进行头脑风暴，想一想学校可以做出哪些改变以更好地满足这些原则，有什么具体办法。

• 从你自己的经历来看，是什么原因导致领导变革需要勇气？

• 有哪些可以帮助持怀疑态度、玩世不恭或过于劳累的教育工作者重新找回自己的理想？

3. 第三章要讨论的问题

• 回顾十条常见的通往失败之路。回忆和分享在你促成一个变化或改善的时候所遇到的阻力。你是怎么处理这些阻力的？还有什么其他可能的解决方案也可能会有效？

• 描述一个很可能会引起阻力的计划变革。你会怎样使用任何在图3.1中列出的策略，以提高你成功实施这些变革的概率？

• 回顾资源2：抽出时间的策略。头脑风暴更多的策略，并讨论其中一些策略如何在你学校推行。

4. 第四章要讨论的问题

• 本章重点介绍了信任关系的四个组成部分：尊重;能力;关心他人; 和

正直。讨论目前在你的学习社区这些元素是以何种程度存在的。如果有的不存在，回顾建立信任的策略，并讨论他们如何可能被用来提升当前在你的情况下存在的信任程度。

• 本章提出了创建学习型社会的三个基本问题：在实践中的学习社区是什么样的？让这样一个社区成功的关键要素是什么？你怎么知道你是否已经成功地建立这样一个社区了？讨论你的答案，并确定你可以采用的具体步骤，以在你的学校创建和维持一个学习社区。

• 浏览上题为信任和学习社区的框中各项。分别进行分析说明描述的情景是如何反映，或者建立在一个互相信任的个人关系上的。（你可以略过关于SMART目标的项目，这将在下一章进行讨论。）思考在你的学校创造并支持类似情况的方法。

5. 第五章要讨论的问题

• 讨论、定义并列出你的学校或学区文化的隐含价值。如果已有使命和愿景声明，则进行引用。检查你列出的每项价值，并问"这个价值是否与我们的使命相一致？这个价值会帮助我们实现我们的愿景吗？"讨论是否需要重写或重新振兴你们的使命、愿景、价值和目标。决定需要采取哪些步骤来启动此流程。

• 明确哪些目标正在指导你学校的计划和行动。它们与你的使命和愿景是否一致？他们是SMART吗？他们与学区目标如何保持一致？你的学校或学区实践了什么类型的同行观察或支持？讨论如何可以跨区使用同行反馈，以为同事提供常规支持，并同步和评估目标。

• 回顾"庆祝成功指导方针"的列表，并讨论你的学校通常庆祝何种活动和成就。你是否需要重新考虑你的策略，并开始庆祝其他种类的成功？你应该从哪里开始呢？

6. 第六章要讨论的问题

- 讨论你的学校现行的、向新生提供持续支持的机制和预防系统。与PREK-12理念同步的系统有哪些？为了确保所有学生成功的系统有哪些？这些系统是如何帮助确定哪些人有学术风险的？

- 回顾学校校长与科学老师之间发生的讨论。是否看起来就好像老师被要求降低标准？我们怎样才能保持高标准，但仍然确保所有学生都成功？领导应该如何应对那些与学校或学区的愿景、使命和价值相悖的做法？

- 回顾图6.5，"4个C……"。哪列介绍了你学校的做法？讨论你可以采取的步骤，以确保你的策略落在左侧栏里以促进沟通。

7. 第七章要讨论的问题

- 讨论创造协作文化的过程中你所遇到的一些挑战。书中给出了哪些建议以应对这些问题？头脑风暴其他的能在将来解决这些挑战的方式。

- 学校协作文化的四种类型中，哪种类型在你学校最为常见？你们学校是如何衡量团队效率的？你们学校的工作人员是何种频率和方式一起解决问题或计划改进方案？冲突是如何处理的？讨论这些领域在未来可能会改进的方法。

- 考虑一个影响你学校或学区的、有效的跨学科（在一个学校内）团队可以解决的问题。讨论谁可能会加入这样一个团队，有什么需求将得到解决，以及为建立这样的队伍你可能需要采用的步骤。本章的案例故事中的学校使用更大的网络来扩大自己的学习机会。是如何推出新的举措以尽量减少阻力的？这一举措是如何最大限度地降低工作量和最大化凝聚力的？你的学区做了什么以提供一个通用的系统和行动框架，以确保实施的一致性？

8. 第八章要讨论的问题

- 在你的学校或学区，除了考试成绩以外，什么样的数据指导了最近的决定和规划？你能想到可以提供其他有用信息的数据源，以帮助做出更好的决策吗？讨论呈现和共享数据的方式，以获得每个学生全面的信息。

- 在你看来，全州测试的结果反映学生学习质量的效果如何？如果你感觉有差异，可以收集或生成哪些数据以确定学生实际上获得了哪些技能和知识？要如何分享这些信息？

- 哪些数据与实现你的SMART目标最为相关？这些数据多久以及由谁来审查？分享你目前是如何使用数据来指导教学实践的，并讨论未来可能会采取何种额外的步骤。

9. 第九章要讨论的问题

- 工作人员知道如何与不同种族、社会经济和语言背景的家长进行有效的沟通吗？这些家长在你的学校能感觉到自己受欢迎吗？讨论如何改善与这些父母的关系。你的学校怎么可以让他们感到更受欢迎或更舒服？

- 你如何回应与家长在社区聚集场所和活动进行连接的想法？怎样可以让他们变得被更多的人认识？讨论在这些活动上还有什么可以改善学校与社区的关系。

讨论"入门"部分的问题。现在考虑这些问题下面列出的策略。哪种策略最适合你的学校？

10. 第十章要讨论的问题

- 讨论在你的学校或学区中教师扮演领导角色的实例（获得用于教学活动补助；组织专业研究小组、辅导计划或其他专业发展活动；评估或开发的课程安排或内部评估；等等）。头脑风暴可以鼓励并支持教师行使类似领导力的方式。

- 讨论"讨论含义"部分中列的五个问题。这在多大程度上列表与你的学校或学区的目标相符？怎样调整你的学校或学区的目标，以包括该列表中的想法？

- 回顾"10件你可持续的事情"。你的学校或学区如何可以实施这些变化？第一步应该做什么？

11. 用反思总结你的阅读

当你完成了一系列各章节的小组会议后，回答下列问题，然后抽时间以小组的形式来庆祝你的辛勤工作和对学校改进理论和实践的融会贯通。

- 从阅读和与你的同事讨论这本书中，你的学校或学区得到的最宝贵的经验教训是什么？

- 在你学到的基础上，改进你的学校或学区的优先级最高的两项行动是什么？

- 作为学习结果，你会单独或与同事一起进行什么样的行动？

- 为问题2和问题3所列的行动粗略规划时间安排。

- 如果有的话，你和你的小组倾向于承担何种后续活动？

- 作为本指南中的活动和讨论的结果，关于协作和团队精神你学到了什么？关于这个过程你喜欢什么？如果你再次这样做，会有什么不同？

- 设定一个日期，再次会面并交流你做了什么。根据这次经验，明确在将理论应用于实践方面，小组可以如何帮助你。

后　记

我写本书第一版是出于对一段简单历史的执着：一位奶奶不愿意放弃她的孙子（哈格里夫斯和芬克，2005年）。这类似于我们在学校里的学生身上取得的成功，许多故事都不为人知。一位老师、一位校长、一位食堂工作人员或者是一位看门人不愿意放弃一位年轻人，而结果是这个年轻人后来成功了。

这些勇敢的行为都是独立发生的——这些心灵的行为——是非凡的。它们在几代人之间产生了涟漪效应。创建一种集体文化，这种文化中的勇气是规范——整个学校社区可以为自己、为所有的学生切实地提供成功所需的一切资源，创建一个这样的地方是这本书的主旨。

正如整本书所论证的那样，成功就在眼前！整个北美和世界其他地区的学校和学区正在克服现实和想象中的障碍，利用他们精神上的动力和勇敢的领导力，一并解决失败的恐惧和传统。

自从第一版提出FNO概念之后，超过35万的读者纷纷上前就所能完成的事物"挑战极限"——不仅仅是在学校里，而且是跨越区域、地区、州或者省。这一版本开始捕捉他们的行为，以及它们认为成功是唯一选择的一种心态。本版将来自加拿大、芬兰、新西兰、澳大利亚、英国和美国的研究和实践相结合，就"如何做"阐释了更细致入微的看法，但更重要的是，"谁"成功和"为什么"成功。如今，这些涓涓细流已经成为希望的海洋，创建了众多社区，在那里失败不再是一种可能。

当我们明白了为什么在这个行业，培养了勇敢的领导力，也有了如何创建可持续社区的领导团队的信息,就没有什么可以阻挡我们成功的道路了,本书中的研究证明了这一点。奶奶不会选择任何其他方式。现在有了小萨拉和宝贝艾娃的额外动力,就更没有其他的选择了。感谢您让我坚持到今天,也感谢您为我们的孩子做的一切。

致　谢

奥伯托（Obuntu）在南非语言里是一个意义重大的概念和单词。奥伯托意味着我们无可避免地与其他事物绑在了一起，可以被大体翻译成"你在故我在"。同样的，我明确地意识到那些对我有重大帮助的人也帮助了这本书，我将他们的名字以及那些对这本书有直接贡献的专业人员的名字都列在下面。

在创作本书之前……

当我还是婴儿的时候，只有我的祖母萨拉陪伴在我身边。之后她教给我勇气、怜悯和承诺。毫无疑问，她——一名犹太儿童护工——和主，对我婴儿和少年时期的存活起到了关键作用。

当我13岁的时候，哈里·豪恩（Harry Haun）与我的母亲成为了朋友。尽管他们的关系没有持续，但迄今为止他一直是我的朋友、支持者和父亲一样的人。

17岁，我见到了迈兰德·布郎（Myland Brown）博士。他是上百年轻人的导师，他给我他管理下的教育项目奖学金，让我得以进入大学。后来我又找到了他，并在2001年与其他人一起将伯尔州立大学顶级杰出校友奖颁发给他，以表彰他的学术成就。我们在那以后一直保持着密切的联系。

1981年，我在加拿大学习法语的时候第一次见到非洲人。阿达玛·赛（Adama Sy），乌玛·迪克（Oumar Dicko）和几年之后见到的卡蒂·莱（Kadi Ly）让我认识到了马里人在极度贫困下的爱、优雅、温暖和尊严，这彻底改变了我。在我们都是学生的时候，在他们温暖的家里，我们从同一个碗里分享食物。他们所有人之后都变成了马里的高层领导，为他们国家的人民提供帮助。他们现在仍然是我亲密的朋友。

1988年，我见到了当时HOPE基金会的执行官南茜·肖（Nancy Shin），此后20多年我们都是朋友。她以直接的和其他重要的方式为这本书中做出了贡献。她同其丈夫（也是我的老师）杰夫·帕斯卡一起，给我以珍贵的指导。另外，南茜的支持、友好和坚定的承诺也是让HOPE基金会过去20年获得成功的原因。

自从我1989年在纽约市见到当时还在为钱瑟勒·理察德·格林（Chancellor Richard Green）工作的麦拉尼后，他和菲利普·莱德利（Phillipe Radley）一起就像父母一样，在我需要的时候总是在我身边，尤其是那些困难的时刻！同一年，我见到并开始接受质量大师W.艾德华·戴明的指导，他的杰出贡献改变了日本乃至全世界的历史。

1994年，种族隔离结束后不久，我有幸见到了当时世界上最伟大的精神和道德领袖之一，大主教台斯蒙德·图图（Desmond Tutu）。尽管他的日程、生命和心灵看起来太满了，几乎无法塞下哪怕一件事，但他还是慷慨地答应了担任HOPE基金会的名誉主席，并且在个人层面不断激励着我。

我们的指导委员会是由一些我见过的最有才华、聪明且有责任心的人组成的。这并不是一个肤浅的分析，其中有些人从我在研究生院时就认识了！他们包括菲利希亚·布拉辛格姆（Felicia Blasingame）、莫里斯·伊利亚斯（Maurice Elias）、玛丽琳·哈特曼（Marilyn Hartman）、芭芭拉·胡夫（Barbara Huff）、弗里德·马修斯（Fred Mathews）、拉里·罗卫德（Larry Rowedder）、比尔·斯各特（Bill Scott）以及保罗·斯塔夫德（Paul Stafford）。

本书第一版

第一版书来自我和汤姆·科纳（Tom Koerner）在早餐时的一次谈话。他是国家高级学校校长协会的名誉执行官，一名有担当的教育领袖，一个很优秀的人。他鼓励我写这本书，我也的确在随后的三个月里这样做了。莫利斯·伊利亚斯（本书之前也提到过，但相比他为这个领域所做的贡献，对他的赞美还是太少了！）帮助我同费耶·祖克（Faye Zucker）进行联络，他后来成了我的编辑，完美地使本书在科温出版社（CORWIN）得到快速地出版。同其他之前提到和后面将要提到的人一起，这些人在帮助本书成功面世上起到了关键作用。

致本书第三版的贡献者

就像第一版那样，这本书得到了本领域内许多伟大的研究者和实践者的帮助和指导。我十分感谢AHDFPN的巨大贡献，另外，我们从杰·迈克泰正在进行的项目中学到很多，并经肯·奥康纳启发更新了第八章。

案例故事和深刻评论由实践者提供，他们的洞察力、担当和依据本书中建议的流程创建学习社区的多年经验都让人振奋。他们包括：

辛迪·安德森（Cindy Anderson）、詹姆斯·白特（James Baiter）、莉迪亚·比尔（Lydia Beer）、马西·别斯塔（Marcy Bestard）、丹·比克尔（Dan Bickel）、南希·布兰特利（Nancy Brantley）、劳拉·凯恩（Laura Cain,）、卡里·可可泽拉（Kari Cocozzella）、马丁·克雷尔（Martin Creel）、琳达·德阿奎斯托（Linda D'Acquisto）、丹·多梅内克（Dan Domenech）、塔尼亚·杜普伊斯（Tania Dupuis）、玛丽艾伦·埃利亚（MaryEllen Elia）、桑德罗·加西亚（Sandro Garcia）、芭芭拉·吉利安（Barbara Gillian）、保罗·戈登（Paul Gordon）、希瑟·格雷西斯（Heather Greicicius）、劳拉·希尔（Laura Hill）、科琳·可

比·伯杰（Colleen Kobi-Berger）、丹尼斯·利特基（Dannis Littky）、苏珊·洛萨莫（Susan Lothamer）、莉莲·洛瑞（Lillian Lowry）、吉姆·梅（Jim May）、约翰·E.麦肯纳（John E. McKenna）、安妮·麦金尼（Anne McKinney）、欧内斯特·莫雷尔（Ernest Morrel）、麦克·莫里斯（Mike Morris）、鲍勃·莫里森（Bob Morrison）、马库斯·纽瑟姆（Marcus Newsome）、南希·诺埃尔（Nancy Noel）、黛安·伯金顿（Diane Pelkington）、克里斯汀·皮尔斯特（Kristen Pelster）、黛布拉·皮茨（Debra Pitts）、卡罗琳·庞威斯（Carolyn Powers）、迈克·普林格尔（Mike Pringle）、克里斯·雷瑟（Chris Rasor）、迈克·里德（Mike Reed）、雷吉·莱恩斯（Reggie Rhines）、温迪·罗宾逊（Wendy Robinson）、查理·罗斯（Charlie Rose）、克里斯托弗·鲁兹科斯基（Christopher Ruszkowski）、詹姆斯·斯凯夫（James Scaife）、克里斯汀·瑟马克（Christine Sermak）、汤姆·谢尔曼（Tom Sherman）、南希·辛（Nancy Shin）、杜安·瑟斯顿（Duane Thurston）、吉姆·瓦祖斯卡斯（Jim Vaszauskas）、玛丽·帕特·维纳多（Mary Pat Venardos）、托尼·瓦格纳（Tony Wagner）、约翰·威尔逊（John Wilson）和马里昂·威尔逊（Marion Wilson）。

谢谢你们不仅花费时间实施这个项目，还与其他人分享你们的成功和挑战。

目前，在赛·弗雷高（Sy Fleigel）指导下，CEI-PEA组织了大约200所纽约市的学校在网络上进行活动，这可是一种激动人心的工作。赛·弗雷高有一个卓越的团队，包括比尔·卡洛维托（Bill Calovito）、沃尔特·奥布莱恩（Walter O'Brien）和哈维·纽曼（Harvey Newman），还有网络领袖，比如本·韦克斯曼（Ben Waxman）、约瑟夫·布莱兹（Joseph Blaize）、本·索科达托（Ben Soccodato）、露西尔·刘易斯（Lucile Lewis）、艾伦·帕夫达（Ellen Pavda）、南希·拉莫斯（Nancy Ramos）、杰拉德·贝尔尼（Gerard Beirne）和梅厄·冯（Mae Fong）。

赛·弗雷高和他们一起，在全美最麻烦的城市地区成功地提供了真正的勇敢领导力和先进的专业培训。

本书初稿由下列人士审阅：玛丽·迪茨（Mary Dietz）、肯·奥康纳（Ken O'Connor）、卡罗尔·汤姆林森（Carol Tomlinson）、丹尼斯·斯帕克斯（Dennis Sparks）、保罗·休斯敦（Paul Houston）、莎朗·卡根（Sharon Kagan）、大卫·奥谢尔（David Osher）、彼得·瓦尔神父（Father Val Peter）、阿尔玛·哈里斯（Alma Harris）和路易丝·斯托尔（Louise Stoll）。他们十分犀利、鼓舞人心且有挑战性，十分感谢！谢谢你们忍受我有时难以接受的时间限制。

无数的实践者也参与到了本书工作中，他们的建议促使我更加深入的检查和思考针对这些工作的许多变化。他们是詹妮弗·瓦兹（Jennifer Walts）、卡兰西亚·塔克（Calanthia Tucker）、卡罗尔·安妮·如瑟·博耶（Carol Anne Russler-Boyer）、卡罗尔·格德斯乌（Carol Godsave）、乔·安·皮尔斯博士（Dr. Jo Ann Pierce）、罗纳德·歌尼（Ronald Gorney）、菲利斯·威尔逊（Phyllis Wilson）、玛丽莲·罗杰斯（Marilyn Rogers）、佩吉·桑德斯（Peggy Saunders）、鲁斯莫瑞·曼格斯（Rosemary Manges）、黛安·威廉姆斯（Diane Williams）、特鲁迪·格拉夫顿（Trudy Grafton）、芭芭拉·吉利安（Barbara Gillian）、玛丽·迪茨（Mary Dietz）、温迪·麦维卡尔·卢（Wendy McVicar-Lew）、大卫·麦克亚当（David McAdam）、卡里·可可泽拉（Kari Cocozzella）、德博拉·沃瑟姆（Deborah Wortham）、卡罗琳·鲍尔斯（Carolyn Powers）、埃德·道森（Ed Dawson）、盖尔·库珀（Gail Cooper）、约翰·麦肯纳（John McKenna）、琳达·约那提斯（Linda Jonaitis）和迈克·迪多那托（Mike DiDonato）。

这本书顺利且迅速地出版要多谢科温出版社的新编辑主管丽萨·肖（Lisa Shaw），如果没有你，上个夏天我一定是以另一种方式度过的！谢谢你为火焰添了一把柴。

我的高级编辑，德波拉·斯托伦沃克（Debra Stollenwerk），在从编辑雷尼·尼古拉斯和学者玛利·英格莱处获得大力帮助方面做的十分出色。完成这本书的唯一坏处就是不得不结束同你们的合作！同麦拉尼·伯德肖（Melanie Birdsall）合作如同清风拂面，谢谢您！我重述并勉强引用这句格言："在每个优秀女人的背后，都有几个超级棒的男人！"因此感谢MSDMBS，他们是让我惊叹的支持者。当然，在这些男人的背后还是有异常优秀的女人。在此我指的是萨拉·米勒·迈克库（Sara Miller McCune），对她而言，失败从来都不是选项！

最后，也代表本书的出版方科温出版社对以下人员表示衷心感谢：

瓦莱丽·克里斯曼（Valerie Chrisman），校长助理，文图拉县教育办公室，卡马里奥，加利福尼亚州；

芭芭拉·海赫斯特（Barbara Hayhurst），特殊教育老师，雷克文小学，楠帕，爱达荷州。

参考文献

Ackerman, R. H., & Maslin-Ostrowski, P. (2002). *The wounded leader*. San Francisco: Jossey-Bass.

Adelman, H. S., & Taylor, L. (1997a). Toward a scale-up model for replicating new approaches to schooling. *Journal of Educational and Psychological Consultation, 8,* 197–230.

Adelman, H. S., & Taylor, L. (2003). On sustainability of project innovations as systemic change. *Journal of Educational and Psychological Consultation, 14,* 1–26.

Adelman, H. S., & Taylor, L. (2006a). *The school leader's guide to student learning supports: New directions for addressing barriers to learning*. Thousand Oaks, CA: Corwin.

Adelman, H. S., & Taylor, L. (2006b). *The implementation guide to student learning supports in the classroom and schoolwide: New directions for addressing barriers to learning*. Thousand Oaks, CA: Corwin.

Adelman, H. S., & Taylor, L. (2007). Systemic change for school improvement. *Journal of Educational & Psychological Consultation, 17*(1), 55–77. doi: 10.1207/s1532768Xjepc1701_3.

Anthony, E. J. (1982). The preventive approach to children at high risk for psychopathology and psychosis. *Journal of Children in Contemporary Society, 15*(1), 67–72.

Anthony, E. J. (1987). Risk, vulnerability, and resilience: An overview. In E. J. Anthony & B. J. Cohler (Eds.), *The invulnerable child* (pp. 3–48). New York: Guilford Press.

Anthony, E. J. (1998, Fall). Attachment and belonging. *Journal of Emotional and Behavioral Problems, 7*(3).

Ariely, D. (2010). *Predictably irrational, revised and expanded edition: The hidden forces that shape our decisions*. New York: Harper Perennial.

Ash, K. (2012, Feb. 1). K–12 marketplace sees major flow of venture capital. *Education Week, 31*(19), 1.

Atkinson, A., Burgess, S., Croxson, B., Gregg, P., Propper, C., Slater, H., & Wilson, D. (2004). *Evaluating the impact of performance-related pay for teachers in England* (Working Paper). Bristol, UK: Centre for Market and Public Organization.

Bandura, A. (1986). *Social foundations of thought and action: A social cognitive theory.* Englewood Cliffs, NJ: Prentice-Hall.

Barber, M. (2001). High expectations and standards for all, no matter what: Creating a world class educational service in England. In M. Fielding (Ed.), *Taking education really seriously: Three years of hard labour*. London: Routledge/Falmer.

Bardwick, J. (1996). Peacetime management and wartime leadership. In F. Hesselbein, M. Goldsmith, & R. Beckhard (Eds.), *The leader of the future* (pp. 131–140). San Francisco: Jossey-Bass.

Barth, R. S. (2001a). *Learning by heart.* San Francisco: Jossey-Bass.

Barth, R. S. (2001b). Teacher leader. *Phi Delta Kappan, 82*(6), 443–449.

Barth, R. S. (2003). *Lessons learned: Shaping relationships and the culture of the workplace.* Thousand Oaks, CA: Corwin.

Barth, R. S. (2006). Relationships within the schoolhouse. *Educational Leadership, 63*(6), 9–13.

Barth, R. S., DuFour, R., DuFour, R., & Eaker, R. (Eds.). (2005). *On common ground: The power of professional learning communities.* Bloomington, IN: Solution Tree.

Barty, K., Thomson, P., Blackmore, J., & Sachs, S. (2005). Unpacking the issues: Researching the shortage of school principals in two states in Australia. *Australian Educational Researcher, 32*(3), 1–18.

Bennis, W. G. (1989). *On becoming a leader.* New York: Addison-Wesley.

Black, P., Harrison, C., Lee, C., Marshall, B., & Wiliam, D. (2003). *Assessment for learning: Putting it into practice.* Maidenhead, UK: Open University Press.

Black, P., Harrison, C., Lee, C., Marshall, B., & Wiliam, D. (2004). Working inside the black box: Assessment for learning in the classroom. *Phi Delta Kappan, 86*(1), 9–21.

Bland, J., Sherer, D., Guha, R., Woodworth, K., Shields, P., Tiffany-Morales, J., & Campbell, A. (2011). *The status of the teaching profession 2011.* Sacramento, CA: The Center for the Future of Teaching and Learning at WestEd.

Blankstein, A. M. (1992). Lessons from enlightened corporations. *Educational Leadership, 49*(6), 71.

Blankstein, A. M. (1997). Fighting for success. *Reaching Today's Youth: The*

Community Circle of Caring Journal, 1(2), 2–3.

Blankstein, A. M. (2004). *Failure is not an option: Six principles that guide student achievement in high-performing schools*. Thousand Oaks, CA: Corwin.

Blankstein, A. M. (2007). Terms of engagement: Where failure is not an option. In A. M. Blankstein, P. D. Houston, & R. W. Cole (Eds.), *Engaging every learner*. Thousand Oaks, CA: Corwin.

Blankstein, A. M. (2010). *Failure is not an option: 6 principles for making student success the only option*. Thousand Oaks, CA: Corwin.

Blankstein, A. M. (2011). *The answer is in the room: How effective schools scale up student success*. Thousand Oaks, CA: Corwin.

Blankstein, A. M., DuFour, R., & Little, M. (1997). *Reaching today's students*. Bloomington, IN: National Educational Service.

Blankstein, A. M., Houston, P. D., & Cole, R. W. (Eds.). (2007). *Engaging every learner*. Thousand Oaks, CA: Corwin.

Blankstein, A. M., Houston, P. D., & Cole, R. W. (Eds.). (2008). *Sustaining professional learning communities*. Thousand Oaks, CA: Corwin.

Blankstein, A. M., Houston, P. D., & Cole, R. W. (Eds.). (2009). *Building sustainable leadership capacity*. Thousand Oaks, CA: Corwin.

Blankstein, A. M., Houston, P. D., & Cole, R. W. (2010). *The Soul of Educational Leadership series*. Thousand Oaks, CA: Corwin.

Blankstein, A. M., & Swain, H. (1994, Feb.). Is TQM right for schools? *The Executive Educator, 16*(2), 51–54.

Blase, J., & Anderson, G. (1995). *The micropolitics of educational leadership: From control to empowerment*. New York: Teachers College Press.

Block, P. (2002). *The answer to how is yes: Acting on what matters*. San Francisco: Barrett-Koehler.

Bolman, L. G., & Deal, T. E. (1991). *Reframing organizations: Artistry, choice, and leadership*. San Francisco: Jossey-Bass.

Bolman, L. G., & Deal, T. E. (2002). *Reframing the path to school leadership*. Thousand Oaks, CA: Corwin.

Bonstingl, J. J. (2001). *Schools of quality* (3rd ed.). Thousand Oaks, CA: Corwin.

Bowen, M., Cooley Nelson, E., Lake, R., & Yatsko, S. (2012). *Tinkering toward transformation: A look at federal school improvement grant implementation*. Seattle, WA: Center on Reinventing Public Education.

Bower, E. M. (1964). The modification, mediation, and utilization of stress during the school years. *American Journal of Orthopsychiatry, 34*, 667–674.

Bowser, B. A. (2001, May 24). Principal shortage. *Online NewsHour*. Public Broadcasting System. Retrieved July 28, 2009, from http://www.pbs.org/newshour/bb/education/jan-june01/principal_05-22.html.

Boykin, A. W., & Noguera, P. (2011). *Creating the opportunity to learn: Moving from research to practice to close the achievement gap*. Alexandria, VA: ACSD.

Bradsher, K. (2012, Sept. 3). Plan for change in schools stirs protest in Hong Kong. *The New York Times*. Retrieved from http://www.nytimes.com/2012/09/04/world/asia/plan-for-national-education-stirs-protests-in-hong-kong.html.

Brendtro, L. K., Brokenleg, M., & Bockern, S. V. (1990). *Reclaiming youth at risk: Our hope for the future*. Bloomington, IN: National Educational Services.

Brown, P., & Lauder, H. (2001). *Capitalism and social progress: The future of society in a global economy*. New York: Palgrave.

Brown, S., Choi, K., & Herman, B. (2011, March). *Exploratory study of the HOPE Foundation Courageous Leadership Academy: Summary of findings*. Washington, DC: American Institutes for Research.

Bryant, A. (2009, May 24). In a word, he wants simplicity (Interview with Eduardo Castro-Wright, vice chairman of Wal-Mart Stores). *New York Times*, Sunday Business Section, p. 2.

Bryk, A. S., Camburn, E., & Seashore Louis, K. (1999). Professional community in Chicago elementary schools: Facilitating factors and organizational consequences [Special issue]. *Educational Administration Quarterly*, 35, 751–781.

Bryk, A. S., & Driscoll, M. E. (1998). *The school as community: Theoretical foundation, contextual influences, and consequences for teachers and students*. Madison, WI: National Center for Effective Secondary Schools.

Bryk, A. S., Easton, J. Q., Kerbow, D., Rollow, S. G., & Sebring, P. A. (1994). The state of Chicago school reform. *Phi Delta Kappan*, 76(1), 74–78.

Bryk, A. S., Lee, V. E., & Holland, P. B. (1993). *Catholic schools and the common good*. Cambridge, MA: Harvard University Press.

Bryk, A. S., & Schneider, B. (2002). *Trust in schools: A core resource for improvement*. New York: Russell Sage Foundation.

Bryk, A. S., Sebring, P. B., Allensworth, E., Luppescu, S., & Easton, J. Q. (2010). *Organizing schools for improvement: Lessons from Chicago*. Chicago: University of Chicago Press.

Bryk, A. S., & Thum, Y. M. (1989). The effects of high school organization on dropping out: An exploratory investigation. *American Educational Research Journal*, 26(3), 353–383.

Buckingham, M., & Coffman, C. (1999). *First, break all the rules: What the world's greatest managers do differently*. New York: Simon & Schuster.

Busine, M., & Watt, B. (2005). Succession management: Trends and current practices. *Asia Pacific Journal of Human Resources, 43*(2), 225–237.

Cavanagh, S. (2012). Legislators reconvene with last year's battles in mind. *Education Week, 31*(15), 1, 21.

Challen, A., Machin, S., & McNally, S. (2008, Nov.). *Schools in England: Structures, teachers and evaluation* (Working Paper). Turin, Italy: Fondazione Giovanni Agnelli.

Champy, J. (1995). *Reengineering management*. New York: HarperCollins.

Childs-Bowen, D., Moller, G., & Scrivner, J. (2000). Principals: Leaders of leaders. *National Association of Secondary School Principals (NASSP) Bulletin, 84*(616), 27–34.

Clarizio, H. F., & McCoy, G. F. (1970). *Behavior disorders in school-aged children*. Scranton, PA: Chandler.

Clark, C. M. (1988). Asking the right questions about teacher preparation: Contributions of research on teaching thinking. *Educational Researcher, 17*(2), 5–12.

Cohen, D. K., & Moffitt, S. L. (2009). *The ordeal of equality: Did federal legislation fix the schools?* Cambridge, MA: Harvard University Press.

Cole, A. L. (1989, April). *Making explicit implicit theories of teaching: Starting points in preservice programs*. Paper presented at the Annual Meeting of the American Educational Research Association, San Francisco.

Collins, J. (1996). Aligning action and values. *Leader to Leader, 1*(1), 19–24.

Collins, J. (2001). *Good to great*. New York: HarperCollins.

Combs, A. W., Miser, A. B., & Whitaker, K. S. (1999). *On becoming a school leader: A person-centered challenge*. Alexandria, VA: Association for Supervision and Curriculum Development.

Comer, J. P., Ben-Avie, M., Haynes, N. M., & Joyner, E. T. (1999). *Child by child: The Comer process for change in education*. New York: Teachers College Press.

Comer, J. P., Haynes, N. M., Joyner, E. T., & Ben-Avie, M. (1996). *Rallying the whole village: The Comer process for reforming education*. New York: Teachers College Press.

Comer, J. P., Joyner, E. T., & Ben-Avie, M. (2004). *Six pathways to healthy child development and academic success*. Thousand Oaks, CA: Corwin.

Connelly, G., & Tirozzi, G. N. (2008, Sept. 10). A new leader, new school leadership support? *Education Week, 28*(3).

Connors, L. J., & Epstein, J. L. (1994). *Taking stock: The views of teachers, parents, and students on school, family, and community partnerships in high schools* (Report 25). Baltimore: Center on School, Family, and Community Partnerships at Johns Hopkins University.

Cooper, N. (2007, May 8). How to create meaning in the workplace. *Personnel Today, 29*, 362.

Cooperrider, D. L. (1990). Positive image, positive action: The affirmative basis of organizing. In S. Srivastva, D. L. Cooperrider et al. (Eds.), *Appreciative management and leadership: The power of positive thought and action in organizations*. San Francisco: Jossey-Bass.

Coopersmith, S. (1967). *The antecedents of self-esteem*. San Francisco: W. H. Freeman.

Corbett, D., Wilson, B., & Williams, B. (2002). *Effort and excellence in urban classrooms:*

Expecting—and getting—success with all students. New York: Teachers College Press.

Costa, A. L., & Kallick, B. (Eds.). (2000). *Discovering & exploring habits of mind.* Alexandria, VA: Association for Supervision and Curriculum Development.

Covey, S. R. (1989). *The 7 habits of highly effective people.* New York: Simon & Schuster.

Cushman, K. (Ed.). (1995, Mar.). Making the good school better: The essential question of rigor. *Horace: The Journal of the Coalition of Essential Schools, 11*(4), 2.

Darling-Hammond, L. (1996). The quiet revolution: Rethinking teacher development. *Educational Leadership, 53*(6), 4–10.

Darling-Hammond, L. (1997). *The right to learn: A blueprint for creating schools that work*. San Francisco: Jossey-Bass.

Darling-Hammond, L. (1999). Target time toward teachers. *Journal of Staff Development, 20*(2), 31–36.

Darling-Hammond, L. (2007, Oct. 22). *Education leadership: A bridge to school reform*. Paper presented at the Wallace Foundation's National Conference, New York.

Darling-Hammond, L. (2012). Value-added evaluation hurts teaching. *Education Week*.

Darling-Hammond, L., Amrein-Beardsley, A., Haertel, E., & Rothstein, J. (2012, Feb. 29). Evaluating teacher evaluation: Popular modes of evaluating teachers are fraught with inaccuracies and inconsistencies, but the field has identified better approaches. *Phi Delta Kappan, Education Week.*

Darling-Hammond, L., Amrein-Beardsley, A., Haertel, E., & Rothstein, J. (2012, Mar.). Evaluating teacher evaluation. *Phi Delta Kappan, 93*(6), 8–15.

Darling-Hammond, L., & Baratz-Snowden, J. (Eds.). (2005). *A good teacher in every classroom: Preparing the highly qualified teachers our children deserve.* San Francisco: Jossey-Bass.

Darling-Hammond, L., & Lieberman, A. (2012). *Teacher education around the world: Changing policies and practices.* New York: Routledge.

Darling-Hammond, L., Wei, R. C., Andree, A., Richardson, N., & Orphanos, S. (2009). *Professional learning in the learning profession: A status report on teacher development in the United States and abroad.* Dallas, TX: National Staff Development Council.

Datnow, A., & Castellano, M. (2000). *An "inside look" at success for all: A qualitative study of implementation and teaching and learning.* Baltimore: Johns Hopkins University, Center for Research on the Education of Students Placed at Risk.

Davis, M. (2012). Canadian ed. dips into for-profit realm. *Education Week, Special Report, 31*(19), S10.

Davis, S., Darling-Hammond, L., LaPointe, M., & Meyerson, D. (2005). *School leadership study: Developing successful principals* (Review of Research). Stanford, CA: Stanford University, Stanford Educational Leadership Institute.

Deal, T. E., & Peterson, K. D. (1999). *Shaping school culture: The heart of leadership.* San Francisco: Jossey-Bass.

Deci, E. L., Koestner, R., & Ryan, R. (1999). A meta-analytic review of experiments examining the effects of extrinsic rewards on intrinsic motivation. *Psychological Bulletin, 125*(6).

deLisle, J. (2003, May 13). Asia's shifting strategic landscape: SARS, Greater China, and the pathologies of globalization and transition. *New York Times*, pp. 587–604. doi:10.1016/S0030-4387(03)00076-0.

Deming, W. E. (1986). *Out of the crisis.* Cambridge, MA: MIT Center for Advanced Engineering Study.

Dewey, J. (1927). *The public and its problems.* New York: Holt.

Dietz, M. E. (2002, Winter). Triangulated student data to inform instruction. *Portfolio Newsletter, NSDC Portfolio Network, 15.* References and Further Readings 287

Donaldson, G., Jr. (2001). *Cultivating leadership in school: Connecting people, purpose, and practice*. New York: Teachers College Press.

Drucker, P. (1992). *Managing for the future: The 1990s and beyond*. New York: Truman Talley Books.

DuFour, R. (1991). *The principal as staff developer*. Bloomington, IN: National Educational Service.

DuFour, R. (2003, Winter). Leading edge. *National Staff Development Council, 24*(1).

DuFour, R., & Eaker, R. (1992). *Creating the new American school*. Bloomington, IN: National Educational Service.

DuFour, R., & Eaker, R. (1998). *Professional learning communities at work: Best practices for enhancing student achievement*. Bloomington, IN: National Educational Service.

Duhigg, C. (2012). *The power of habit*. New York: Random House.

Duke, D. (1988). Why principals consider quitting. *Phi Delta Kappan, 70*(4), 308–313.

Dweck, C. (2006). *Mindset: The new psychology of success*. New York: Ballantine Books.

Eaker, R., DuFour, R., & Burnette, R. (2002). *Getting started: Reculturing schools to become professional learning communities*. Bloomington, IN: National Educational Service.

Earl, L., & Katz, S. (2010). Creating a culture of inquiry: Harnessing data for professional learning. In A. M. Blankstein, P. D. Houston, & R. W. Cole (Eds.), *Data-enhanced leadership: The soul of educational leadership series*. Thousand Oaks, CA: Corwin.

Earley, P., Evans, J., Collarbone, P., Gold, A., & Halpin, D. (2002). *Establishing the current state of leadership in England*. London: Department for Education and Skills.

Eastman, C. (1902). *Indian boyhood*. New York: McClure, Phillips & Co.

Easton, L. (1999). Tuning protocols. *Journal of Staff Development, 20*(3), 55–56.

Easton, L. (2004). Tuning protocols. In National Staff Development Council & L. B. Easton (Ed.), *Powerful designs for professional learning* (2nd ed., pp. 239–240). Dallas, TX: National Staff Development Council.

Easton, L. (2008). *Powerful designs for professional learning* (2nd ed.). Dallas, TX: National Staff Development Council.

Easton, L. (2009). *Protocols for professional learning*. Alexandria, VA: Association for Supervision and Curriculum Development.

Edmonds, R. R. (1979). Effective schools for the urban poor. *Educational Leadership, 37*(10), 15–24.

Education Trust Fund. (1999). *Dispelling the myth: High poverty schools exceeding expectations.* Washington, DC: Author.

Education Trust Fund. (2002). *Dispelling the myth revisited.* Washington, DC: Author.

Elias, M. J., & Arnold, H. (Eds.). (2006). *The educator's guide to emotional intelligence and academic achievement.* Thousand Oaks, CA: Corwin.

Elias, M. J., Arnold, H., & Hussey, C. S. (Eds.). (2003). *EQ + IQ = Best leadership practices for caring and successful schools.* Thousand Oaks, CA: Corwin.

Elias, M. J., Bryan, K., Patrikakou, E. N., & Weissberg, R. P. (2003). *Challenges in creating effective home-school partnerships in adolescence: Promising paths for collaboration.* Chicago: Collaborative for Academic, Social, and Emotional Learning.

Elias, M. J., Frey, K. S., Greenberg, M. T., Haynes, N. M., Kessler, R., Schwab-Stone, M. E., & Shriver, T. P. (1997). *Promoting social and emotional learning: Guidelines for educators.* Alexandria, VA: Association for Supervision and Curriculum Development.

Elias, M. J., Friedlander, B. S., & Tobias, S. E. (1999). *Emotionally intelligent parenting: How to raise a self-disciplined, responsible, socially skilled child.* New York: Three Rivers Press.

Elias, M. J., Kress, J. S., & Novick, B. (2002). *Building learning communities with character: How to integrate academic, social, and emotional learning.* Alexandria, VA: Association for Supervision and Curriculum Development.

Elias, M. J., Ogburn-Thompson, G., Lewis, C., & Neft, D. (2008). *Urban dreams: Stories of hope, resilience, and character.* New York: Hamilton.

Elmore, R. F. (1995). Structural reform in educational practice. *Educational Researcher, 24*(9), 23–26.

Elmore, R. F. (1999–2000, Winter). Building a new structure for school leadership. *American Educator, 23*(4), 6–13.

Elmore, R. F. (2000). *Building a new structure for school leadership.* New York: Albert Shanker Institute.

Elmore, R. F. (2002). Hard questions about practice. *Educational Leadership, 59*(8), 22–25.

Empresarios colombianos no deben temerle a la competencia: Piñera. (2010, Nov. 27). *El Tiempo.*

Epstein, J. L., Sanders, M. G., Sheldon, S. B., Simon, B. S., Salinas, K. C., Jansorn, N. R., Van Voorhis, F. L., ... Williams, K. J. (2009). *School, family, and community partnerships: Your handbook for action* (3rd ed.). Thousand Oaks, CA: Corwin.

Evans, R. (1996). *The human side of school change.* San Francisco: Jossey-Bass.

Ewing Marion Kauffman Foundation. (2002). *Set for success: Building a strong foundation for school readiness based on the social-emotional development of young children.* Kansas City, MO: Author.

Fenstermacher, G. D. (1986). Philosophy of research on teaching: Three aspects. In M. C. Wittrock (Ed.), *Handbook of research on teaching* (3rd ed., pp. 37–49). New York: Macmillan.

Ferguson, R. (2002). *What doesn't meet the eye: Understanding and addressing racial disparities in high-achieving suburban schools.* Oakbrook, IL: North Central Regional Educational Laboratory.

Financial Executive International (FEI). (2001). *Building human capital: The public sector's 21st century challenge.* Retrieved June 19, 2003, from www.fci.org.

Fink, D. (2000a). The attrition of educational change over time: The case of an innovative, "model," "lighthouse" school. In N. Bascia & A. Hargreaves (Eds.), *The sharp edge of educational change.* London: Routledge/Falmer.

Fink, D. (2000b). *Good schools/real schools: Why school reform doesn't last.* New York: Teachers College Press.

Fink, D. (2005). *Leadership for mortals.* London/Thousand Oaks, CA: Paul Chapman/Corwin.

Fink, D. (2010). *The succession challenge: Building and sustaining leadership capacity through succession management.* Thousand Oaks, CA: Corwin.

Fisher, R., & Shapiro, D. (2006). *Beyond reason: Using emotions as you negotiate.* New York: Penguin.

Flanigan, R. L. (2012, Feb.). U.S. schools forge foreign connections. *Education Week Special Supplement, 31*(19), S2–4.

Fletcher, C., Caron, M., & Williams, W. (1985). *Schools on trial.* Milton Keynes, UK: Open University Press.

Frankl, V. (1997). *Recollections.* New York: Plenum Press.

Frankl, V. (2000). *Man's search for meaning.* Boston: Beacon Press. (Original work published 1959.)

Friedman, T. (2009, June 28). Invent, invent, invent. *New York Times,* Sunday

Opinion Section, p. WK8.

Fullan, M. (1991). *The new meaning of educational change.* New York: Teachers College Press.

Fullan, M. (1993). *Change forces.* New York: The Falmer Press.

Fullan, M. (1996). *What's worth fighting for in your school?* New York: Teachers College Press.

Fullan, M. (1997). *What's worth fighting for in the principalship?* New York: Teachers College Press.

Fullan, M. (2001a). *Leading in a culture of change.* San Francisco: Jossey-Bass.

Fullan, M. (2001b). *The new meaning of educational change* (3rd ed.). New York: Teachers College Press.

Fullan, M. (2003a). *Change forces with a vengeance.* New York: Routledge/Falmer.

Fullan, M. (2003b). *The moral imperative of school leadership.* Thousand Oaks, CA: Corwin.

Fullan, M. (2005). *Leadership & sustainability: System thinkers in action.* Thousand Oaks, CA: Corwin.

Fullan, M. (2006). *Turnaround leadership.* Hoboken, NJ: John Wiley and Sons.

Fullan, M. (2008). *The six secrets of change: What the best leaders do to help their organizations survive and thrive.* San Francisco: Jossey-Bass.

Fullan, M. (2009). *The challenge of change: Start school improvement now* (2nd ed.). Thousand Oaks, CA: Corwin.

Fullan, M. (2011). *Change leader: Learning to do what matters most.* San Francisco: Jossey-Bass.

Fullan, M. (2012). *Stratosphere: Integrating technology, pedagogy, and change knowledge.* New York: Pearson.

Fullan, M., Hill, P., & Crévola, C. (2006). *Breakthrough.* Thousand Oaks, CA: Corwin.

Fullan, M., & Levin, B. (2009, June 17). The fundamentals of whole-system reform: A case study from Canada. *Education Week, 28*(35), 30–31.

Fullan, M., & St. Germain, C. (2006). *Learning places: A field guide for improving the context of schooling.* Thousand Oaks, CA: Corwin.

Gabor, A. (2011, Sept. 22). Why pay incentives are destined to fail and how they could undermine school reform. *Education Week, 30*(4), 24, 28.

Galton, M. (2000). "Dumbing down" on classroom standards: The perils of a technician's approach to pedagogy. *Journal of Educational Change, 1*(2), 199–204.

Gardner, J. (1988). *Leadership: An overview*. Washington, DC: Independent Sector.

Gardner, J. (1991). *Building community*. Washington, DC: Independent Sector.

Garmezy, N. (1983). Stressors of childhood. In N. Garmezy & M. Rutter (Eds.), *Stress, coping, and the development in children*. New York: McGraw-Hill.

Garmezy, N. (1994). Reflections and commentary on risk, resilience, and development. In R. J. Haggarty, L. R. Sherrod, N. Garmezy, & M. Rutter (Eds.), *Stress, risk, and resilience in children and adolescents: Processes, mechanisms, and interventions* (pp. 1–18). Cambridge, UK: Cambridge University Press.

Gladwell, M. (2002). *The tipping point: How little things can make a big difference*. Boston: Back Bay Books.

Glasser, W. (1986). *Control theory in the classroom*. New York: HarperCollins.

Glasser, W. (1992). *The quality school: Managing students without coercion*. New York: HarperPerennial.

Glickman, C. (2002). *Leadership for learning: How to help teachers succeed*. Arlington, VA: Association for Supervision and Curriculum Development.

Glickman, C. (2003). *Holding sacred ground: Essays on leadership, courage, and endurance in our schools*. San Francisco: Jossey-Bass.

Goddard, R. D., Hoy, W. K., & Hoy, A. W. (2000). Collective teacher efficacy: Its meaning, measure, and impact on student achievement. *American Educational Research Journal, 37*(2), 479–507.

Goddard, R. D., Salloum, S. J., & Berebitsky, D. (2009). Trust as a mediator of the relationships between poverty, racial composition, and academic achievement: Evidence from Michigan's public elementary schools. *Educational Administration Quarterly, 45*, 292–311.

Goldstein, A. (2001, June 21). How to fix the coming principal shortage. Time. Retrieved July 28, 2009, from http://www.time.com/time/nation/article/0,8599,168379,00.html.

Goleman, D. (1995). *Emotional intelligence*. New York: Bantam Books.

Goleman, D., Boyatzis, R., & McKee, A. (2002). *Primal leadership: Realizing the power of emotional intelligence*. Boston: Harvard Business School Press.

Goodlad, J. I., McMannon, T. J., & Soder, R. (Eds.). (2001). *Developing *democratic character in the young.* San Francisco: Jossey-Bass.

Goodlad, S. J. (Ed.). (2001). T*he last best hope.* San Francisco: Jossey-Bass.

Govan, F., & Laing, S. (2010, Oct. 16). Miners came to blows, but swore to keep details secret. *The Daily Telegraph.*

Government of Western Australia. (2001). *Managing succession in the Western Australia public sector.* Retrieved June 29, 2003, from http://www.mpc.wa.gov.au.

Gregory, T. (2001). Fear of success? Ten ways alternative schools pull their punches. *Phi Delta Kappan, 82*(8), 577–581.

Guetzloe, E. (1994, Summer). Risk, resilience, and protection. *Journal of Emotional and Behavioral Problems, 3*(2), 2–5.

Hallowell, B. (1997). My nonnegotiables. In G. A. Donaldson (Ed.), *On being a principal: The rewards and challenges of school leadership.* San Francisco: Jossey-Bass.

Hargreaves, A. (2001). Beyond anxiety and nostalgia. *Phi Delta Kappan, 82*(5), 373.

Hargreaves, A. (2003). T*eaching in the knowledge society.* New York: Teachers College Press.

Hargreaves, A. (Ed.). (2005). *Extending educational change.* New York: Springer.

Hargreaves, A. (2010). *Leading beyond expectations: Inspiring examples of success from business, sports, and education.* Learning Forward Keynote Address, annual conference, Atlanta, GA, December 4–8.

Hargreaves, A., Earl, L., Moore, S., & Manning, S. (2001). *Learning to change: Teaching beyond subjects and standards.* San Francisco: Jossey-Bass.

Hargreaves, A., & Fink, D. (2000). The three dimensions of reform. E*ducational Leadership, 57*(7), 30–34.

Hargreaves, A., & Fink, D. (2003, May). Sustaining leadership. *Phi Delta Kappan, 84*(9), 693–700.

Hargreaves, A., & Fink, D. (2004). The seven principles of sustainable leadership. *Educational Leadership, 61*(7), 8–13.

Hargreaves, A., & Fink, D. (2005). *Sustainable leadership.* San Francisco: Jossey-Bass.

Hargreaves, A., & Fullan, M. (1998). *What's worth fighting for out there?* New York: Teachers College Press.

Hargreaves, A., & Fullan, M. (2012). *Professional capital: Transforming teaching in every school.* New York: Teachers College Press.

Hargreaves, A., Fullan, M., Hopkins, D., & Lieberman, A. (Eds.). (2009). *The second international handbook of educational change*. Dordrecht, The Netherlands: Springer.

Hargreaves, A., & Goodson, I. (2003). *Change over time? A study of culture, structure, time and change in secondary schooling*. Project #199800214. Chicago: Spencer Foundation of the United States.

Hargreaves, A., & Goodson, I. (2006). Educational change over time? The sustainability and non-sustainability of three decades of secondary school change and continuity. *Educational Administration Quarterly, 42*(1).

Hargreaves, A., Halász, G., & Pont, B. (2008). The Finnish approach to system leadership. In B. Pont, D. Nusche, & D. Hopkins (Eds.), *Improving school leadership, Vol. 2: Case studies on system leadership* (pp. 69–109). Paris: OECD.

Hargreaves, A., Shaw, P., Fink, D., Retallick, J., Giles, C., Moore, S., ... James-Wilson, S. (2000). *Change frames: Supporting secondary teachers in interpreting and integrating secondary school reform*. Toronto, ON: Ontario Institute for Studies in Education/University of Toronto.

Hargreaves, A., & Shirley, D. (2008, Oct.). The fourth way to change. *Educational Leadership, 66*(2), 56–61.

Hargreaves, A., & Shirley, D. (2009). *The fourth way: The inspiring future for educational change*. Thousand Oaks, CA: Corwin.

Harris, A. (2008). *Distributed school leadership: Developing tomorrow's leaders*. London: Routledge.

Harris, A., & Goodall, J. (2008). Do parents know they matter? Engaging all parents in learning. *Educational Research, 50*(3), 277–289.

Haynes, N. M., Emmons, C. L., & Woodruff, D. W. (1998). School development program effects: Linking implementation to outcomes. *Journal of Education for Students Placed at Risk, 3*(1), 71–85.

Heifetz, R. (1999). *Leadership without easy answers*. Cambridge, MA: Belknap Press of Harvard University Press.

Heifetz, R., & Linsky, M. (2002). *Leadership on the line: Staying alive through the dangers of leading*. Boston: Harvard Business School Press.

Henderson, A. (1987). *The evidence continues to grow*. Columbia, MD: National Committee for Citizens in Education.

Henderson, A., & Berla, N. (1995). *A new generation of evidence: The family is critical to student achievement*. Washington, DC: Center for Law and Education.

Hess, R. (2008, Dec.). The new stupid. *Educational Leadership, 66*, 12–17.

Higgins, G. (1994). *Resilient adults: Overcoming a cruel past*. San Francisco:

Jossey-Bass.

Hill, N. E., & Tyson, D. F. (2009). Parental involvement in middle school: A meta-analytic assessment of the strategies that promote achievement. *Developmental Psychology, 45*(3), 740–763.

Hill, P. W. (2010). Using assessment data to lead teaching and learning. In A. M. Blankstein, P. D. Houston, & R. W. Cole (Eds.), *Data-enhanced leadership: Vol. 7. The soul of educational leadership* (pp. 31–50). Thousand Oaks, CA: Corwin.

Hirsch, E. D. (2006). *The knowledge deficit.* New York: Houghton Mifflin.

Hirsh, S., & Killion, J. (2007). *The learning educator: A new era for professional learning.* Dallas, TX: National Staff Development Council.

Hoffer, E. (1972). *Reflections on the human condition.* New York: HarperCollins.

HOPE Foundation. (2002). *Failure is not an option* [Video series]. Bloomington, IN: HOPE Foundation. Available from www.HopeFoundation.org.

HOPE Foundation. (2009a). *Evaluation of Courageous Leadership Academy I, conducted for Mattoon Community School District #2*, Mattoon, IL. Bloomington, IN: Author.

HOPE Foundation. (2009b). *Failure is not an option 3: Effective assessment for effective learning* [Video series]. Bloomington, IN: HOPE Foundation. Available from http://www.HopeFoundation.org.

HOPE Foundation. (2009c). *Courageous leadership for shaping America's future IV.* Bloomington, IN: Author.

HOPE Foundation. (2011, Aug.). *What highly effective school leaders do to sustain success.* New York: Author.

HOPE Foundation. (2012, Aug. 6). *Multiple ways of accessing student understanding.* Conference presentation. Ithica, NY.

Hopkins, D. (2001). *School improvement for real.* New York: Routledge/Falmer.

Hopkins, D. (2007). *Every school a great school.* Buckingham, UK: Open University Press.

Hopkins, D. (2008, June). Every school a great school: Realizing the potential of system leadership. *Journal of Educational Change, 9*(2).

Hord, S. M. (1997a). *Professional learning communities: Communities of continuous inquiry and improvement.* Austin, TX: Southwest Educational Development Laboratory.

Hord, S. M. (1997b). *Professional learning communities: What are they and why are they important?* Austin, TX: Southwest Educational Development Laboratory.

Hord, S. M., & Hirsh, S. (2008). Making the promise a reality. In A. M. Blankstein, P. D. Houston, & R. W. Cole (Eds.), *Sustaining professional learning communities* (pp. 23–40). Thousand Oaks, CA: Corwin.

Hord, S. M., & Sommers, W. A. (2007). *Leading professional learning communities: Voices from research and practice.* Thousand Oaks, CA: Corwin.

Houston, P. D. (1997). *Articles of faith & hope for public education.* Arlington, VA: American Association of School Administrators.

Houston, P. D., Blankstein, A. M., & Cole, R. W. (Eds.). (2009a). *Leaders as communicators and diplomats.* Thousand Oaks, CA: Corwin.

Houston, P. D., Blankstein, A. M., & Cole, R. W. (Eds.). (2009b). *Out-of-the-box leadership.* Thousand Oaks, CA: Corwin.

Houston, P. D., & Sokolow, S. (2006). *Spirituality in educational leadership.* Thousand Oaks, CA: Corwin.

Huffman, J. B., & Hipp, K. K. (2004). *Reculturing schools as professional learning communities.* Lanham, MD: ScarecrowEducation.

Institute for Educational Leadership. (2000). *Leadership for student learning: Reinventing the principalship.* Washington, DC: Author.

Interstate School Leaders Licensure Consortium (ISLLC). (2000–2008). *Standards for educational administration.* New York: Pearson.

Irlenbusch, B., & Ruchala, G. K. (2008). Relative rewards within team-based compensation. *Labour Economics, 15*(2), 141–167.

Jackson, K. (2000). *Building new teams: The next generation.* Paper presented at the Future of Work in the Public Sector conference, organized by the School of Public Administration, University of Victoria, British Columbia, Canada. Retrieved June 19, 2003, from http://www.futurework.telus.com/proceedings.pdf.

Johnson, D. (2001, Mar. 29). Maryland's strategy to lure new principals. *Washington Post,* B–2.

Jordán, R., Koljatic, M., & Useem, M. (2011). *Leading the rescue of the miners in Chile.* The Wharton School of the University of Pennsylvania and Pontificia Universidad Católica De Chile. Retrieved from http://kw.wharton.upenn.edu/wdp/files/2011/07/Leading-the-Miners-Rescue.pdf.

Joyce, B., & Showers, B. (1995). *Student achievement through staff development: Fundamentals of school renewal* (2nd ed.). White Plains, NY: Longman.

Kaiser, B., & Rasminsky, J. S. (2004). *Challenging behavior and social context*. Boston: Pearson Allyn Bacon Prentice Hall.

Kegan, R., & Lahey, L. L. (2001). *How the way we talk can change the way we work: Seven languages for transformation*. San Francisco: Jossey-Bass.

Kets de Vries, M. (1993). *Leaders, fools, and imposters: Essays on the psychology of leadership*. San Francisco: Jossey-Bass.

King, M. B., & Newmann, F. (2000). Will teacher learning advance school goals? *Phi Delta Kappan, 81*(8), 576–580.

Kleitman, S., & Gibson, J. (2011). Metacognitive beliefs, self-confidence and primary learning environment of sixth grade students. *Learning & Individual Differences, 21*(6).

Knapp, M. S., Copland, M. A., & Talbert, J. E. (2003, Feb.). *Leading for learning: Reflective tools for school and district leaders* (research report). Seattle, WA: Center for the Study of Teaching and Policy.

Kochanek, J. R. (2005). *Building trust for better schools: Research-based practices*. Thousand Oaks, CA: Corwin.

Korczak, J. (1967). *Selected works of Janusz Korczak*. Warsaw, Poland: Central Institute for Scientific, Technical and Economic Information.

Korczak, J. (1986). *King Matt the first*. New York: Farrar, Straus & Giroux.

Kotter, J. (1996). *Leading change*. Boston: Harvard Business School Press.

Kouzes, J. M., & Posner, B. Z. (1999). *Encouraging the heart*. San Francisco: Jossey-Bass.

Kouzes, J. M., & Posner, B. Z. (2010). *The truth about leadership: The no-fads, heart-of-the-matter facts you need to know*. San Francisco: Jossey-Bass.

Kozol, J. (2000). *Ordinary resurrection: Children in the years of hope*. New York: Crown.

Kranz, G. (2000). *Failure is not an option: Mission control from Mercury to Apollo 13 and beyond*. New York: Simon & Schuster.

Kruse, S., Seashore Louis, K., & Bryk, A. S. (1994). *Building professional community in schools*. Madison, WI: Center on Organization and Restructuring of Schools.

Kuhn, T. S. (1996). *The structure of scientific revolutions* (3rd ed.). Chicago: University of Chicago Press.

LaFee, S. (2003). Professional learning communities. *The School Administrator,* 5(60), 6–12.

Lambert, L. (1997). *Who will save our schools? Teachers as constructivist leaders*. Thousand Oaks, CA: Corwin.

Lambert, L. (2002). *The constructivist leader* (2nd ed.). New York: Teachers

College Press.

Lambert, L. (2003). *Leadership capacity for lasting school improvement.* Alexandria, VA: Association for Supervision and Curriculum Development.

Land, D., & Stringfield, S. (Eds.). (2002). *Educating at-risk students.* Chicago: National Society for the Study of Education.

Langford, J., Vakii, T., & Lindquist, E. A. (2000). *Tough challenges and practical solutions: A report on conference proceedings.* Victoria, BC: School of Public Administration, University of Victoria. Retrieved from http://www.futurework .telus.com/proceedings.pdf.

Lawrence, D. (2009, Jan. 28). *Minnesota early childhood summit speech.* Retrieved July 28, 2009, from http://www.invisiblechildren.org.

Leana, C. R. (2011, Fall). The missing link in school reform. *Stanford Social Innovation Review.*

Leithwood, K., Day, C., Sammons, P., Harris, A., & Hopkins, D. (2006). *Seven strong claims about successful school leadership.* Nottingham, UK: National College of School Leadership.

Leithwood, K., & Jantzi, D. (2000). The effects of transformational leadership on organisational conditions and student engagement with school. *Journal of Educational Administration, 38*(2), 112–129.

Leithwood, K., & Mascall, B. (2008). Collective leadership effects on student achievement. *Educational Administration Quarterly, 44*(4), 529–561.

Leithwood, K., Patten, S., & Jantzi, D. (2010). The influence of principal leadership on classroom instruction and student learning: A study of mediated pathways to learning. *Educational Administration Quarterly, 48,* 626–663.

Leithwood, K., & Seashore Louis, K. (2012). *Linking leadership to student learning.* San Francisco: Jossey-Bass.

Leithwood, K., Seashore Louis, K., Anderson, S., & Wahlstrom, K. (2011). *Linking leadership to student learning.* San Francisco: Jossey-Bass.

Lepper, M. R., Greene, D., & Nisbet, R. (1973). Undermining children's intrinsic interest with extrinsic reward: A test of 'overjustification' hypothesis. *Journal of Personality and Social Psychology, 28*, 129–137.

Levine, A. (2005). *Educating school leaders.* Washington, DC: The Education Schools Project.

Lewis, A. C. (2000). Listening to adolescents. *Phi Delta Kappan, 81*(9), 643.

Livsey, R. C., & Palmer, P. J. (1999). *The courage to teach: A guide for reflection and renewal.* San Francisco: Jossey-Bass.

Lortie, D. C. (1975). *School teacher: A sociological study.* Chicago:

University of Chicago Press.

Love, A., & Kruger, A. C. (2005). Teacher beliefs and student achievement in urban schools serving African American students. *Journal of Educational Research, 99*(2), 87–98.

Machiavelli, N. (1999). *The prince* (G. Bull, Trans.). London/New York: Penguin Books. (Original work published 1532.)

MacMillan, R. (1996). *The relationship between school culture and principals' practices during succession.* Unpublished doctoral dissertation, University of Toronto (OISE), Toronto, Ontario, Canada.

MacMillan, R. (2000). Leadership succession, culture of teaching, and educational change. In N. Bascia & A. Hargreaves (Eds.), *The sharp edge of educational change.* London: Falmer Press.

Marsh, J., Springer, M. G., McCaffrey, D. F., Yuan, K., Epstein, S., Koppich, J., . . . Peng, X. (2011). *A big apple for educators: New York City's experiment with schoolwide performance bonuses: Final evaluation report.* Santa Monica, CA: RAND.

Marx, A. (comp.). (1996). *Annotated bibliography: Research from the Center on Families, Communities, Schools and Learning.* Baltimore: Publications Department, Johns Hopkins University.

Marzano, R. J. (2003). *What works in schools: Translating research into action.* Alexandria, VA: Association for Supervision and Curriculum Development.

Marzano, R. J. (2007). *The art and science of teaching: A comprehensive framework for effective instruction.* Alexandria, VA: Association for Supervision and Curriculum Development.

Marzano, R. J., Pickering, D. J., & Pollock, J. E. (2001). *Classroom instruction that works: Research-based strategies for increasing student achievement.* Alexandria, VA: Association for Supervision and Curriculum Development.

Marzano, R. J., Waters, T., & McNulty, B. A. (2005). *School leadership that works: From research to results.* Alexandria, VA: Association for Supervision and Curriculum Development.

Mason, S. (2002, Apr.). *Turning data into knowledge: Lessons from six Milwaukee public schools.* Paper presented at the annual conference of the American Educational Research Association, New Orleans, LA.

Masten, A. S. (2001). Ordinary magic: Resilience processes in development. *American Psychologist, 56,* 227–238.

Mattern, K. D., & Shaw, E. J. (2010). A look beyond cognitive predictors of academic success: Understanding the relationship between academic self-beliefs and outcomes. *Journal of College Student Development, 51*(6), 665–678.

Maurer, R. (1996). *Beyond the wall of resistance: Unconventional strategies that build support for change*. Austin, TX: Bard Press.

McKenna, J. (2009a). Data without fear. Using relational trust to overcome fear of data. *What's Working in Schools Newsletter, 2*(8).

McKenna, J. (2009b, Apr. 1). From red-flagged to blue ribbon: Using data and collaborative teaming for school success. *What's Working in Schools Newsletter, 2*(4).

McLaughlin, M. (1993). What matters most in teachers' workplace context. In J. W. Lilly & M. McLaughlin (Eds.), *Teachers' work: Individuals, colleagues, and context*. New York: Teachers College Press.

McLaughlin, M. W., & Talbert, J. E. (2006). *Building school-based teacher learning communities*. New York: Teachers College Press.

McTighe, J., & O'Connor, K. (2005). Seven practices for effective learning. *Educational Leadership, 63*(3), 10–17.

Meier, D. (1995). *The power of their ideas: Lessons for America from a small school in Harlem*. Boston: Beacon Press.

Mendler, A. N. (1992). *What do I do when . . . ? How to achieve discipline with dignity in the classroom*. Bloomington, IN: Solution Tree.

Merideth, E. M. (2007). *Leadership strategies for teachers* (2nd ed.). Thousand Oaks, CA: Corwin.

Meyer, J. W., & Rowan, B. (1977). Institutional organizations: Formal structures as myth and ceremony. *American Journal of Sociology, 83*, 340–363.

Miles, M. (1998). Finding keys to school change. In A. Hargreaves, A. Lieberman, M. Fullan, & D. Hopkins (Eds.), *International handbook of educational change* (pp. 37–69). Dordrecht, The Netherlands: Kluwer Press.

Mintzberg, H. (2004). *Managers not MBAs: A hard look at the soft practice of managing and management development*. San Francisco: Berrett-Koehler.

Montgomery, A. F., & Rossi, R. J. (1994). Becoming at risk of failure in America's schools. In R. J. Rossi (Ed.), *Schools and students at risk: Context and framework for positive change*. New York: Teachers College Press.

Mullen, C. A., & Schunk, D. H. (2011, Fall). The role of the professional learning community in dropout prevention. *AASA Journal of Scholarship & Practice, 8*(3), 6–29.

Murphy, J., Jost, J., & Shipman, N. (2000). Implementation of the interstate school leaders licensure consortium standards. *International Journal of Leadership* in Education, 3(1), 17–39.

NAACP Report. (2009). *Misplaced priorities: Over incarcerate, under educate.* Washington, DC: National Association of State Budget Officers.

Nanus, B. (1992). *Visionary leadership.* San Francisco: Jossey-Bass.

National Academy of Public Administration. (1997). *Managing succession and developing leadership: Growing the next generation of public service leaders.* Washington, DC: Author.

National Association of Secondary School Principals. (2001). *The principals shortage.* Retrieved June 19, 2003, from http://www.nassp.org.

National Council of Teachers of Mathematics (NCTM). (2012). *Differentiated learning.* Reston, VA: Author.

National Education Goals Panel. (1995). *National education goals report executive summary.* Washington, DC: Author.

National Parent Teacher Association. (1998). *National standards for parent/family involvement programs.* Chicago: Author.

National Parent Teacher Association. (n.d.). *National standards for family-school partnerships.* Retrieved August 1, 2009, from http://www.pta.org/documents/National_Standards.pdf.

National Staff Development Council (NSDC). (2010, Apr.). Leadership. JSD, *The Learning Forward Journal, 31*(2).

Nespor, J. (1987). The roles of beliefs in the practice of teaching. *Journal of Curriculum Studies, 19*, 317–328.

Newmann, F. M., & Wehlage, G. (1995). *Successful school restructuring.* Madison, WI: Center on Organization and Restructuring of Schools, School of Education, University of Wisconsin–Madison.

Nichols, S., & Berliner, D. (2007). *Collateral damage: How high-stakes testing corrupts American schools:* Cambridge, MA: Harvard University Press.

Noer, D. M. (1993). *Healing the wounds.* San Francisco: Jossey-Bass.

Noguera, P. A. (2003). *City schools and the American dream: Reclaiming the promise of public education.* New York: Teachers College Press.

Noguera, P. A. (2009). *The trouble with black boys: And other reflections on race, equity, and the future of public education.* San Francisco: Jossey-Bass.

Noguera, P. A., & Wing, J. Y. (Eds.). (2008). *Unfinished business: Closing the racial achievement gap in our schools.* San Francisco: Jossey-Bass.

Novick, B., Kress, J. S., & Elias, M. J. (2002). *Building learning communities with character.* Alexandria, VA: Association for Supervision and Curriculum Development.

O'Connor, K. (2007). *A repair kit for grading: 15 fixes for broken grades.* Portland, OR: Educational Testing Services.

Organization for Economic Cooperation and Development (OECD). (2001). *Schooling for tomorrow: What schools for the future?* Paris, France: Author.

Organization for Economic Cooperation and Development (OECD). (2010). *Programme for international student assessment (PISA) rankings.* Washington, DC: Author.

Ovando, M. N. (1994). *Effects of teachers' leadership on their teaching practices.* Paper presented at the Annual Conference of the University Council of Educational Administration, Philadelphia.

Palmer, P. J. (1998). *The courage to teach: Exploring the inner landscape of a teacher's life.* San Francisco: Jossey-Bass.

Pardini, P. (1999). Making time for adult learning. *Journal of Staff Development, 20*(2).

Pascale, R. (1997–1999). Conversations with change practice consulting teams of Price Waterhouse Coopers and Anderson Consulting, Oxford, England, and Colorado Springs, Colorado.

Pascale, R. (1998, March). Personal communication with David Schneider, partner, North American Change Practice, Price Waterhouse Coopers, Santa Fe, New Mexico.

Pascale, R. T., Millemann, M., & Gioja, L. (2000). *Surfing the edge of chaos.* New York: Three Rivers Press.

Pedler, M. (2011). Leadership, risk and the imposter syndrome. *Action Learning: Research & Practice, 8*(2), 89–91.

Peters, T. (1999). *The circle of innovation: You can't shrink your way to greatness.* New York: Vintage.

Pianta, R. C., & Walsh, D. I. (1998). Applying the construct of resilience in schools: Cautions from a developmental systems perspective. *School Psychology Review, 27*(3), 407–417.

Pink, D. (2009). *Drive: The surprising truth about what motivates us.* New York: Riverhead Books.

Pintrich, P. R. (1990). Implications of psychological research on student learning and college teaching for teacher education. In W. R. Houston (Ed.), *Handbook of research on teacher education* (pp. 826–857). New York: Macmillan.

Pont, B., Nusche, D., & Hopkins, D. (2008). *Improving school leadership: Vol. 2. Case studies on system leadership.* Paris: OECD.

Pont, B., Nusche, D., & Moorman, H. (2008). *Improving school leadership:*

Vol. 1. Policy and practice. Paris: OECD.

Porter, A. C., Murphy, J., Goldring, E., Elliott, S. N., Polikoff, M. S., & May, H. (2008). *Vanderbilt assessment of leadership in education: Technical manual, Version 1.0.* Nashville, TN: Vanderbilt University.

Porter, A. C., Polikoff, M. S., Goldring, E., Murphy, J., Elliott, S. N., & May, H. (2010). Investigating the validity and reliability of the Vanderbilt assessment of leadership in education. *Elementary School Journal, 111,* 282–313.

Portin, B. S., Knapp, M. S., Dareff, S., Feldman, S., Russell, F. A., Samuelson, C., & Yeh, T. L. (2009). *Leadership for learning improvement in urban schools.* Seattle, WA: Center for the Study of Teaching and Policy.

Posner, B. Z., & Westwood, R. I. (1995). A cross-cultural investigation of the shared values relationship. *International Journal of Value-Based Management, 11*(4), 1–10.

Programme for International Student Assessment. (2012, May). *Does performance-based pay improve teaching?* Paris: Organisation for Economic Co-operation and Development (OECD).

Pungello, E., & Ramey, C. (2012, Jan. 19). *Benefits of high quality child care persist 30 years later.* Abecedarian Project. Chapel Hill, NC: The University of North Carolina.

Purkey, W. W., & Novak, J. M. (1996). *Inviting school success.* Belmont, CA: Wadsworth.

Putnam, R. D. (2000). *Bowling alone: The collapse and revival of American community.* New York: Simon & Schuster.

Putnam, R. D., Leonardi, R., & Nanetti, R. Y. (1993). *Making democracy work: Civic traditions in modern Italy.* Princeton, NJ: Princeton University Press.

Ravitch, D. (2011, Mar. 29). Thoughts on the failure of merit pay. *Education Week* [Web log comment].

Raymond, M. (2009). *New Stanford report finds serious quality challenge in national charter school sector.* Stanford, CA: Center for Research on Education Outcomes (CREDO).

Reeves, D. B. (2000). *Accountability in action.* Denver, CO: Advanced Learning Press.

Reeves, D. B. (2002a). *Making standards work* (3rd ed.). Denver, CO: Advanced Learning Press.

Reeves, D. B. (2002b). *The leader's guide to standards: A blueprint for educational equity and excellence.* San Francisco: Jossey-Bass.

Riley, K. (1998). *Whose school is it anyway?* London: Falmer Press.

Riley, K. (2000). Leadership, learning and systemic change. *Journal of Educational Change, 1*(1), 57–75.

Robelen, E. W. (2012). Advocates say creativity index may foster curriculum balance. *Education Week, 31*(21), 1.

Rogers, E. M., & Rogers, E. (2003). *Diffusion of innovations* (5th ed.). New York: Free Press.

Rossi, R. J., & Stringfield, S. C. (1997). *Education reform and students at risk.* Washington, DC: Office of Educational Research and Improvement, U.S. Department of Education.

Sanders, L. (2003, Mar. 16). Medicine's progress, one setback at a time. *New York Times Magazine,* 29.

Sarason, S. (1972). *The creation of settings and the future societies.* San Francisco: Jossey-Bass.

Sarason, S. (1990). *The predictable failure of educational reform.* San Francisco: Jossey-Bass.

Saul, J. R. (1993). *Voltaire's bastards.* Toronto, ON: Penguin Books.

Schiff, T. (2002, Jan.). Principals' readiness for reform: A comprehensive approach. *Principal Leadership, 2*(5).

Schlechty, P. C. (1992). *Schools for the 21st century: Leadership imperatives for educational reform.* San Francisco: Jossey-Bass.

Schmoker, M. (2004). Tipping point: From feckless reform to substantive instructional improvement. *Phi Delta Kappan, 85*(6), 424–431.

Schorr, L. B. (1988). *Within our reach: Breaking the cycle of disadvantage.* New York: Anchor Press/Doubleday.

Schorr, L. B. (1998, Summer). Searchlights on delinquency. *Journal of Emotional and Behavioral Problems, 7*(2).

Seashore Louis, K. (2008). Creating and sustaining professional communities. In A. M. Blankstein, P. D. Houston, & R. W. Cole (Eds.), *Sustaining professional learning communities* (pp. 41–58). Thousand Oaks, CA: Corwin.

Seashore Louis, K., & Kruse, S. D. (1995). *Professionalism and community: Perspectives on reforming urban schools.* Thousand Oaks, CA: Corwin.

Seashore Louis, K., Kruse, S. D., & Marks, H. M. (1996). Schoolwide professional community. In F. Newmann and Associates (Eds.), *Authentic achievement: Restructuring schools for intellectual quality.* San Francisco: Jossey-Bass.

Seashore Louis, K., Kruse, S. D., & Raywid, M. A. (1996). Putting teachers at the center of reform. *NASSP Bulletin, 80*(580), 9–21.

Seashore Louis, K., Leithwood, K., Wahlstron, K. K., & Anderson, S. E. (2010). *Investigating the links to improved student learning: Final report of research findings. Learning from the Leadership Project.* St. Paul, MN: University of Minnesota, Ontario Institute for Studies in Education, Wallace Foundation.

Segalla, M. (2009). How Europeans do layoffs. *Harvard Business Review.* Retrieved from http://blogs.hbr.org/hbr/hbr-now/2009/06/how-europeans-do-layoffs.html.

Senge, P. M. (1990). *The fifth discipline: The art and practice of the learning organization.* New York: Doubleday/Currency.

Senge, P. M. (2010). Education for an interdependent world: Developing systems citizens. In A. Hargreaves, A. Lieberman, M. Fullan, & D. Hopkins (Eds.), *The second international handbook of educational change.* Dordrecht, The Netherlands: Springer.

Senge, P. M. (2012). *Schools that learn: A fifth discipline fieldbook for educators, parents, and everyone who cares about education.* New York: Doubleday.

Senge, P. M., Ross, R., Smith, B., Roberts, C., & Kleiner, A. (1994). *The fifth discipline fieldbook: Strategies and tools for building a learning organization.* New York: Doubleday.

Sergiovanni, T. J. (1992). *Moral leadership: Getting to the heart of school improvement.*

San Francisco: Jossey-Bass.

Sergiovanni, T. J. (1994). *Building community in schools.* San Francisco: Jossey-Bass.

Sergiovanni, T. J. (2000). *The lifeworld of leadership: Creating culture, community, and personal meaning in our schools.* San Francisco: Jossey-Bass.

Shockley-Zalabak, P. S., Morreale, S., & Hackman, M. (2010). *Building the high-trust organization: Strategies for supporting five key dimensions of trust.* San Francisco: Jossey-Bass.

Shubitz, S. (2008, Sept. 1). 20 Rules for great parent-teacher conferences. Instructor, 118(2). Retrieved August 09, 2009, from http://www.thefreelibrary.com/20+Rules+for+great+parent-teacher+conferences.-a0187672975.

Simkin, L., Charner, I., & Suss, L. (2010). *Emerging education issues: Findings from The Wallace Foundation Survey.* New York: The Wallace Foundation by the Academy for Educational Development.

Singleton, G. E., & Linton, C. (2006). *Courageous conversations about race: A field guide for achieving equity in schools.* Thousand Oaks, CA: Corwin.

Smith, L. M., Dwyer, D. C., Prunty, J. J., & Kleine, P. F. (1987). *The fate of an innovative school.* London: Falmer Press.

Smith, R. (2000, Oct.). *The School Administrator.* Retrieved September 17, 2012, from http://www.aasa.org/SchoolAdministratorArticle.aspx?id=14390.

Soder, R. (2001). *The language of leadership.* San Francisco: Jossey-Bass.

Soder, R., Goodlad, J. I., & McMannon, T. J. (2001). *Developing democratic character in the young.* San Francisco: Jossey-Bass.

Solmo, R. (1995, Feb.). Meetings—management; consensus (social sciences). *Social Policy, 44*(2).

Southworth, G. (2009). *Courageous leadership for shaping America's future: A synthesis of best practices guiding school leadership for 21st century education.* Bloomington, IN: HOPE Foundation.

Sparks, D. (2002). *Designing powerful professional development for teachers and principals.* Oxford, OH: National Staff Development Council.

Sparks, D. (2007). *Leading for results.* Thousand Oaks, CA: Corwin.

Sparks, S. (2012, Oct. 17). IES to Start 'Continuous Improvement' Study Program. *Education Week,* 10.

Spillane, J. P., Halverson, R., & Drummond, J. B. (2001). Investigating school leadership practice: A distributed perspective. *Educational Researcher, 30*(3), 23–28.

Spiro, J. (2010, Apr.). Winning strategy: Set benchmarks of early success to build momentum for the long term. *Journal of Staff Development. Leaning Forward, 33*(2).

Springfield, S. C. (1995). Attempts to enhance students' learning: A search for valid programs and highly reliable implementation techniques. *School Effectiveness and School Improvement, 6,* 67–96.

Standing Bear, L. (1933). *Land of the spotted eagle.* New York: Houghton Mifflin.

Sternberg, R. J. (1996). *Successful intelligence: How practical and creative intelligence determine success in life.* New York: Simon & Schuster.

Stiegelbauer, S. M., & Anderson, S. (1992). *Seven years later: Revisiting a restructured school in northern Ontario.* Paper presented at the American Educational Research Association Meetings, San Francisco.

Stiggins, R. (2004). *Student-involved assessment for learning* (4th ed.). Upper Saddle River, NJ: Prentice Hall.

Stiggins, R., Arter, J. A., Chappuis, J., & Chappuis, S. (2007). *Classroom assessment for student learning: Doing it right—using it well.* Upper Saddle River,

NJ: Prentice Hall.

Stoll, L. (1999). Raising our potential: Understanding and developing capacity for lasting improvement. *School Effectiveness and School Improvement, 10*(4), 503–532.

Stoll L., & Fink, D. (1996). *Changing our schools: Linking school effectiveness and school improvement.* Buckingham, UK: Open University Press.

Stoll, L., Fink, D., & Earl, L. (2002). *It's about learning (and it's about time).* London: Routledge/Falmer.

Stoll, L., & Temperley, J. (2009). Creative leadership: A challenge of our times. *School Leadership and Management, 29*(1), 63–76.

Stringfield, S., & Land, D. (Eds.). (2002). *Educating at-risk students.* Chicago: National Society for the Study of Education.

Stringfield, S., Reynolds, D., & Schaffer, E. (2008). Improving secondary students' academic achievement through a focus on reform reliability: 4- and 9-year findings from the High Reliability Schools project. *School Effectiveness and School Improvement, 19*(4), 409–428.

Suzuki, D. (2003). *The David Suzuki reader: A lifetime of ideas from a leading activist and thinker.* Vancouver, BC: Greystone Press.

Swartz, R. (2012, Sept. 13). *New York Times second annual schools for tomorrow conference: Building a better teacher.* Hosted by the National Center on Education and the Economy, New York.

Talbert, J., & MacLaughlin, M. (1994). Teacher professionalism in local school contexts. *American Journal of Education, 102*, 123–153.

Taylor, L., Nelson, P., & Adelman, H. S. (1999). Scaling-up reforms across a school district. *Reading and Writing Quarterly, 15*, 303–326.

Teddlie, C., & Stringfield, S. (1993). *Schools make a difference: Lessons learned from a 10-year study of school effects.* New York: Teachers College Press.

Test of wing damage called "smoking gun." (2003, July 8). *redOrbit.* Retrieved July 30, 2009, from http://www.redorbit.com/news/general/16681/test_of_wing_damage_called_smoking_gun/index.html.

Tough, P. (2011, Sept. 14). What if the secret to success is failure? *The New York Times,* p. 19.

Tschannen-Moran, M. (2001). Collaboration and the need for trust. *Journal of Educational Administration, 39*, 308–331.

Tschannen-Moran, M. (2004). *Trust matters: Leadership of successful schools.* San Francisco: Jossey-Bass.

Tyack, D., & Tobin, W. (1994). The grammar of schooling: Why has it been so hard to change? *American Educational Research Journal, 31*(3), 453–480.

Tyler, R. W. (1949). *Basic principles of curriculum and instruction.* Chicago: University of Chicago Press.

Wagner, T. (2008). *The global achievement gap: Why even our best schools don't teach the new survival skills our children need—and what we can do about it.* New York: Basic Books.

Wagner, T. (2012). *Creating innovators: The making of young people who will change the world.* New York: Scribner.

Wallace Foundation. (2003). *Beyond the pipeline: Getting the principals we need where they are needed most.* Seattle, WA: Center on Reinventing Education.

Wallace Foundation. (2010a). *Investigating the links to improved student learning: Final report of research findings. Learning from the Leadership Project.* New York: Author.

Wallace Foundation. (2010b). Reimagining the job of leading schools: Lessons from a 10-year journey. *Journal of Staff Development, 31*(2).

Wallace Foundation. (2011). *The school principal as leader: Guiding schools to better teaching and learning.* New York: Author.

Walsh, M. (2002, June 27). Supreme Court upholds Cleveland voucher program. *Education Week, 21*(42). Retrieved July 28, 2009, from http://www.edweek.org.

Walton, G., & Dweck, C. (2011, Nov. 27). Willpower: It's in your head. *The New York Times*, p. SR8.

Weinstein, C. S. (1989). Teacher education students' preconceptions of teaching. *Journal of Teacher Education, 40*(2), 53–60.

Werner, E. E., & Smith, R. S. (1977). *Kauai's children come of age.* Honolulu, HI: University of Hawaii Press.

Werner, E. E., & Smith, R. S. (1982). *Vulnerable but invincible: A longitudinal study of resilient children and youth.* New York: McGraw-Hill.

Wiggins, G. (1998). *Educative assessment: Designing assessments to inform and improve student performance.* San Francisco: Jossey-Bass.

Wiggins, G., & McTighe, J. (2005). *Understanding by design* (2nd ed.). Alexandria, VA: Association for Supervision and Curriculum Development.

Wiggins, G., & McTighe, J. (2007). *Schooling by design: Mission, action, and achievement.* Alexandria, VA: Association for Supervision and Curriculum Development.

Wilcox, K. C., & Angelis, J. I. (2009). *Best practices from high-performing middle schools: How successful schools remove obstacles and create pathways to learning*. New York: Teachers College Press.

Wilker, K. (1983). *The Lindenhof* (S. Lhotzky, Trans.). Sioux Falls, SD: Augustana College. (Original work published 1920.)

Williams, M. P. (2002, Sept. 25). Reading by the second grade is a strategy to fight crime. *Richmond-Times Dispatch*, p. H4.

Williams, T. (2001). *Unrecognized exodus, unaccepted accountability: The looming shortage of principals and vice-principals in Ontario public school boards*. Toronto, ON: Ontario Principals' Council.

Wilmore, E. (2007). *Teacher leadership: Improving teaching and learning from inside the classroom*. Thousand Oaks, CA: Corwin.

Woods, E. G. (1995). *School improvement research series, close-up 17: Reducing the drop-out rate*. Portland, OR: Northwest Regional Educational Laboratory.

World Commission on Environment and Development. (1987). *Our common future*. New York: United Nations General Assembly.

Yeager, D. S., & Walton, G. M. (2011). Social-psychological interventions in education: They're not magic. *Review of Educational Research, 81*(2), 267–301.

York-Barr, J., & Duke, K. (2004). What do we know about teacher leadership? Findings from two decades of scholarship. *Review of Educational Research, 74*(3), 255–316.

Young, M. D. (2002, Feb.). *Ensuring the university's capacity to prepare learning-focused leadership*. Report presented at the meeting of the National Commission for the Advancement of Educational Leadership, Racine, WI.

Zigler, E., & Muenchow, S. (1994). *Head Start: The inside story of America's most successful educational experiment*. New York: Basic Books.